D1469718

TU PUERTA DE ACCESO AL MUNDO DIGITAL

USERS

TÍTULO: COMPUTACIÓN DESDE CERO

AUTOR: Carlos Fernández García

COLECCIÓN: Manuales USERS

EDITORIAL: MP Ediciones

FORMATO: 17 x 24 cm

CANTIDAD DE PÁGINAS: 368

Editado por MP Ediciones S.A., Moreno 2062 (C1094ABF),
Ciudad de Buenos Aires, Argentina.
Tel.: (54-11) 4959-5000, Fax: (54-11) 4954-1791

ISBN 987-526-118-1

COMPUTACIÓN DESDE CERO

Carlos Fernández García

10 lecciones prácticas para utilizar a fondo su PC

Sobre el autor

Carlos Fernández García se inició en el mundo de la computación cuando todavía estaban muy lejos los grandes desarrollos de hardware y software presentes hoy en día. Avalado por sus estudios de ingeniería y su experiencia de trabajo, ha adquirido un nivel de conocimientos teóricos y prácticos cuyo dominio ha volcado a la enseñanza y escritura de libros y guías de computación, en los que se destaca por su estilo sencillo, directo y sumamente didáctico.

Entre sus trabajos recientes puede mencionarse haber escrito una completísima guía sobre Windows 98 (editada por una acreditada editorial española), haber sido responsable del suplemento de Informática de un importante diario de Buenos Aires y sus colaboraciones para una de las más prestigiosas editoriales del mundo en la revisión técnica y adaptación al idioma español de libros de computación. Con este libro continúa y afianza su vinculación a MP Ediciones, que comenzara con los manuales sobre *Office XP 4 en 1* y *Word XP*, de reciente publicación.

Dedicatoria

A mi hermano David, que puso el primer peldaño.
A Beatriz, mi esposa, base y sustento de una gran familia.
A mis queridos hijos.
A Sofía, por ahora mi preciosa única nieta, y a los próximos que vendrán.
A ellos dedico con todo cariño esta obra, y también, por supuesto, a mis lectores, ya que sin ellos este libro no tendría sentido.

Sobre la editorial

MP Ediciones S.A. es una editorial especializada en temas de tecnología (computación, IT, telecomunicaciones).
Entre nuestros productos encontrará: revistas, libros, fascículos, sitios en Internet y eventos.
Nuestras principales marcas son: *USERS, Aprendiendo PC* y *TecTimes*.
Si desea más información, puede contactarnos de las siguientes maneras:
Sitio web: www.tectimes.com
E-mail: libros@tectimes.com
Correo: Moreno 2062 (C1094ABF), Ciudad de Buenos Aires, Argentina.
Tel.: 54-11-4959-5000 / **Fax:** 54-11-4954-1791

Prólogo

Ponerme en el lugar de quien por primera vez va a tomar contacto con una computadora para aprender a utilizarla ha sido mi principal preocupación mientras escribía este libro. Recordé la época de mis inicios, cuando todo eran dudas y cuando muchas cosas se resolvían con el antiguo sistema de prueba y error.

Convencido de que ésa no es la mejor forma de aprender a dominar cualquier actividad en la vida, me propuse ser lo más claro, detallado, explícito y didáctico posible, sobre todo en el comienzo del libro, para que mis lectores supieran, con precisión, qué debían hacer en cada momento y ante cada situación.

Al promediar el libro y considerando que los lectores deberían tener ya una base firme para comprender más rápidamente las técnicas y procedimientos a utilizar, he comenzado a desarrollar las explicaciones en forma más breve y directa, con el objeto de abarcar la mayor cantidad de temas posible, dentro del alcance propuesto para esta obra.

Espero haber logrado el objetivo planteado, que es el de conseguir que quienes utilicen este libro adquieran conocimientos básicos sólidos sobre lo que es una PC, qué tareas puede realizar y de qué forma deben llevarse a cabo; de modo que puedan sentarse frente a una computadora, en la oficina o en el hogar, y desenvolverse con soltura y sin titubeos. Sobre esa base podrán luego ampliar sus conocimientos, encarando otras tareas de mayor complejidad.

Si lo he conseguido, ése es mi mejor premio.

Carlos Fernández García
becafer@fullzero.com.ar

El libro de un vistazo

Quienes estén interesados en adquirir rápidamente los conocimientos necesarios para desenvolverse con soltura frente a una computadora y dominar las herramientas que les permitan encarar con éxito, tanto las tareas de trabajo como las actividades personales, encontrarán en este libro una guía rápida, sencilla y concreta, que abarca todos los aspectos que es preciso conocer en este mundo de hoy, regido por computadoras.

Esta obra ofrece desde los conocimientos básicos para comenzar a operar la PC, hasta la configuración de Windows, desde el trabajo con documentos hasta la creación de planillas, y por supuesto todo lo necesario para empezar a navegar la Web y el uso del correo electrónico, dos herramientas fundamentales. En este resumen, presentamos los capítulos que incluye el libro, y mostramos los temas principales que tratan, para que el lector pueda tener un claro panorama del contenido y, eventualmente, elegir la manera más conveniente de leerlo.

CAPÍTULO 1
Conociendo nuestra PC

Saber qué es un microprocesador o un disco duro, conocer los demás componentes de la computadora y los programas que se usan, es la base para comprender cómo se desarrollan sus procesos internos y cómo deben ser utilizados, en forma óptima, sus recursos. Ése es el objetivo de este primer capítulo.

CAPÍTULO 2
Comencemos a trabajar

Aprenda a encender y apagar correctamente la computadora, cuáles son los errores que debe evitar y cómo debe proceder ante un inconveniente. Además, para ir familiarizándose con el uso de la máquina, le explicaremos cómo crear su primer documento, y así comprenderá que el manejo de una PC es una tarea mucho más sencilla de lo que usted, seguramente, pensaba.

CAPÍTULO 3
Los elementos de trabajo

Aquí comenzará a conocer Windows, el sistema operativo que comanda la computadora. Abrir programas, dominar el manejo de las ventanas, conocer sus elementos, aprovechar al máximo sus herramientas y aprender a comunicarse con la PC por medio de los cuadros de diálogo constituirán el saldo positivo de este capítulo.

CAPÍTULO 4
Administración de carpetas y archivos

Tan útil como aprender a crear documentos de todo tipo, es saber guardar y encontrar esa información para volver a utilizarla cuando sea necesario. El Explorador de Windows es el programa que se ocupa de administrar los archivos y carpetas que contienen esa información. En este capítulo aprenderá a utilizar este importante programa.

CAPÍTULO 5

Impresión y accesorios

Imprimir en papel los resultados de la tarea realizada será el denominador común de su trabajo con la PC. Es sencillo, pero requiere conocimientos que podrá adquirir en este capítulo.

Como complemento, aprenderá a utilizar algunos de los accesorios incluidos en Windows XP: el editor de textos Word-Pad y el programa de diseño MSPaint.

CAPÍTULO 6

Configuración de Windows XP

Su computadora funciona, con su configuración estándar, de una manera excelente, pero seguramente usted querrá personalizarla de acuerdo con su gusto y su necesidad. La elasticidad de Windows XP admite esos cambios de configuración y, en este capítulo, nos ocupamos de mostrarle cómo hacerlos.

CAPÍTULO 7

Word XP

Probablemente usted ha oído hablar de este programa, el procesador de textos más utilizado en el mundo por su versatilidad, por la cantidad de prestaciones que ofrece y por los elementos funcionales y decorativos que pueden agregarse a los documentos escritos. Word XP merecía un capítulo bien detallado, y se lo hemos dedicado.

CAPÍTULO 8

Excel XP

Junto con Word, este programa completa la dotación básica necesaria para atender las tareas relacionadas con la PC que se presentan en la oficina y en el hogar. Se utiliza para trabajar con números y cálculos, ya que brinda soluciones rápidas y eficaces. En este capítulo está expuesto de una manera sencilla y accesible.

CAPÍTULO 9

El fascinante mundo de Internet

Un libro que abarque todo lo fundamental de la computación no podía omitir un tema tan importante como lo es el acceso a Internet. El objetivo de este capítulo es enseñarle a navegar por la Web para buscar información, noticias, música, videos y todo lo que la Red contiene, utilizando el navegador más popular, Intenet Explorer.

CAPÍTULO 10

Correo electrónico y otros servicios

El fenómeno social que constituye el correo electrónico, al que se incorporan, día a día, miles de personas en todo el mundo, ha adquirido una importancia tal, que es prácticamente indispensable saber utilizarlo. El último capítulo del libro se propone hacer conocer a nuestros lectores cómo pueden configurar y utilizar con fluidez este servicio.

SERVICIOS AL LECTOR

Para facilitar la utilización de los programas más importantes analizados en esta publicación, se incluyen en esta sección los atajos de teclado de Windows, Word y Excel XP.

UNA NUEVA DIMENSIÓN
EN LIBROS

TUTORIALES

Aquí encontrará diferentes tutoriales en video relacionados con el libro. Sólo deberá hacer un clic en Ver Tutorial para bajar el video a su PC.

GUÍA

Una completa guía con sitios web, para acceder a más información y recursos útiles que le permitirán profundizar sus conocimientos.

SOFTWARE

Una selección con las mejores aplicaciones y herramientas accesorias, ejemplos y listados del libro para que no tenga que invertir su tiempo en transcribirlos.

OnWeb, el sitio que le permitirá aprovechar al máximo cada uno de nuestros libros, con contenido exclusivo: la mejor selección de software y los ejemplos analizados en el texto, tutoriales en video y una completa guía de sitios de Internet. > Además, un foro a través del cual podrá realizar interconsultas con otros lectores y usuarios, debatir con ellos y estar en contacto con la editorial. Como siempre, **MP Ediciones**, a la vanguardia en la divulgación de la tecnología.

BIENVENIDO A LOS SERVICIOS EXCLUSIVOS DE ONWEB:

Ingrese al sitio onweb.tectimes.com. La primera vez que acceda, deberá registrarse con un nombre de usuario y una clave. Para completar el proceso de registro, se le hará una pregunta referida al libro y se le solicitarán sus datos personales.

ONWEB.TECTIMES.COM

A lo largo del libro encontrará estos recuadros con información complementaria:

CURIOSIDADES

Datos divertidos y locuras varias que resultan necesarios para ser un experto animador de reuniones sociales.

DEFINICIONES

Después de leer estas definiciones, no existirán más palabras incomprensibles ni temas que lo inhiban.

IDEAS

Trucos para realizar distintas tareas de manera más rápida y efectiva. Consejos sabrosos para todo conocedor del tema.

ATENCIÓN

Problemas típicos o errores frecuentes con los que se cruza el usuario inquieto, y los secretos para evitarlos.

DATOS ÚTILES

Información valiosa, datos precisos y actualizados, sitios web clave y respuestas a las preguntas frecuentes.

SÓLO PARA GENIOS

Información y trucos para usuarios avanzados. ¡Todos llevamos un genio dentro (el asunto es saber encontrarlo)!

NOVEDAD

Comentarios sabrosos acerca de las novedades incluidas en la última versión y las mejoras logradas en sus aplicaciones.

ON WEB

Información, recursos, software o ejemplos del libro que están publicados en el sitio web exclusivo para lectores: onweb.tectimes.com.

Contenido

CAPÍTULO 3

Los elementos de trabajo

CAPÍTULO 4

Administración de carpetas y archivos

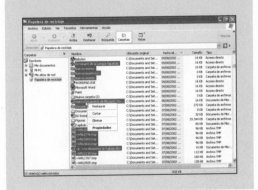

CAPÍTULO 5

Impresión y accesorios

CAPÍTULO 6

Configuración de Windows XP

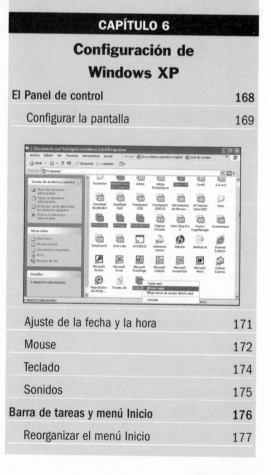

CAPÍTULO 7

Word XP

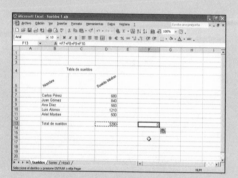

CAPÍTULO 10

Correo electrónico y otros servicios

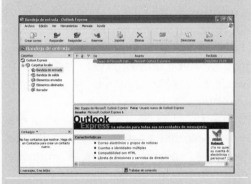

SERVICIOS AL LECTOR

Introducción

Pocas cosas se sustraen hoy al alcance de la computación, que irreversiblemente está ocupando todos los ámbitos de la vida actual con un ritmo arrollador. Desde la facturación de un modesto negocio hasta los robots que fabrican autos, las más diversas actividades tienen en algún punto de su organización un componente informático.

Es difícil imaginar que alguien pueda, en el presente, desarrollarse en los campos laboral, profesional y personal sin poseer conocimientos más o menos amplios sobre esta materia. Las circunstancias obligan a prepararse cada día más utilizando todos los recursos disponibles.

Iniciarse en el mundo de la computación implica no solamente saber manejar una computadora sino también conocer cómo son los elementos que forman la parte visible de la máquina: el gabinete, el monitor, el mouse y todos los demás componentes, o sea, lo que llamamos el hardware; y la parte invisible, la que hace posible que todos esos elementos funcionen coordinadamente para realizar determinadas tareas, es decir, el conjunto de programas que denominamos software. En este libro abarcaremos ambos aspectos.

Comenzaremos conociendo qué elementos materiales forman el equipo y qué función cumple cada uno de ellos. Luego nos centraremos en desarrollar el más nuevo sistema operativo, Windows XP (el programa que hace posible el funcionamiento de todos los demás). No sólo explicaremos en detalle cómo manejarlo, sino que también incluiremos cómo se utilizan sus principales accesorios, entre ellos, el editor de textos WordPad y el programa de dibujo MSPaint. Después abordaremos las dos aplicaciones fundamentales, las más utilizadas universalmente, con las que se solucionan la mayor parte de los requerimientos informáticos, tanto en una empresa o en una oficina como en el hogar. Se trata del procesador de textos Word XP y de la planilla de cálculo Excel XP, a los que dedicamos sendos capítulos.

Finalmente, completaremos lo que debe ser una formación básica integral en la materia con las dos aplicaciones imprescindibles para acceder a las enormes posibilidades de Internet: el navegador Internet Explorer (para explorar la Web) y el programa Outlook Express (para administrar el correo electrónico).

Conociendo nuestra PC

A partir de ahora vamos a comenzar a compartir muchos momentos de la vida con nuestra computadora personal, familiarmente, la PC. Quizás hasta le pongamos un nombre propio, como hacemos con nuestras mascotas y, sin duda alguna, nos dará muchas satisfacciones y muchos momentos de zozobra. Viviremos con ella alegrías y sinsabores. Por eso, es bueno que comencemos a conocerla.

Hardware y software

Nuestra PC nos ayudará a trabajar; nos acompañará a jugar; por medio de ella nos comunicaremos con familiares, amigos y gente de todo el mundo; la utilizaremos para enterarnos de las últimas noticias o para buscar información sobre los temas más dispares; en resumen, nuestra PC entró en nuestra vida y ya no se irá más.

Pero, ¿cómo es nuestra PC? Vamos a empezar por lo que se ve por fuera.

Todas las computadoras personales tienen cuatro elementos básicos:

- El gabinete, donde están contenidos todos los componentes electrónicos que hacen funcionar a la PC.
- El monitor, donde se muestra el resultado de las operaciones que estamos realizando y la PC se comunica con nosotros, para pedirnos instrucciones algunas veces, y para advertirnos de problemas en otras.
- El teclado, con el que no sólo ingresamos los textos, sino también muchas órdenes (comandos) para que la computadora haga lo que le pedimos.
- El ratón, más conocido por su nombre inglés "mouse", con el que seleccionamos objetos en la pantalla y ejecutamos los comandos.

Hoy en día, casi con seguridad, encontrará algunos otros elementos adicionales conectados a la computadora y formando parte inseparable de ella. Son los parlantes, la impresora y, probablemente, una palanca de comando (joystick) o algún otro accesorio para juegos y, tal vez, una pequeña cámara de video (webcam), un módem externo o un dispositivo Zip.

Todos estos componentes son la parte tangible de la computadora, se pueden ver, tocar, tienen características propias de forma, peso, dureza, o sea, son elementos materiales y reciben el nombre de hardware.

Esto constituye, valga la expresión, la "mitad" de la computadora.

La otra "mitad", no menos importante, la integran los programas, cuya función es conseguir que todos esos elementos electrónicos y materiales funcionen coordinadamente para conseguir objetivos y resultados concretos.

Los programas son sucesiones de instrucciones, escritas por programadores, cuyo fin es lograr que la máquina controle su propio funcionamiento interno y ejecute los comandos que le imprime el operador. Hay tres tipos de programas:

- Sistema operativo (O.S.), es el programa base que dirige todas las operaciones y

¿QUÉ SON LOS OBJETOS?

DEFINICIONES

Un objeto puede ser un dispositivo de hardware (módem, impresora, unidad de disco, etc.), un componente del sistema operativo, un programa, una carpeta, un archivo, etc. Estos objetos son, generalmente, representados por iconos.

comanda los procesos internos de la máquina para ejecutar las órdenes que ésta recibe del operador.

- Programas de aplicación, con los que se realizan específicamente las tareas puntuales. Por ejemplo, Word es un programa para crear y procesar textos; Excel, para trabajar con planillas de cálculo, y hay muchos otros que se utilizan para trabajar con gráficos, con animaciones, con audio, video, etc.
- Programas utilitarios, que se utilizan para controlar y mejorar el funcionamiento de la máquina, aumentar sus prestaciones y, a veces, reparar daños y proteger a la computadora.

A todo este conjunto de programas –formado por elementos intangibles– se lo denomina software.

Hardware

Comencemos a conocer la parte tangible de la computadora, los elementos que componen el hardware.

Componentes internos

De los componentes básicos de la computadora, a excepción del monitor, el teclado y el mouse, todos los demás se encuentran dentro del gabinete. Echémosles un vistazo.

El microprocesador

El cerebro de la computadora es el microprocesador, un circuito integrado, componente de la CPU (Unidad Central de Procesamiento), que contiene millones de transistores en su interior **(Figura 1)**. Usted habrá escuchado, probablemente, nombres como Pentium, Celeron, Duron, Athlon, K6 y otros. Todos ellos son nombres de distintos modelos y marcas de microprocesadores, unos más antiguos y otros más modernos, veloces y potentes.

Cuanto mayor es la velocidad del microprocesador y mayor la cantidad de información que puede procesar en una unidad de tiempo, mejor es su calidad y más alto su precio. La velocidad se mide en MHz y al momento de escribir este libro las velocidades normales alcanzaban los 2 GHz (o sea, 2000 MHz). Para cuando usted esté leyendo

Figura 1. No obstante su pequeñez y su apariencia simple, el microprocesador contiene millones de transistores en su interior.

este capítulo, serán seguramente mucho mayores, ya que la tecnología de su fabricación y perfeccionamiento avanzan a un ritmo arrollador. La cantidad de información que el microprocesador puede manejar se mide en bits, y actualmente ronda los 32 bits, aunque este dato pronto será viejo.

El microprocesador es el encargado de realizar los cálculos y de ejecutar las instrucciones contenidas en los programas. Apenas encendemos la computadora, el microprocesador busca, en un lugar estipulado, la primera orden o instrucción; luego de ejecutarla busca la instrucción siguiente y también la ejecuta, y así continúa hasta que apaguemos la PC. Es un verdadero autómata que no cesa de ejecutar instrucciones a un ritmo de millones por segundo.

El motherboard

Otro elemento sumamente importante es la placa madre (motherboard), una placa chata que tiene casi las dimensiones del gabinete, donde se encuentran soldados o enchufados una gran cantidad de componentes electrónicos (circuitos integrados, conectores, etc.) y donde están también los zócalos (sockets) y las ranuras (slots) en los que se insertan el microprocesador, las memorias y las tarjetas (o placas) de video, sonido, etc. **(Figura 2)**.

Figura 2. La calidad del
motherboard es fundamental para
determinar la calidad del equipo.

En el motherboard también hay un conjunto de circuitos integrados, denominados chipset, destinados a facilitar y asistir al microprocesador en su tarea.

En realidad, el motherboard es una gran placa de circuito impreso en la que están, además, los canales (buses) por donde circula la información interconectando algunos de los componentes. Otros se conectan al motherboard por medio de cables planos de 32 y hasta 64 canales (pines), como por ejemplo, el disco duro y la lectora o grabadora de CD-ROM. También hay conexiones que se realizan por medio de cables comunes. Es fácil comprender entonces que la velocidad real de la máquina estará dada no sólo por la velocidad del microprocesador sino también por la de los buses y demás componentes.

En el motherboard está la batería (comúnmente, "pila"), encargada de mantener la fecha y la hora actualizadas, y el BIOS (*Basic Input Output System*), que es un pequeño chip, o circuito integrado, provisto por el fabricante del motherboard, donde se encuentra grabado el programa de arranque de la computadora.

La memoria RAM

Así como los seres humanos necesitamos, para realizar cálculos y otras tareas, una hoja de cuaderno o un pizarrón donde anotar los datos que estamos usando, también el microprocesador necesita un lugar donde estén registrados las instrucciones de los programas que debe utilizar y los datos con los que está operando.

Este lugar lo constituye la memoria RAM (*Random Access Memory*, algo así como Memoria de Acceso Aleatorio, o sea, que permite grabar y extraer información), que es la memoria principal de la máquina.

El sistema operativo y todos los programas que utilizamos para trabajar no se encuentran permanentemente en la RAM sino que están grabados en el disco duro de la máquina. Cuando encendemos la computadora, parte de esa información se carga en la memoria RAM, a donde el microprocesador puede acceder muy rápidamente para buscarla y utilizarla.

Cuando vamos a realizar una operación, por ejemplo una suma, los números que vamos a sumar y que ingresaremos con el teclado se ubicarán en la RAM y de allí los tomará el microprocesador, junto con las instrucciones del programa para realizar el cálculo, que, siguiendo luego otras instrucciones, presentará en pantalla.

De allí la necesidad de disponer de una buena cantidad de memoria RAM, ya que si comenzamos a trabajar con varias aplicaciones, a la memoria que ocupa el sistema operativo, se sumará la que ocupan los demás programas, más la que ocupan los datos con los que estamos trabajando –que en el caso de gráficos, audio y video pueden ser considerables–, y todo esto sumado puede llegar a exceder la capacidad de la memoria RAM. En este caso el microprocesador deberá escribir y luego leer parte de los datos en el disco duro, y ese "ir y venir" hará que la máquina se ponga lenta y pesada.

TODO AVANZA

Antiguamente, el BIOS no podía ser modificado o regrabadora, para evitar que se alterara el proceso de carga de la máquina. En la actualidad, en la mayoría de los casos, es posible actualizarlo por medio de Internet.

La memoria RAM está compuesta por
una cantidad de circuitos integrados, montados sobre placas
chatas, no muy grandes, en forma de "peines" o "módulos", que
se insertan en ranuras en la placa madre **(Figura 3)**.

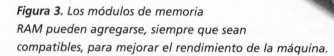

Figura 3. *Los módulos de memoria
RAM pueden agregarse, siempre que sean
compatibles, para mejorar el rendimiento de la máquina.*

Esta memoria es de carácter "volátil", o sea, mantiene sus datos mientras la máquina está encendida. Apenas se apaga o se produce un corte de corriente,
los datos contenidos en la memoria se borran y ya no se pueden recuperar.
Si se trata de los programas, no hay problema porque éstos se encuentran grabados
en el disco duro, cuya memoria no es volátil, de modo que se pueden volver a cargar.
Pero todo el trabajo que hayamos estado elaborando y que no hayamos guardado
(archivado) en el disco duro se perderá.

El disco duro o rígido

El disco duro, también llamado disco rígido (Hard Disk), que se ve en la **Figura 4**, tiene la forma aproximada de una caja rectangular de unos 3 cm de altura por 10 cm de
ancho y unos 15 cm de largo, y está ubicado dentro del gabinete de la computadora
(existen algunos discos duros extraíbles, pero son raros).

Los discos duros son el elemento de almacenamiento de información por excelencia dentro de la computadora. Tienen una enorme capacidad de
memoria (actualmente pueden tener hasta 80 GB) y ésta no es de tipo volátil, o sea
que la información que guardan no se borra al apagar la computadora.
Consisten en una serie de discos magnéticos
superpuestos que giran a gran velocidad sobre
un eje vertical y entre los cuales se deslizan los

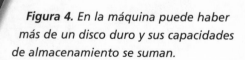

Figura 4. *En la máquina puede haber
más de un disco duro y sus capacidades
de almacenamiento se suman.*

cabezales que leen o graban la información. Ésta llega al disco duro en forma digital y se convierten en señales magnéticas que se graban en los discos y se mantienen allí hasta que son borradas o reemplazadas por otra información. Luego el disco hace el camino inverso y lee esas señales magnéticas convirtiéndolas nuevamente en digitales para entregarlas al sistema.

La velocidad con que realiza este proceso es una de las características más importantes que hay que tener en cuenta. Las conexiones más usuales de disco duro son las de tipo IDE, pero existen otras denominadas SCSI (se acostumbra pronunciarlo "scasi"), que son más caras pero mucho más veloces.

Algo sobre bits y bytes

La unidad más pequeña de almacenamiento en una computadora es el bit, que corresponde a un dígito binario. Una sola letra, un solo número o un solo espacio (o sea un solo carácter) están formados por 8 dígitos binarios, u 8 bits, y esta cantidad de bits constituyen un byte (se pronuncia "bait"). Por ejemplo, la palabra "día" está constituida por 3 letras de 8 bits cada una, o sea por 3 bytes (8 bits = 1 byte).

La capacidad de las memorias se mide en bytes y la cantidad de éstos alcanza fácilmente cifras millonarias, por lo que es indispensable recurrir a sus múltiplos:

1024 bytes	equivalen a	1 Kilobyte (KB)
1024 KB	"	1 Megabyte (MB)
1024 MB	"	1 Gigabyte (GB)

Las placas o tarjetas adaptadoras

Los distintos dispositivos externos se conectan a la computadora por medio de tarjetas adaptadoras que están enchufadas a ranuras de expansión del motherboard, aunque actualmente muchas de estas tarjetas vienen "on board", o sea, ya incluidas directamente en la placa madre.

Todas estas placas, si bien están dentro del gabinete, tienen un frente que da al exterior, donde presentan los conectores para los dispositivos que les corresponden.

LA LUZ DEL DISCO

Los discos duros tienen una luz piloto en el frente del gabinete que se enciende cuando están trabajando, y esto ayuda muchas veces al usuario a saber qué está ocurriendo con su máquina.

Cada una de estas tarjetas requiere la instalación de un pequeño programa llamado controlador (driver) y, si éste no es el adecuado, los respectivos dispositivos no funcionarán o lo harán en forma deficiente. La mayor parte de los fabricantes entregan sus dispositivos con disquetes o CDs donde están los drivers para instalarlos, y colocan en sus sitios web controladores actualizados para sus productos, que pueden ser bajados por los usuarios, sin cargo.
Las principales placas adaptadoras son:

- La de video **(Figura 5)**, que transmite la información al monitor y permite establecer su resolución y profundidad de colores.

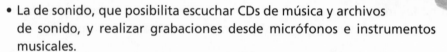

> **Figura 5.** Las placas son circuitos impresos donde está soldada una cantidad de componentes electrónicos.

- La de sonido, que posibilita escuchar CDs de música y archivos de sonido, y realizar grabaciones desde micrófonos e instrumentos musicales.
- Las que conectan unidades de almacenamiento externas.
- Las de red, que permiten comunicar las computadoras entre sí.
- Las llamadas multifunción, que agregan puertos para aumentar las posibilidades de conexión de dispositivos a la PC, etc.

Los puertos

La conexión de periféricos a la computadora (aunque se encuentren dentro del gabinete, como puede ser el módem) se realiza a través de "puertos", por medio de los cuales entra y sale la información hasta cada dispositivo. Los conectores están generalmente ubicados en la parte posterior del gabinete y en ellos se enchufan los cables de conexión.
Existen distintos tipos de puertos, entre ellos:
- Puertos serie (también denominados puertos COM o de comunicación). Son los más lentos porque en ellos los datos viajan en fila, unos detrás de otros. Cada máquina trae dos y cada uno permite conectar un solo dispositivo, por lo general el mouse y el módem.
- Puertos paralelos (llamados LTP o de impresora), donde los datos viajan juntos en tandas y por eso son más veloces. Permiten conectar dos dispositivos en cadena a la vez, usualmente la impresora y el escáner.
- Puertos USB (*Universal Serial Bus*), que son los más modernos y también los más veloces de todos. Permiten conectar, uno después de otro, hasta 127 dispositivos en cadena, sin necesidad de apagar la computadora para hacerlo **(Figura 6)**.

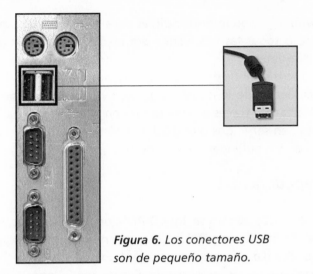

Figura 6. Los conectores USB
son de pequeño tamaño.

- Puertos PS2, que se utilizan habitualmente para la conexión de teclado y/o mouse.
- Puertos DIN, ahora casi en desuso, donde se conecta, generalmente, el teclado.

La disquetera

Existe otro medio de almacenamiento de datos, los disquetes. Hasta hace un tiempo se los usaba constantemente, no sólo para guardar información sino también para inter-cambiarla entre computadoras, ya que son livianos y de un tamaño adecuado para transportarlos **(Figura 7)**.

Figura 7. La tapa corrediza permite ver
el disco magnético que se halla en su interior,
pero éste no debe tocarse con las manos.

Hoy en día, con el advenimiento de otros medios de almacenamiento, tan portátiles como los disquetes, y con una capacidad 500 veces mayor, como lo son los CD-ROM, los disquetes van quedando en desuso. En un plazo no muy lejano seguramente los CD-ROM serán también reemplazados por los nuevos DVD.

DATOS ÚTILES

DISQUETES

Los disquetes de alta densidad pueden almacenar hasta 1,44 MB y poseen una ranura de protección en la que, co-rriendo una lengüeta, se impide que el disquete pueda ser borrado o regraba-do accidentalmente.

Los disquetes sin embargo son imprescindibles para arrancar la computadora en caso de conflictos. Por eso todas las PCs vienen equipadas con una unidad de disquete, también llamada disquetera.

Los disquetes son discos semi flexibles de $3^{1}/_{2}$ pulgadas de diámetro (aproximadamente unos 9 cm), recubiertos de material magnético y protegidos por una cubierta de plástico, que se insertan –a través de una ranura en el frente del gabinete– en la disquetera, donde pueden ser leídos o grabados según necesidad. Antiguamente había también disquetes de $5^{1}/_{4}$ pulgadas, hoy en desuso.

La lectora o grabadora de CD

De aspecto similar a los CDs de música, los CD-ROM no constituyen (como los discos duros y los disquetes) un medio magnético de almacenamiento, sino que se trata de un medio de lectura óptica. La información está grabada en la superficie circular del CD-ROM en forma de microscópicas incisiones y salientes que, al girar a alta velocidad, son leídas por un rayo láser que recupera la información contenida en ellas **(Figura 8)**.

Figura 8. Las lectoras de CD-ROM se han convertido en un elemento prácticamente imprescindible en todos los equipos actuales.

Tienen gran capacidad de almacenamiento, habitualmente entre 650 y 800 MB y, si bien hasta hace muy poco no podían ser modificados ni regrabados, existen ahora en plaza dispositivos que permiten su grabación y copiado, utilizando para hacerlo discos denominados CD-R. También han aparecido CD-ROM que pueden ser borrados y regrabados casi infinitamente; son los CD-RW, ideales para hacer copias de seguridad de la información y para otros usos.

Los CD-ROM son prácticamente imprescindibles en las aplicaciones multimedia, en las que debe guardarse texto, imagen, sonido, video y animaciones, y se requiere gran cantidad de memoria y velocidad. Por eso cada día se aplican más en enciclopedias de cultura general, juegos, mapas, guías telefónicas y son también el soporte ideal para los programas de software.

Nombre de las unidades de disco

Existe una forma de denominar a las unidades de disco, utilizada universalmente, por medio de letras seguidas de ":" (dos puntos), que es la siguiente:

Disco de $3^{1}/_{2}$"	A:
Disco de $5^{1}/_{4}$" (totalmente en desuso)	B:
Disco duro	C:
Lectora o grabadora de CD	D:

Si hubiera más de un disco duro, al siguiente le correspondería la letra D: Las lectoras o grabadoras de CD (puede haber más de una) recibirían las letras siguientes a la del último disco duro. O sea, si hubiera dos discos duros, les corresponderían a ellos la C: y D:, y a la lectora, la letra E:

La fuente de alimentación

Si bien las computadoras van conectadas generalmente a la red de corriente eléctrica de 220 voltios, esta tensión sólo llega hasta la entrada del gabinete, ya que todos los demás componentes de la PC trabajan con tensiones de entre 12 y 5 voltios (en algunos casos aún menos). Por eso en todas las computadoras existe una fuente de alimentación que transforma el voltaje de entrada en el requerido por cada componente en particular.

Dispositivos de entrada

Llamamos dispositivos de entrada de información a aquellos artefactos o elementos que sirven para ingresar datos u órdenes a la computadora. Los más usuales y conocidos son el teclado y el mouse, pero tanto las tarjetas de sonido como las de video actúan también como dispositivos de entrada cuando se ingresa música desde CDs, micrófono o instrumentos musicales, en la de audio; e imágenes desde cámaras y otros elementos, en la de video.
También el módem puede ser considerado un dispositivo de entrada de información, ya que a través de él ingresan datos desde la línea telefónica. Los joysticks y las consolas de comando para juegos, los lectores de código de barras, los escáneres, etc., también son dispositivos de entrada.

El ratón o mouse

El ratón, más comúnmente llamado por su nombre inglés mouse **(Figura 9)**, es un pequeño aparato conectado a la computadora por medio de un cable, que se aloja cómodamente bajo la mano del operador permitiéndole comunicar sus órdenes a la PC.

Figura 9. En algunos mouse una pequeña ruedita suplanta al botón central, adicionando otras prestaciones.

Arrastrando el mouse sobre una base plana –muchas veces se usa una pequeña alfombra o pad, de superficie lisa y ligeramente acolchada– se hace girar una diminuta esfera ubicada en la parte inferior. Ésta, a su vez, comunica sus movimientos a un "puntero" que se desplaza por la pantalla permitiendo señalar cualquier objeto, como un icono, un botón, el nombre de un archivo o carpeta, una imagen, etc., y ejecutar luego una acción sobre él. El mouse tiene en su parte superior dos, o a veces tres, botones o teclas que el operador presiona con sus dedos para obtener determinados resultados, que normalmente consisten en seleccionar objetos en la pantalla, abrir menús o ejecutar comandos.

El teclado

El teclado es un elemento indispensable para introducir información en la PC ya que no sólo permite ingresar textos y números sino también realizar otras acciones. De aspecto similar al de una máquina de escribir, tiene, no obstante, una cantidad de teclas adicionales para realizar distintas funciones, que lo diferencian en mucho de aquél. En el próximo capítulo encontrará una descripción más detallada de este importante elemento.

El módem

Este dispositivo, que puede estar dentro del gabinete (como el que vemos en la **Figura 10**) o fuera de él como componente externo, debe su nombre a la función que realiza (Modulador-Demodulador), y puede ser considerado tanto dispositivo de entrada como de salida ya que no sólo transforma las señales analógicas de la línea telefónica en digitales, para que puedan ser interpretadas por la computadora, sino que también procede a la inversa, transformando las señales digitales de ésta en analógicas, para que puedan viajar por la línea telefónica.

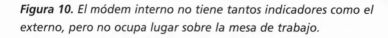

Figura 10. El módem interno no tiene tantos indicadores como el externo, pero no ocupa lugar sobre la mesa de trabajo.

EL MÓDEM

Gracias a este dispositivo, hoy en día casi infaltable en todas las computadoras, es posible realizar llamadas telefónicas, transmitir y recibir faxes y, tal vez, lo más importante y utilizado, conectarse con otras computadoras en Internet.

Para que las comunicaciones resulten fluidas es necesario que el módem sea lo más rápido posible. La velocidad se mide, en este caso, en Kbps (Kilobits por segundo) y la más usual actualmente es de 56 Kbps. Con velocidades menores la operación se hace lenta y se traba mucho, sobre todo, la navegación por Internet.

Dispositivos de salida

Como hemos visto, el módem puede ser considerado un dispositivo de salida de información, pero existen otros, como por ejemplo, la placa de video con el monitor, la placa de sonido con los parlantes y la impresora.

El monitor

El monitor es uno de los componentes de hardware más importantes pues en él se visualizan los documentos en elaboración, los gráficos, tablas, juegos, etc., y también los elementos de trabajo tales como las ventanas, los menús, los iconos y los botones de comando.

Los más comunes son de 14" o de 15" (14 ó 15 pulgadas), habiendo también otros de tamaños superiores, especialmente para usos profesionales **(Figura 11)**. La calidad de la imagen, que se forma al iluminarse microscópicos puntos de color en la pantalla, está determinada por la distancia que separa a esos puntos entre sí, siendo .028 un valor aceptable y .025 un valor óptimo.

Figura 11. Los monitores más actualizados son de pantalla plana de cuarzo líquido.

Todos los monitores requieren para su funcionamiento la existencia de una tarjeta de video, ubicada en el motherboard, donde van enchufados.

Los parlantes

Si bien todas las computadoras emiten, durante el arranque, unos sonidos (bips) que indican un proceso de carga normal o, si se presentan problemas, otra secuencia de bips que permiten determinar el tipo de inconveniente, no están en condiciones de transmitir otros sonidos más elaborados, como por ejemplo, música.

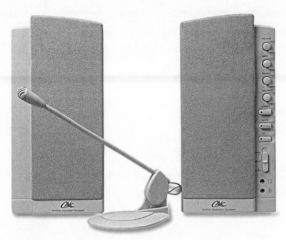

Figura 12. *El equipamiento para sonido se ha convertido, prácticamente, en un elemento estándar de la computadora.*

Por eso, la mayoría de las computadoras incorporan una placa de sonido a la que se conectan los parlantes, que a veces tienen sistemas de amplificación propios, para poder escuchar música y otros sonidos **(Figura 12)**.

También se pueden conectar a la entrada de la placa de sonido un micrófono y cualquier otro dispositivo que provea señales de audio, como un teclado musical electrónico, la salida de un preamplificador, etc.

Tomando en cuenta la difusión y el perfeccionamiento actual de los elementos multimedia, que combinan espectaculares efectos de pantalla y de sonido, difícilmente puedan encontrarse hoy en día computadoras sin sistema de sonido, teniendo algunas, incluso, equipamientos sumamente sofisticados y costosos.

La impresora

También se ha convertido en un elemento prácticamente indispensable aun en los equipos de computación más modestos.

Muchos de los documentos creados en una computadora carecerían de sentido si no pudieran ser trasladados al papel por medio de la impresora.

Los tipos de impresora más utilizados son: matriz de puntos, chorro de tinta (ink jet) y láser.

• Las impresoras de matriz de puntos son las más antiguas y las de más baja calidad de impresión. No producen un trazo continuo sino una sucesión de puntos que van formando los caracteres, lo que da como resultado una presentación bastante pobre.

Son sumamente robustas y durables pero considerablemente ruidosas y se utilizan en general para emitir papelería comercial en cantidad. Poco a poco van siendo reemplazadas por las de chorro de tinta.

LOS INSUMOS

La reposición de los consumibles que utilizan las impresoras, tales como cartuchos, tóner y cintas, es sumamente costosa y por esa razón está apareciendo una tendencia hacia la recarga y el reciclado de estos elementos para abaratar los costos.

- Las impresoras a chorro de tinta **(Figura 13)** se han difundido mucho debido a que sus costos han bajado a valores sumamente accesibles y a la excelente calidad de impresión, incluso en las imágenes y fotografías en color. Son bastante silenciosas y no muy veloces.

Figura 13. Las impresoras de chorro de tinta requieren, generalmente, un trato cuidadoso.

- Las impresoras láser son las más adecuadas cuando se trata de hacer una gran producción y trabajos profesionales. Son fuertes, veloces y tienen la mejor calidad de impresión, tanto en negro como en color, y en textos como en imagen. Como desventaja, podemos decir que el costo es mucho más elevado, lo que las ubica lejos de las posibilidades de uso hogareño o de pequeñas oficinas.

Software

Todos los elementos que conforman el hardware serían tan sólo un conglomerado de componentes electrónicos y mecánicos totalmente incapaces de realizar por sí mismos ninguna acción, ni siquiera la de arrancar el equipo, si no fueran organizados y dirigidos por sistemas de instrucciones que indicaran a cada parte qué es lo que debe hacer. Ésta es la capacidad que aporta el software, un conjunto de programas destinados a que cada componente sepa exactamente qué función debe cumplir en cada momento, para que, entre todos, realicen la tarea encomendada.

El software comprende, en una clasificación básica, tres tipos de programas: el sistema operativo, los programas utilitarios y los programas de aplicación.

El sistema operativo

El sistema operativo es el que dirige y controla los procesos internos de la máquina, que permiten funcionar de manera organizada a los distintos componentes para que reciban información, la procesen, realicen los cálculos si son necesarios, la guarden, la recuperen y la entreguen cuando se les solicita.

Es el encargado de atender al operador y de gestionar todo lo que éste requiera. Debe administrar los recursos de hardware, manejando los dispositivos de almacenamiento, la memoria, los dispositivos de entrada y salida, etc.; y de los software, coordinando el accionar de los distintos programas abiertos.

Al ejecutar las operaciones, cada uno de los programas solicitará utilizar para sí los recursos disponibles y el sistema operativo deberá asignar las prioridades para que todas las tareas se realicen a su turno y sin tropiezos.

Los sistemas operativos han ido evolucionando enormemente con el correr de los años. En el antiguo MS DOS había que ingresar los comandos en forma escrita, por medio del teclado, con una sintaxis muy estricta que requería los servicios de un operador

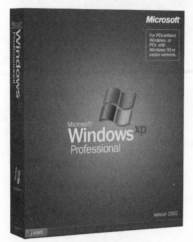

bien entrenado. Si éste se equivocaba en una letra, aparecía el mensaje de error y había que volver a escribir todo de nuevo. Además permitían trabajar con un solo programa por vez, o sea que para cambiar de programa había que cerrar el anterior.

En los modernos sistemas operativos, en cambio, como Windows XP **(Figura 14)**, todo está a la vista en la pantalla y sólo es preciso elegir, con el mouse o el teclado, el objeto y la operación a realizar.

A este entorno y a estas herramientas que los programas presentan al operador para que interactúe con ellos se los denomina interfaz de usuario y son actualmente tan amigables e intuitivos que cualquier persona con un mínimo de preparación puede manejarlos.

*Figura 14. Windows XP
es el último producto creado
por Microsoft Corp.*

Existen distintos sistemas operativos; tal vez el más conocido y utilizado sea Windows, producido por Microsoft Corp., pero hay otros que están ganando adeptos día a día, como Unix, Linux, etc.

Una de las virtudes más destacables de los sistemas operativos como Windows es su capacidad multitarea, o sea, la posibilidad de trabajar con varias aplicaciones al mismo tiempo, asignándole por turno los recursos a cada una de ellas, de modo que no se bloqueen recíprocamente y puedan trabajar de forma armoniosa.

Otra virtud de Windows XP es su capacidad de soportar la conexión de dispositivos con el sistema "plug & play" (conecte y use), por el cual cualquier accesorio fabricado bajo esa norma puede ser conectado directamente a la máquina, que lo reconocerá de inmediato y habilitará su funcionamiento.

Los programas utilitarios

Son los programas que ayudan a mantener y mejorar la eficiencia de los sistemas de computación. Windows XP cuenta con algunos programas destinados a solucionar problemas y efectuar tareas de mantenimiento en la PC, como por ejemplo, escanear el disco duro para buscar y reparar errores en los archivos y en la superficie del mismo, reagrupar los fragmentos de archivos dispersos, liberar espacio en el disco, etc. Estos servicios pueden, incluso, programarse para que se efectúen automáticamente según una agenda preestablecida.

Los programas de aplicación

Son los programas que se utilizan para realizar tareas específicas, concretas, como escribir una carta; hacer una tabla con los nombres y las direcciones de los amigos; preparar una planilla para calcular y controlar la cuenta de gastos del mes; crear una base de datos con los discos de música; organizar la agenda de actividades y cumpleaños; participar en juegos y todo lo que usted imagine que puede necesitar hacer con el apoyo de su computadora y con las herramientas de que disponemos.

Pero también hay programas de aplicación para actividades profesionales, como el control de citas e historias clínicas en un consultorio médico; la elaboración de balances comerciales, precontratos y jurisprudencia para abogados, y muchos otros que el ingenio humano ha sabido crear para ahorrarse trabajo.

Los pequeños negocios y las grandes empresas también utilizan programas de aplicación para el control de su personal, de sus clientes, de sus productos y de sus inventarios, entre otras tantas funciones.

Este tipo de programas son, a veces, "hechos a medida" (desarrollados por programadores específicamente para ese negocio), y en otros casos, de tipo estándar, a los que comúnmente se los llama programas "enlatados".

También hay programas que permiten a las computadoras comunicarse entre sí para trabajar en red o acceder a Internet, y para producir animaciones y elementos multimedia, como los efectos que usted acostumbra ver en películas y en la televisión.

Como puede notar, la lista no tiene límites pero usted sólo tendrá que preocuparse de aprender los que realmente necesite usar.

Entre los programas de aplicación de mayor uso, y más impuestos en el mercado, se destaca Office XP, un paquete (en computación se lo llama también "suite") de programas creado por Microsoft Corp. que incluye todo lo necesario para manejarse tanto en el hogar como en pequeñas y grandes empresas.

EL ANTIGUO MS DOS

Tenía el inconveniente de que los nombres de los archivos no podían contener más de ocho caracteres. A veces era necesario idear verdaderos jeroglíficos para tratar de que éstos dieran una pálida idea de lo que contenían los archivos.

UTILITARIOS

Existen muchos utilitarios, producidos por distintas empresas, que sirven, por ejemplo, para desinstalar programas que ya no se usan, comprimir y descomprimir archivos, proteger a la computadora de virus, y muchos otros que sería largo enumerar.

La versión estándar, que es la más económica, incluye un procesador de textos para la elaboración de toda clase de documentos escritos, denominado Word **(Figura 15)** y otro programa para la creación de planillas de cálculo, denominado Excel, que son los que aprenderemos a usar en este libro.

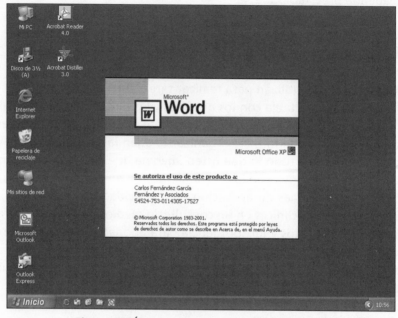

Figura 15. *Éste es el cuadro de presentación de*
Word XP al aparecer en la pantalla.

Además incluye PowerPoint, para la creación de presentaciones publicitarias y de negocios; Outlook, para la administración de la agenda de citas, contactos y correo electrónico, y según las versiones, puede incluir también Access, para la creación y administración de bases de datos; FrontPage, para la creación de páginas web; y Publisher, para generar y perfeccionar elementos gráficos.

Otros proveedores de software ofrecen también programas de excelente calidad que son perfectamente compatibles con Windows XP.

Sin la existencia de estos programas de aplicación, tan necesarios en el hogar y en la oficina, la computadora sería prácticamente inútil.

HAY PARA TODO	**PLUG & PLAY**
Entre los programas utilitarios, un ítem no menos importante lo constituyen las enciclopedias y diccionarios, los cursos, las guías, los juegos, y una extensa gama de productos que comprende desde la educación hasta el entretenimiento.	Este sistema no siempre funciona bien, porque muchos dispositivos, sobre todo los más antiguos, no son plug & play, y algunos otros, más modernos, son de ciertos modelos o de determinados fabricantes que no figuran en el catálogo de Windows.

Resumen

- Los cuatro elementos básicos de una computadora son el gabinete, el monitor, el teclado y el mouse.
- El hardware está constituido por los elementos físicos de la PC, sus componentes electrónicos y todos los elementos materiales y sólidos que la conforman. Podríamos decir que son el "cuerpo" de la computadora.
- Dentro del hardware podemos incluir otros dispositivos periféricos, como la impresora, el escáner, el Zip, el módem externo y algunos otros.
- Los principales componentes de la computadora son el microprocesador, el motherboard, la memoria RAM y el disco duro.
- Existen otros componentes muy importantes, alojados dentro del gabinete, como por ejemplo, el chipset, la pila, las ranuras de expansión, las placas adaptadoras, los puertos, la disquetera, la lectora o grabadora de CD-ROM y la fuente de alimentación.
- Las principales tarjetas adaptadoras son la de video y la de sonido. También existen las de unidades de almacenamiento externas, las de red, las multifunción, además de otras menos usuales.
- Entre los puertos están los de comunicaciones o serie (COM), los de impresora o paralelos (LTP), los USB, los PS2 y los DIN.
- Los elementos de almacenamiento más comunes, además del disco duro, son los disquetes, los CD-ROM y los DVD.
- El software está constituido por los programas que posibilitan que la PC funcione y realice tareas específicas. Podríamos decir que son el "cerebro" y el "alma" de la computadora.
- En el software podemos distinguir, a grandes rasgos, tres tipos de programas: el sistema operativo, los utilitarios y los programas de aplicación.
- El sistema operativo es el que comanda, controla y organiza toda la operación de la computadora.
- Los programas utilitarios se emplean para mejorar el rendimiento de la máquina y aumentar las funcionalidades a disposición del usuario.
- Los programas de aplicación son los que realizan las tareas específicas, como escribir, calcular, grabar y reproducir música, crear y exhibir gráficos, etc.

DATOS ÚTILES

AUMENTAR LA RAM

Generalmente hay, en el motherboard de la computadora, hay ranuras de expansión de más, lo que posibilita, en caso necesario, insertar más peines para aumentar la cantidad de memoria RAM.

Cuestionario

Preguntas

1. ¿Cuál es la placa más importante de la computadora?
2. ¿Quién se ocupa de realizar los cálculos y procesar las instrucciones?
3. La memoria RAM, ¿es un elemento de hardware o de software?
4. El sistema operativo, ¿es un elemento de hardware o de software?
5. La velocidad del microprocesador, ¿en que unidades se mide?
6. La capacidad de la memoria, ¿en qué unidades se mide?
7. ¿Qué capacidad de almacenamiento tiene un disquete?
8. ¿Quién se ocupa de entregar la corriente eléctrica a cada componente, con el voltaje requerido?
9. ¿El sistema operativo se usa para escribir textos y realizar cuentas?

Respuestas

1. En la placa madre o motherboard.
2. El microprocesador.
3. Es un elemento de hardware.
4. Es un elemento de software.
5. Se mide en MHz (Megahertz).
6. Se mide en MB o en GB.
7. Un disquete de alta densidad puede almacenar 1.44 MB.
8. La fuente de alimentación.
9. No. El sistema operativo es el que comanda, controla y organiza el funcionamiento de la computadora. Las tareas concretas se realizan por medio de los programas utilitarios.

Comencemos a trabajar

Ahora usted está sentado frente a la computadora. El monitor tiene la pantalla todavía negra. Un poco más abajo, cerca de sus manos, está el teclado. Más a la derecha –o a la izquierda, si es zurdo– está el mouse. ¿Qué puede hacer? No se preocupe, verá que es muy fácil. Vamos a acompañarlo. ¡A la acción, entonces!

Encender el equipo

Lo primero que vamos a hacer es encender el equipo, para lo cual no es necesario tomar ninguna precaución. Seguramente hay un interruptor de energía en el frente del gabinete. Presiónelo y listo. Escuchará un bip y un ligero zumbido producido por el ventilador, y en la pantalla negra empezarán a correr hacia arriba palabras con letras blancas que usted no va a alcanzar a leer.

No se preocupe, es el proceso normal de encendido de la máquina durante el cual realiza las rutinas de comprobación del hardware instalado y la carga del sistema.

Luego de algunos instantes aparecerá ante su vista la pantalla de bienvenida y después el **Escritorio de Windows XP (Guía visual 1)**.

El Escritorio de Windows XP   GUÍA VISUAL 1

❶ **Iconos**: Son pequeños dibujos que representan los objetos de la PC. Haciendo doble clic sobre cualquiera de ellos activará la aplicación, el recurso o el archivo con el que va a trabajar. Inicialmente, sobre el Escritorio hay muy pocos iconos, pero con el transcurso del tiempo se poblará con los accesos directos que usted irá creando.

- **Botón Inicio**: Este botón, al ser presionado, despliega el menú **Inicio**, desde donde se tiene acceso a todos los programas y recursos de la computadora y a las opciones para **Apagar el equipo** o **Cerrar sesión** para cambiar de usuario.
- **Barra de tareas**: Es el lugar donde, cuando comencemos a trabajar, se irán ubicando los botones de las aplicaciones abiertas. También agregaremos, seguramente, si no aparece de forma predeterminada, la **Barra de inicio rápido** al lado del botón **Inicio**.
- **Puntero del mouse**: Es una pequeña flecha que seguirá fielmente todos los movimientos que imprimamos al mouse con la mano. Situar el puntero sobre un objeto visible en la pantalla y oprimir alguno de sus botones será la forma más frecuente de ejecutar las operaciones que necesitemos.
- **Fondo del Escritorio**: El paisaje que se ve en el fondo del Escritorio es una imagen que el usuario puede cambiar por otras o por un fondo de color liso.
- **Área de notificación**: Aquí aparece el reloj. Señalándolo con el puntero se puede ver la fecha actual. Normalmente aparece también el control de volumen –representado por un altavoz– y pueden aparecer los iconos de otras aplicaciones y actividades que se realizan sin participación del usuario, como, por ejemplo, el antivirus, el icono de una impresora mientras ésta se encuentre imprimiendo, dos pequeños monitores cuando exista una conexión a Internet, etc.
- **Papelera de reciclaje**: Como la papelera que hay al lado de los escritorios en las casas y en las oficinas, para tirar allí los papeles y elementos que ya no sirven, en el Escritorio de Windows está este icono donde se pueden arrojar los archivos que ya no son útiles, arrastrándolos simplemente hasta allí con el mouse.

El Escritorio de Windows XP

Así como en nuestra mesa de trabajo real colocamos documentos, carpetas y los útiles que necesitamos, en la misma forma el Escritorio de Windows XP será nuestro lugar de trabajo, donde se ubicarán los iconos que usamos más frecuentemente, las ventanas de las aplicaciones, los documentos y las herramientas que estamos utilizando.

USUARIOS

Si desea que alguna otra persona utilice el equipo, agréguela como nuevo usuario, para que ella y usted puedan mantener su configuración personalizada. Haga clic en Botón Inicio/Panel de control/Cuenta de usuario/Crear una cuenta nueva.

LOS ICONOS

Hay iconos de impresora, de unidades de disco, de programas, de carpetas y de archivos, y su diseño se identifica con el objeto representado. Los iconos de documentos generalmente identifican a la aplicación con la que han sido creados.

El teclado y el mouse

Antes de comenzar a trabajar vamos a conocer el teclado y el mouse de la máquina.

El teclado

Empezaremos por el teclado **(Guía visual 2)**. Como puede ver tiene muchas teclas, pero no se asuste, al principio sólo utilizaremos algunas.

El teclado GUÍA VISUAL 2

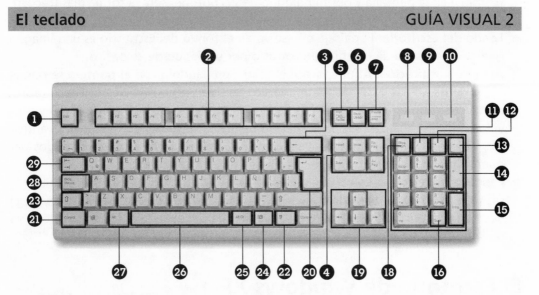

- **ESC**: Interrumpe una acción antes de que se complete.
- **Teclas de función** (**F1** a **F12**): Ejecutan diversas funciones por sí mismas o en combinación con otras teclas.
- **Retroceso** (**BACKSPACE**): Borra caracteres a la izquierda del punto de inserción y vuelve atrás pulsaciones de la tecla **ENTER**.
- **Sector de inserción, supresión y movimiento**: Contiene las siguientes teclas:
  INSERT: Cambia al modo de inserción de caracteres, en virtud del cual, los caracteres que se tipean en el teclado, en lugar de desplazar los existentes hacia la derecha, los van reemplazando, uno por uno. También se utiliza, bajo cierta configuración, para pegar objetos.
  SUPR (**DELETE**): Borra caracteres hacia la derecha del punto de inserción. También se utiliza para eliminar objetos.
  INICIO (**HOME**): Lleva el punto de inserción al inicio de la línea, contra el margen izquierdo. En combinación con la tecla **CTRL** lo lleva al inicio del documento.
  FIN (**END**): Lleva el punto de inserción al final del texto escrito en la línea. En combinación con la tecla **CTRL** lo lleva al final del documento.

RE PÁG (PAGE UP): Salta al comienzo de la pantalla.

AV PÁG (PAGE DOWN): Salta al final de la pantalla.

⑤ **IMPR PANT**: Copia la pantalla actual, como una imagen, para luego pegarla en el lugar donde se desea.

⑥ **BLOQ DESPL (SCROLL LOCK)**: Bloquea el desplazamiento de la pantalla. En Windows no se utiliza.

⑦ **PAUSA INTER (PAUSE BREAK)**: Detiene la operación del sistema, por ejemplo para leer una pantalla. En Windows no se utiliza

⑧ **Indicador de bloqueo numérico (NUM LOCK)**: Indicador de bloqueo numérico activado.

⑨ **Indicador de bloqueo de mayúsculas (CAPS LOCK)**: Indicador de bloqueo de mayúsculas activado.

⑩ **Indicador de bloqueo de desplazamiento (SCROLL LOCK)**: Indicador de bloqueo de desplazamiento activado.

⑪ **Tecla para efectuar la división.**

⑫ **Tecla para efectuar la multiplicación.**

⑬ **Tecla para efectuar restas.**

⑭ **Tecla para efectuar sumas.**

⑮ **INTRO**: Tecla para terminar el párrafo y avanzar a la línea siguiente. También se utiliza para **Aceptar** la opción activa en los cuadros de diálogo.

⑯ **Punto**: En los números se utiliza como coma decimal.

⑰ **Sector de teclado numérico.**

⑱ **Bloqueo numérico (BLOCK NUM)**: Estando el bloqueo numérico activado, la computadora interpretará las teclas pulsadas en el sector numérico como números. Si está desactivado, los números no funcionarán porque las interpretará como teclas de dirección a unas y como lo que indican en su cara superior a las otras.

⑲ **Sector de teclas de dirección**: Mueven el punto de inserción, o el enfoque, hacia el lugar donde indican las flechas.

⑳ **ENTER**: Igual que la tecla **INTRO**. Termina el párrafo y avanza a la línea siguiente. También se utiliza para **Aceptar** la opción activa en los cuadros de diálogo.

㉑ **CTRL**: Esta tecla por sí misma no efectúa ninguna acción. Se la utiliza mucho en combinación con otras letras para realizar diversas funciones.

㉒ **Tecla aplicación**: Despliega el menú contextual correspondiente al lugar donde se encuentra el punto de inserción o el objeto seleccionado.

㉓ **Mayúscula (SHIFT)**: Mientras se mantiene presionada esta tecla, todas las que se pulsen ingresarán los caracteres en mayúscula. También se utiliza para ingresar los signos de puntuación y símbolos que indica cada tecla en la parte de arriba.

㉔ **Tecla Windows**: Abre y cierra el menú **Inicio** y pulsada junto con otras ejecuta distintas funciones.

㉕ **ALT GR**: Manteniendo esta tecla presionada se pueden ingresar los caracteres que muestran algunas teclas a la derecha. También equivale a pulsar simultáneamente las teclas **CTRL** y **ALT**.

㉖ **Barra espaciadora**: Se utiliza para colocar espacios en blanco entre las palabras.

㉗ **ALT**: Esta tecla por sí misma no efectúa ninguna acción. Se la utiliza mucho en combinación con otras letras para realizar diversas funciones.

㉘ **Bloqueo de mayúsculas**: Activa el bloqueo de mayúsculas durante el cual todas las teclas que se pulsen ingresarán los caracteres en mayúscula. Pulsándola nuevamente desactiva el bloqueo.

㉙ **Tabulador**: Al pulsar esta tecla el puntero avanza hasta la próxima tabulación. En las tablas avanza a la celda siguiente. En los cuadros de diálogo avanza a la próxima opción.

El mouse

Ahora le llegó el turno al mouse. Vamos a conocerlo y a hacernos amigos.

Apoye su mano encima de él. Verá que el dedo índice y el mayor caen exactamente donde se encuentran las teclas izquierda y derecha respectivamente.

El mouse sirve para mover el puntero por la pantalla. En principio, éste tiene apariencia de flecha, pero toma luego distintas formas, según el lugar en que se encuentre y la función a cumplir.

A veces, al pulsar sobre un comando, la flecha cambiará a un reloj de arena, lo que indica que está procesando dicho comando y debemos esperar. Si el reloj de arena y la flecha aparecen juntos significa que se puede seguir trabajando en otra aplicación. En los procesadores de texto el puntero toma la forma de una delgada letra "I" mayúscula. Más adelante iremos conociendo todas estas formas y veremos cuándo se presenta cada una de ellas.

Veamos ahora para qué utilizaremos el mouse:

• **Señalar** o **apuntar**. Consiste en llevar el puntero hasta colocar la punta de la flecha sobre un icono, el nombre de un archivo o cualquier otro objeto sobre el que tengamos que ejecutar alguna acción. Una vez allí tenemos varias formas de activar la acción requerida.

• **Hacer clic**. Consiste en apretar y soltar rápidamente el botón izquierdo del mouse, con cuidado de no moverlo. A esto lo denominamos también "pulsar".

• **Hacer doble clic**. Consiste en oprimir y soltar rápidamente, dos veces consecutivas, el botón izquierdo del mouse, con cuidado de no moverlo.

• **Hacer clic derecho**. Es lo mismo que **hacer clic**, pero con el botón derecho del mouse. Esto ocasiona la aparición de un menú, en el lugar donde se ha pulsado, al que llamamos "**contextual**" porque contiene las opciones y los comandos que se pueden utilizar en ese contexto, o sea, en ese momento y sobre el objeto donde se ha pulsado.

• **Arrastrar**. Consiste en señalar con el puntero un objeto en la pantalla, oprimir el botón del mouse y, sin soltarlo, desplazar el mouse junto con el objeto hasta otro lugar y recién allí soltar el botón, dejando el objeto en ese lugar.

A veces ocurre que si se arrastra un objeto con el botón izquierdo, al llegar al lugar de destino, por algún error, se ejecuta una acción equivocada. Si se realiza con el botón derecho, al soltarlo aparecerá un menú contextual donde es posible elegir la opción correcta sin temor a equivocarse.

Apagar el equipo

Veamos ahora cómo se debe apagar correctamente el equipo. A diferencia de cuando lo encendemos, al apagarlo es necesario seguir algunos pasos destinados a proteger el sistema y a evitar la pérdida o el daño de archivos que podría producirse si se accionara directamente el interruptor de energía.
La forma correcta de apagar el equipo es haciendo clic en el botón **Inicio** y luego en el icono **Apagar equipo (Figura 1)**.

Figura 1. El menú *Inicio* muestra los iconos de acceso
a los recursos más utilizados de la computadora.

MENÚS CONTEXTUALES

Acostúmbrese a utilizar los menús contextuales; los tiene a un solo clic de distancia, en el botón derecho de su mouse, y le van a ahorrar muchos viajes hasta la Barra de menús o a las de herramientas.

BOTONES Y ETIQUETAS

Cuando necesite saber para qué sirve un icono o un botón que vea en la pantalla, coloque el puntero sobre él y espere unos segundos. Windows le presentará una etiqueta explicando la utilidad de ese botón.

Se presentará entonces el cuadro de diálogo **Apagar equipo (Figura 2)**, con tres opciones:

Figura 2. Al acercar el puntero a alguna de las opciones, éste se convertirá en una manito con el índice extendido. Esta forma de puntero la veremos muchas otras veces.

- **Apagar**: Esta opción realiza un cierre ordenado de todos los archivos abiertos y luego coloca en pantalla un aviso indicando que ya se puede accionar el interruptor de energía para apagar la computadora. En los equipos más actualizados, después de este proceso la computadora se apaga directamente.
- **Reiniciar**: Esta opción apaga el equipo y lo vuelve a encender inmediatamente en forma automática. Durante la instalación de programas o la realización de cambios en la configuración muchas veces es necesario reiniciar el equipo.
- **Suspender**: Coloca el equipo en modo suspendido, o sea, en un estado de poco consumo de energía en el que se apagan el monitor y los discos duros. Al pulsar una tecla o mover el mouse, el equipo abandona el modo de suspensión y el Escritorio se restaura exactamente como se lo había dejado.
- **Cancelar**: Este botón revoca la orden de apagar el equipo.

¿Apagar o cambiar de usuario?

Al presionar el botón **Inicio**, aparece junto al icono **Apagar** otro denominado **Cerrar sesión**. Esto posibilita, cuando hay más de un usuario habilitado, el cambio rápido de uno a otro sin apagar la computadora.
Si hacemos clic en **Cerrar sesión** se presenta un cuadro de diálogo con dos opciones:
- **Cambiar de usuario**: muestra el cuadro para elegir el usuario que continuará usando el equipo.
- **Cerrar sesión**: cierra todos los programas en curso y apaga la computadora.

Usuarios

Cuando la computadora es utilizada por más de un usuario, Windows XP permite que cada uno de ellos pueda personalizar la máquina a su gusto y cree una **Cuenta de usuario** individual para mantener las preferencias personales.

En ese caso, al encender la máquina, Windows presenta un cuadro con los usuarios habilitados **(Figura 3)**, donde se debe hacer clic en el nombre del que la utilizará en ese momento.

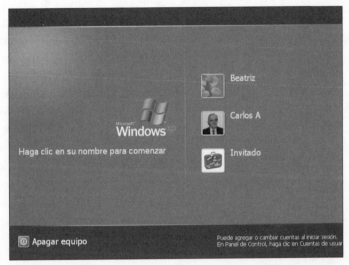

Figura 3. *Además de los usuarios que utilizan habitualmente la máquina, se puede tener una opción para Invitado, de modo que éste no tenga acceso a nuestra configuración.*

Bloqueo del sistema

Le va a ocurrir algunas veces que, por distintos motivos, la máquina se "congele", o sea, que usted mueva el mouse y el puntero no responda, o presione teclas y tampoco ocurra nada. En estos casos acostumbramos a decir que la computadora "se colgó". Cuando esto ocurre no hay que perder la calma y apagar abruptamente el equipo. Antes de hacer nada espere unos momentos para verificar si está realmente "colgada" o si está realizando un proceso que insume más tiempo que el habitual.

CONTRASEÑA

Cada usuario puede establecer una contraseña para evitar que alguien ingrese sin su autorización y use su configuración. Haga clic en Botón Inicio/ Panel de control/Cuentas de usuario, haga clic en su nombre y en Crear una contraseña.

¿CON QUÉ BOTÓN?

Cuando en este libro digamos "hacer clic" o "doble clic", se entenderá que nos referimos al botón izquierdo del mouse. Cuando se trate del botón derecho, lo aclararemos puntualmente.

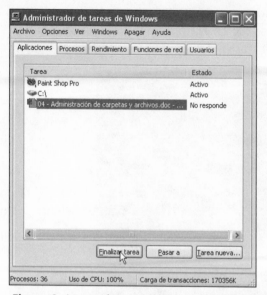

Figura 4. *A veces hay más de un programa que no responde, y tendrá que finalizar la tarea en todos ellos.*

Si no es así, presione simultáneamente las teclas **CTRL+ALT+SUPR**. Inmediatamente se desplegará en pantalla el cuadro que vemos en la **Figura 4**. Allí aparecen, en la ficha **Aplicaciones**, todas las que estaban corriendo en la máquina en el momento en que se trabó. Alguna de ellas mostrará, después de su nombre y entre paréntesis, el texto **No responde**. Eso significa que el programa ha dejado de funcionar. Haga clic sobre ese nombre, que se resaltará en color azul, y pulse en el botón **Finalizar tarea**. Esa aplicación se cerrará y usted perderá todo el trabajo que ha realizado después de la última vez que guardó (o sea que archivó) lo que estaba haciendo, pero Windows seguirá funcionando y las demás aplicaciones permanecerán abiertas.

Métodos abreviados de teclado

Hemos visto que a veces es necesario realizar operaciones utilizando combinaciones de teclas que deben ser presionadas simultáneamente. En estos casos utilizaremos la siguiente notación: **CTRL+ALT+SUPR** (o sea, los nombres de las teclas separados por el signo +). Esto significa que, manteniendo presionadas la tecla **CTRL** y la tecla **ALT**, presionaremos la tecla **SUPR**.

Muchos de los menús muestran que se despliegan en las aplicaciones, muestran en el costado derecho los métodos abreviados de teclado (también conocidos como atajos) con los que se pueden activar directamente sus opciones.

Archivos recuperados

Una nueva característica de Windows XP posibilita que, al volver a abrirse la aplicación que ocasionó un problema, ésta presente una versión "recuperada" de los documentos que estaban abiertos en ese momento **(Figura 5)**. Esta versión recuperada a veces registra, prácticamente, hasta los últimos cambios hechos en los documentos, con lo que las pérdidas son mínimas. Es en ese momento cuando nos acordamos con gratitud de los programadores de Microsoft.

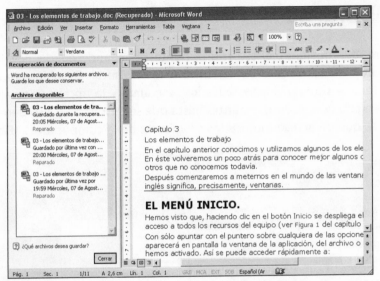

Figura 5. *Acercando el puntero, dentro del panel, al costado derecho de cada archivo recuperado, hay opciones para* **Ver**, **Abrir** *o* **Guardar** *el documento.*

Reiniciar el equipo

A veces puede ocurrir que el equipo se haya bloqueado por algún problema en el sistema, en cuyo caso deberá reiniciar la máquina presionando el botón **Reset** que, normalmente, se encuentra al lado del de encendido. Solamente presione este botón como último recurso, ya que el apagado abrupto de la máquina puede provocar daños en el sistema. Este problema se produce también después de un corte de energía eléctrica.

En este caso al encender nuevamente la máquina, Windows realizará una verificación del sistema, escaneando el/los disco/s duro/s, para constatar si se han producido daños e intentar repararlos. Luego continuará la carga del sistema normalmente.

El primer documento

Ahora sí, vamos a comenzar a trabajar. Ya conoce todo lo malo que le puede pasar y sabe cómo solucionarlo, de manera que está en condiciones de empezar su primer documento.

Escribiremos algunas líneas en un accesorio estándar de Windows XP, el editor de textos WordPad. Si había apagado el equipo, vuelva a encenderlo.

Abrir WordPad

Practique un rato moviendo el escurridizo puntero, y cuando pueda, llévelo hasta encima del botón **Inicio**. Haga clic y se abrirá el menú **Inicio**. Desplace el mouse hasta que el puntero se sitúe arriba de **Todos los programas** y la opción se resalte en color azul; manténgalo quieto unos instantes hasta que se despliegue, a su derecha, el menú **Programas** que da acceso a todos los programas de la computadora **(Figura 6)**.

Figura 6. *Los menús que tienen del lado derecho un triangulito apuntando hacia afuera dan paso a otro submenú con más opciones al pulsar sobre ellos.*

Desplace el puntero horizontalmente hacia la derecha hasta entrar en ese menú y luego desplácelo hasta **Accesorios** (esta forma de hacer el movimiento es más segura que desplazar directamente el puntero en forma diagonal) y en el submenú que se desplegará, hasta **WordPad**. Cuando la opción se resalte en azul, haga clic, y habrá abierto y podrá comenzar a utilizar este programa.

INVERTIR BOTONES

Si usted es zurdo, puede invertir las funciones de los botones del mouse. Haga clic en Mi PC, luego en Panel de control y finalmente en Mouse. En el cuadro que aparece pulse en la opción Intercambiar botones primario y secundario.

LA CARTA

El archivo de la carta se encuentra en el sitio web de MP Ediciones, en Computación desde cero/Archivos relacionados/Carta estreno.rtf.

Escribir una carta

Al abrir el programa se presentará ante su vista la ventana de WordPad con un documento en blanco, listo para comenzar a escribir **(Figura 7)**.

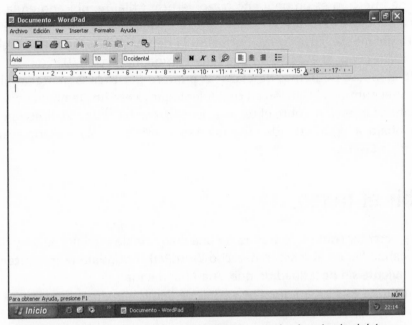

*Figura 7. La ventana muestra, en la parte superior izquierda del área
de trabajo, el punto de inserción titilando.*

Antes de empezar a escribir

Dependiendo de la configuración original, es posible que WordPad continúe
ingresando en una misma línea todo el
texto que usted va escribiendo, sin pasar al renglón siguiente una vez que llega a determinada posición. Para evitar
esto, simplemente haga clic en el menú
Ver, pulse luego en **Opciones...** y en la
ficha que se presenta en primer plano
(Figura 8), haga clic en la opción **Ajustar
a la regla**.

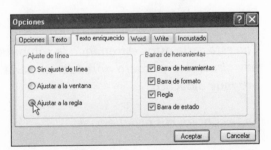

*Figura 8. Para mostrar u ocultar
las barras de herramientas hay que marcar
o desmarcar las casillas correspondientes.*

Puntero del mouse y punto de inserción

Vamos a destacar ahora la diferencia entre lo que es el **puntero del mouse** y lo que es el **punto de inserción**, ya que es muy común que las personas que recién se inician los confundan.

El punto de inserción es un pequeño trazo vertical titilante, ubicado en la pantalla, que indica dónde se irán colocando los caracteres que se ingresen con el teclado.

El puntero del mouse, cuya forma normal es la de una flecha, adopta, en el área de trabajo de WordPad, el aspecto de una letra i latina mayúscula (I).

Moviendo el mouse podremos desplazar el puntero por toda la pantalla y, haciendo clic, colocar el punto de inserción en cualquier lugar ya escrito. También podemos mover el punto de inserción, sobre el texto ya escrito, con las teclas de dirección. Para llegar, hacia abajo, a lugares donde todavía no se ha escrito, será necesario avanzar pulsando la tecla **ENTER**.

Escribir el texto

Comience a escribir como si se tratara de una máquina de escribir común y hágalo de corrido; cuando llegue al margen derecho WordPad continuará automáticamente en la línea siguiente sin necesidad de que usted haga nada.

Para terminar de escribir en una línea antes de llegar al margen derecho, o sea para poner un punto y aparte, e iniciar un nuevo párrafo, presione la tecla **ENTER**.

Después de escribir la fecha y al terminar cada párrafo, pulse la tecla **ENTER** dos veces para dejar doble espacio entre los párrafos.

Como primera práctica copie el texto que se ve a continuación:

Buenos Aires, 5 de agosto de 2002.

Estimado Alejandro:

Con esta carta estoy estrenando la computadora que me compré. Es lo más nuevo que hay disponible y espero aprender a usarla pronto. Estoy utilizando como guía un libro muy didáctico.

Ya te contaré mis experiencias.

Te envío un afectuoso saludo.

Carlos.

Al finalizar, la carta debería verse como en la **Figura 9**.

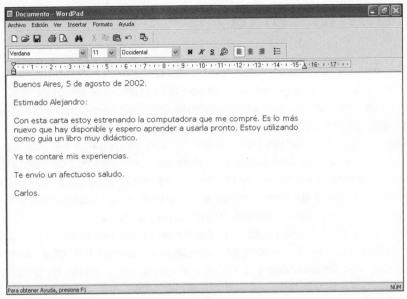

*Figura 9. Al activar **Ajustar a la regla** el texto no ha sobrepasado los márgenes.*

Borrar caracteres o palabras

Si se equivocó al escribir una letra o quiere cambiar una palabra, puede hacerlo en la siguiente forma:

- Haga clic exactamente a la izquierda de la letra y pulse la tecla **SUPR** tantas veces como caracteres quiera borrar.
- Haga clic exactamente a la derecha de la letra y presione la tecla **RETR** tantas veces como caracteres quiera borrar.

Un accidente común

Ocurre muchas veces que, estando el punto de inserción titilando en el medio de un párrafo, pulsamos accidentalmente la tecla **ENTER**. Entonces todo el texto que estaba a la derecha se desplazará a la línea de abajo, arrastrando todas las líneas siguientes. La solución es fácil: sin tocar nada antes, presione la tecla **RETR** y todo volverá a su lugar.

ESTADO DE SUSPENSIÓN

ATENCIÓN

Guarde los trabajos antes de poner el equipo en este estado, dado que el sistema no lo hace automáticamente, y de haber alguna interrupción en el suministro de energía eléctrica, se perderá la información no guardada.

Guardar la carta

Después de terminar la carta vamos a guardarla, o sea a archivarla, de modo que podamos encontrarla y traerla de nuevo a la pantalla cuando la necesitemos.

Todos los elementos que forman el documento (en este caso una carta), como el tamaño de papel, los márgenes, la orientación vertical u horizontal, los tipos y tamaños
de letra, los colores, las imágenes que puedan haberse agregado, etc., deben ser guardados, todos juntos, en un archivo, al que daremos un nombre que permita volver a
encontrarlo y rehacer ese documento, tal como está, cuando lo necesitemos. La
computadora se ocupará de reunir en un archivo toda esta información apenas le de-
mos la orden. Nosotros sólo debemos ocuparnos de dársela.

Para hacerlo, lleve el puntero hasta la parte superior izquierda de la ventana y haga
clic en la palabra **Archivo**. Se desplegará un menú en el que hay que hacer clic en la
opción **Guardar** o en **Guardar como...**. En ambos casos, por tratarse de un archivo nuevo, se presentará en la pantalla el cuadro **Guardar como**, que vemos en la **Figura 10**.

*Figura 10. Mis documentos es la carpeta donde normalmente se guardan
los archivos del usuario, para no mezclarlos con los programas y archivos de sistema.*

En la computadora, tal como en la vida real, es conveniente guardar los documentos
en carpetas. El cuadro **Guardar como** nos propondrá, en el casillero **Guardar en:**, archi-
var la carta en la carpeta **Mis documentos**. Podemos cambiarla y elegir otra ubicación,
pero esta vez la aceptaremos, dejando ese casillero como está. Cuando tengamos más
archivos, crearemos carpetas para clasificarlos y entonces elegiremos otra.

En el cuadro **Nombre de archivo:**, escribiremos directamente sobre las palabras resaltadas en azul el nombre **Carta estreno**, bastante descriptivo para poder encontrar el archivo en el futuro.

En el cuadro **Tipo:** se debe seleccionar el tipo de archivo en que guardaremos el documento. Aceptaremos el que nos propone WordPad, **Formato de texto enriquecido (RTF)**, que mantiene los formatos que se le dan al documento. Después haremos clic en el botón **Guardar**.

Cuando necesitemos volver a utilizar este archivo, lo iremos a buscar a la carpeta **Mis documentos** del disco duro (**C:**) con el nombre **Carta estreno.rtf**. Más adelante veremos cómo hacerlo.

Guardar en un disquete

Una de las opciones más utilizadas para llevar archivos de una computadora a otra, o para tener una copia de seguridad de esos archivos, por si llegara a deteriorarse el original, son los disquetes.

Para guardar un archivo en un disquete procederemos de la misma forma que para guardar la carta en la carpeta **Mis documentos**. La única diferencia consiste en que, luego de introducir el disquete en la disquetera, tendremos que pulsar, en el cuadro **Guardar como**, sobre el botón con una flecha descendente –a la derecha del cuadro **Guardar en:**– y luego, en la lista que se despliega, hacer clic en la opción **Disco de 3^{1}/$_{2}$ (A:)** y después en **Guardar (Figura 11)**.

Figura 11. Siempre hay que escribir el nombre y seleccionar además el tipo de archivo.

Una vez guardado el archivo, presionando, en el gabinete de la PC, en el botón que se encuentra al lado de la disquetera, retiraremos el disquete. Luego podremos usarlo para volver a ver el archivo cuando lo necesitemos o para llevarlo a cualquier otra computadora, donde es posible utilizarlo como en la nuestra.

Dónde y cómo guardar los archivos

Lo importante al guardar archivos es hacerlo en lugares lógicos. Imagínese lo que puede suceder si guarda la planilla de su **Presupuesto mensual** en la carpeta **Cartas**, o si guarda la 5ª **Sinfonía** en la carpeta **Fotos del cumpleaños**. No quiere ni pensar lo que ocurrirá cuando los necesite, ¿verdad?

Además, asígneles nombres bien descriptivos y cree carpetas donde pueda guardarlos agrupados por temas. También tiene que darle a éstas, nombres que le permitan memorizar lo que hay guardado en cada una de ellas.

De lo contrario, cuando tenga cientos o miles de archivos en su PC no sabrá dónde ir a buscarlos. Por suerte Windows tiene un sistema de búsqueda que lo ayudará a encontrarlos, pero no abuse de este recurso.

Los nombres de los archivos

Los nombres de los archivos pueden tener hasta 255 caracteres, incluidos letras, números y espacios, pero hay algunos caracteres que no se pueden utilizar y son los siguientes:

Barra común (/), barra invertida (\), punto (.), dos puntos (:), asterisco (*), signo de interrogación (?), comillas (""), menor que (<), mayor que (>) y barra vertical (|).

Los nombres de los archivos y de las carpetas no pueden repetirse a menos que se los guarde en carpetas distintas.

Archivos y carpetas

Repasemos lo que es un **archivo**. Es la información referente a un documento, a un programa, a una imagen, a un sonido, etc., que se guarda, con un nombre lo más descriptivo posible, con el fin de poder encontrarlo y abrirlo cuando sea necesario, para visualizarlo, escucharlo o utilizarlo en una aplicación. Los archivos permanecen indefinidamente en el lugar del disco donde han sido guardados, a menos que se los cambie de lugar o se los elimine.

Una **carpeta** es un elemento, al que se asigna también un nombre descriptivo, donde se guardan archivos u otras carpetas, agrupándolos por temas, o según algún orden conveniente que facilite después la búsqueda de esos archivos. Pueden guardarse unas carpetas dentro de otras y no existe una cantidad límite para su creación.

Las extensiones

Le habrá llamado la atención que su primer archivo haya quedado designado como **Carta estreno.rtf**. Le voy a explicar por qué.

Windows guarda los archivos agregándoles a continuación del nombre, un punto y tres letras, que denominamos la **extensión** del nombre de archivo.

Esas tres letras le indican al sistema operativo con qué aplicación ha sido creado el archivo, o con cuál se encuentra asociado, de modo que cuando necesite abrirlo, sepa con qué programa debe hacerlo.

También le son útiles al usuario, ya que con sólo ver la extensión sabe de qué tipo de archivo se trata. A Word, por ejemplo, le corresponde la extensión **.doc** para los documentos y a Excel, la extensión **.xls** para las hojas de cálculo. Hay cientos de extensiones, tantas como programas. Algún día conocerá las más usuales.

Las extensiones de los archivos no siempre están visibles, porque al instalar el programa, Windows las deja ocultas, pero cada usuario puede configurar su computadora para poder verlas, si lo desea.

Extensión	Tipo de archivo al que corresponde dicha extensión	Icono con que se representa en Windows
DOC	Documento de Word	
DOT	Plantillas de Word	
TXT	Documento de texto sin formato	
WMF	Archivo de Windows Media	
XLS	Planilla de cálculo de Excel	
XLT	Plantillas de Excel	
MDB	Base de datos Access	
BMP	Gráfico de mapa de bits	
WAV	Archivo de sonido	
HTML	Archivo de página web	

Extensión	Tipo de archivo al que corresponde dicha extensión	Icono con que se representa en Windows
JPG	Archivo de imagen comprimida con poca pérdida de calidad	
HLP	Archivo que contiene ayuda relacionada con un programa	
DLL	Biblioteca de información para soporte de programa	
TTF	Archivo de fuentes escalables que se ven en pantalla tal como se imprimirán	
TMP	Archivo temporario creado por una aplicación para una necesidad específica y momentánea	
COM	Archivo ejecutable para la interpretación de instrucciones en el sistema operativo	
SYS	Archivo de control y configuración del sistema operativo	
BAT	Archivo que contiene una batería de instrucciones en el sistema operativo	

Cerrar el documento y salir de WordPad

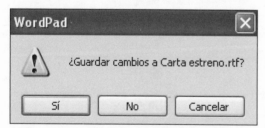

Figura 12. Windows presenta este mensaje para evitar la pérdida del documento o de las modificaciones que se le hayan hecho.

En Windows existe un botón para cerrar las ventanas y terminar de trabajar en el documento respectivo, que está ubicado arriba y a la derecha de ellas. Es un botón de color rojo con una "**x**" blanca que, al pulsarlo, hace que la ventana se cierre.

Si hay algún documento abierto que fue modificado y no se lo guardó después, antes de cerrar la ventana, Windows le preguntará si desea hacerlo **(Figura 12)**.

Atención con los botones Cerrar

En el caso de Word XP y de otras aplicaciones que permiten trabajar con varios documentos a la vez, las ventanas de cada uno se ubican dentro de la ventana de la aplicación y tienen otro botón **Cerrar**. Éste está ubicado –cuando la ventana tiene su tamaño máximo y ocupa toda la pantalla– exactamente debajo del de **Cerrar** la aplicación y en este caso ya no es de color rojo.

Haciendo clic en este botón la ventana de ese documento se cerrará, quedando abiertas las de los otros, si los hay, y la de la aplicación.

Si, en cambio, se hace clic en el botón **Cerrar** de la aplicación (el de color rojo) o en el menú **Archivo/Salir**, se cerrarán directamente el programa y todos los documentos abiertos, pero si alguno de ellos estuviera sin guardar, aparecerá el mensaje de advertencia.

Abrir archivos

Cuando necesite volver a trabajar o ver el documento **Carta estreno.rtf** o cualquier otro que haya creado, tendrá que recuperarlo de la carpeta donde lo había guardado. Puede hacerlo de varias maneras:

- Hacer doble clic sobre el icono del archivo en la ventana del **Explorador de Windows**. Este procedimiento lo veremos más adelante.
- Abrir la ventana de la aplicación con que fue creado (en este caso, WordPad) y utilizar alguna de las siguientes formas:
  - Si lo ha usado recientemente y figura en la lista de la parte inferior del menú **Archivo**, haga clic en el nombre para abrirlo directamente.
  - En caso contrario presione el botón **Abrir** de la barra de herramientas; pulse en **Archivo/sAbrir...** o presione las teclas **CTRL+A**.

En estos últimos casos, se presentará en pantalla la ventana **Abrir (Figura 13)**.

ABRIR EL MENÚ INICIO

Para abrir y cerrar el menú Inicio, si le resulta más fácil, puede pulsar la tecla Windows (la que tiene el logotipo de Windows en su cara superior), o apretar la tecla CTRL y, mientras la mantiene presionada, pulsar la tecla ESC.

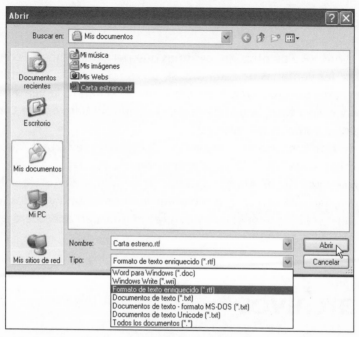

Figura 13. Según la extensión de tres letras que tenga el archivo que va a abrir, presione la flecha descendente del cuadro Tipo de archivo: y seleccione el que necesita.

Si el archivo no se encuentra en la carpeta **Mis documentos**, pero está en alguna de las que se ven en la ventana principal, haga doble clic sobre el icono de ésta para que se ubique en el cuadro **Buscar en:** y muestre su contenido. De esta forma vaya abriendo carpetas hasta encontrar el archivo.

También puede utilizar la flecha descendente del cuadro **Buscar en:** o el botón **Subir un nivel**, para encontrar dónde está ubicado. Una vez localizado el archivo, podemos abrirlo de dos maneras diferentes: haciendo doble clic en él, o bien seleccionándolo y presionando luego sobre el botón **Abrir**. El documento se presentará en su pantalla dentro de la ventana de la aplicación con la que fue creado.

EXTENSIONES

DATOS ÚTILES

Para ver las extensiones de los archivos haga doble clic en el icono Mi PC, luego en **Herramientas/Opciones/ficha Ver** y en el cuadro **Configuración avanzada** desmarque la casilla **Ocultar las extensiones de archivo para tipos de archivo conocidos**.

¿Existen distintos Windows XP?

No, lo que existe son diferentes modos de ver y de utilizar Windows XP. Cada usuario puede configurar Windows XP de acuerdo con su gusto personal o con su necesidad. Algunas de las opciones para personalizar Windows XP se encuentran en el cuadro **Opciones de carpeta**.

El cuadro Opciones de carpeta

Una de las principales diferencias en el uso de Windows XP consiste en la forma de mostrar las ventanas, que se puede hacer de dos maneras distintas:
• Mostrando el **Panel de tareas comunes** a la izquierda **(Figura 14)**, que es la forma que hemos adoptado, hasta ahora, en este libro.

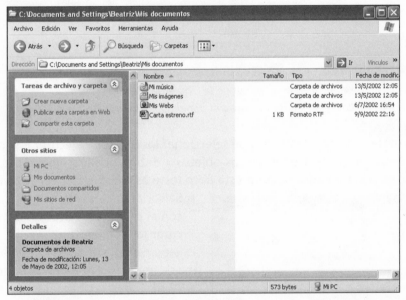

Figura 14. *En esta forma de presentación se privilegia el acceso a las tareas más habituales que se pueden realizar con los objetos de la carpeta y los lugares a donde se puede ir desde ella.*

UNA ACLARACIÓN

Dado que existen infinidad de formas de configurar cada uno de los aspectos de Windows XP y de personalizar la presentación de las pantallas y ventanas, es posible que algunas de las figuras que se muestran en este libro no coincidan exactamente con las que se le presenten al lector, pero de todas formas los conceptos y las explicaciones dadas serán perfectamente aplicables.

Comencemos a trabajar 2

• Con el estilo clásico de Windows **(Figura 15)**.

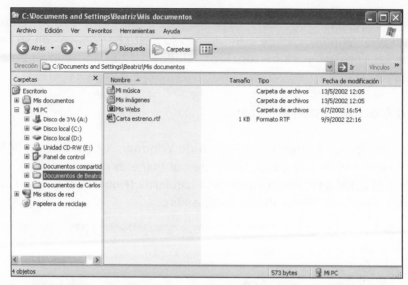

Figura 15. *En esta forma de presentación se privilegia la posibilidad de mostrar en el panel de la izquierda (llamado **Barra de explorador**) una lista de carpetas, el panel de búsqueda y otras opciones.*

Otra diferencia consiste en la forma de seleccionar los objetos y ejecutar los comandos:
• Haciendo un clic para seleccionar los objetos y doble clic para ejecutar los comandos, que es la forma adoptada en este libro (éste es el estilo clásico de Windows).

Figura 16. *Haciendo clic en cada botón de opción, la pequeña figura que hay al costado nos mostrará de qué se trata.*

• Seleccionar los objetos al señalarlos con el puntero y hacer un clic para ejecutar los comandos.

Existe una tercera diferencia sobre la forma de abrir las carpetas. Hay dos opciones:
• Abrir todas las carpetas en la misma ventana, que es la opción que hemos utilizado.
• Abrir cada carpeta en una ventana diferente.

Cuando las carpetas se abren en una misma ventana, para pasar de una a otra se deben utilizar los botones **Atrás** y **Adelante** que están arriba y a la izquierda en la ventana. Pulsando sobre la pequeña flecha, a la derecha de cada botón, se puede acceder directamente a cualquier ventana de las ya visitadas.

Probando ambos sistemas, cada uno puede decidir cuál de ellos le resulta más conveniente.

Para elegir entre las distintas posibilidades usaremos el cuadro **Opciones de carpeta**, al que se accede haciendo doble clic sobre el icono **Mi PC** en el **Escritorio**, luego –en la ventana de **Mi PC**– un solo clic en el menú **Herramientas** y otro en **Opciones de carpeta...** Se presentará el cuadro que vemos en la **Figura 16**, donde podemos hacer clic en las opciones que más nos agraden.

Resumen

- Para encender el equipo no es necesario tomar ninguna precaución.
- Para apagarlo haga clic en el botón **Inicio/Apagar equipo** y espere a que un mensaje en la pantalla le indique que puede hacerlo.
- Si se bloquea la computadora, presione **CTRL+ALT+SUPR** y cierre el programa que ocasionó el problema.
- Por cada ventana que se abre aparece un botón en la **Barra de tareas** que, al pulsarlo, permite minimizarla o restaurarla a su tamaño anterior.
- El punto de inserción es el lugar donde aparecerán los caracteres ingresados y el elemento que permite colocarlo en el lugar adecuado es el puntero del mouse.
- Arrastrar un objeto significa llevarlo, con el puntero del mouse presionado, hasta otro lugar, y allí soltarlo.
- Para abrir un programa haga clic en el botón **Inicio/Todos los programas** y búsquelo en la lista de **Programas** o de **Accesorios**.
- Para guardar un documento haga clic en **Archivo/Guardar** o **Guardar como** en la ventana del mismo.
- La extensión de tres letras de un archivo indica con qué programa ha sido creado.
- Para cerrar un documento haga clic en el botón con una **x**, en la parte superior izquierda de la ventana.
- Para abrir un archivo, estando en la ventana de la aplicación, haga clic en el botón **Abrir**, pulse en **Archivo/Abrir...** o presione las teclas **CTRL+A**.

UN BOTÓN EN LA BARRA

Al aparecer la ventana de WordPad, aparecerá también un botón en la Barra de tareas. Haciendo clic sobre él, la ventana se minimizará desapareciendo de la pantalla, y haciendo clic nuevamente, volverá a aparecer.

IMPRIMIR

WordPad puede presentar en la pantalla el texto escrito en una sola línea (sin ajuste de línea), ajustado al ancho de la ventana, o al de la regla. Esto no afectará la impresión del documento, que se efectuará con los márgenes establecidos.

Cuestionario

Preguntas

1. ¿Puede utilizarse la coma (,) en el nombre de un archivo?
2. ¿Es posible utilizar un disquete en otra computadora?
3. Para guardar un documento, ¿hay que usar siempre el cuadro **Guardar como**?
4. Para pasar al párrafo siguiente, ¿se pulsa la tecla **TAB**?
5. ¿Existe algún atajo de teclado para insertar la fecha y la hora en WordPad?
6. En WordPad, ¿puede colocarse el punto de inserción en cualquier lugar de la página?
7. ¿Es posible proteger la configuración personal de un usuario con una contraseña?
8. El botón derecho del mouse, ¿tiene alguna utilidad?
9. Las tres letras finales en el nombre de los archivos, ¿indican en qué carpeta fueron guardados?

Respuestas

1. Sí. No figura entre los caracteres no permitidos.
2. Sí. De hecho, es una de sus mayores utilidades.
3. No. Después de la primera vez no es necesario utilizarlo.
4. No. Se pulsa la tecla **ENTER**.
5. No. Hay que abrir el menú **Insertar/Fecha y hora...**
6. No. Solamente en la parte ya escrita.
7. Sí. Hay que establecerla en el **Panel de control**.
8. Sí. Permite acceder al menú contextual del objeto donde se ha pulsado.
9. Las tres letras precedidas de un punto, que acompañan el nombre de los archivos, indican con qué aplicación fueron creados o con cuál se encuentran asociados.

NO OLVIDE EL DISQUETE

Después de trabajar con un disquete, no olvide retirarlo de la disquetera, ya que si queda allí, cuando vuelva a encender la computadora, ésta no podrá arrancar y le pedirá que lo retire y presione una tecla cualquiera.

FECHA Y HORA

Cuando necesite colocar la fecha actual en un documento, haga clic en el lugar donde debe ir y pulse en el botón Flecha/Hora o en el menú Insertar/Fecha y hora...; en el cuadro que aparece elija el formato y presione Aceptar.

Los elementos de trabajo

En el capítulo anterior conocimos y utilizamos algunos de los elementos de trabajo. En éste volveremos un poco atrás para explicar mejor algunos de ellos y veremos otros que no tratamos todavía. Después comenzaremos a indagar en el mundo de las ventanas, ya que Windows, en inglés significa, precisamente, ventanas.

El menú Inicio

Hemos visto que, haciendo clic en el botón **Inicio**, se despliega el menú del mismo nombre que da acceso a todos los recursos del equipo (ver **Figura 1** del **Capítulo 2**).
Con sólo señalar con el puntero sobre cualquiera de las opciones y hacer clic, aparecerá en pantalla la ventana de la aplicación, del archivo o del recurso que hemos activado.

El nuevo menú **Inicio** que presenta Windows XP ha sido remodelado y se le han agregado una mejor distribución y nuevas funciones. Ahora proporciona información acerca del usuario que ha iniciado la sesión e incluye automáticamente en su sector izquierdo los programas utilizados con más frecuencia, para un acceso más rápido a ellos.
Existe otra forma de menú **Inicio**, que se usaba en versiones anteriores, que tal vez le guste más o le sea más cómoda **(Figura 1)**. Es el estilo clásico.

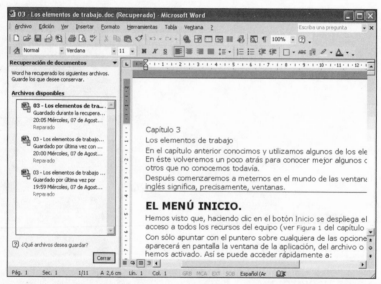

Figura 1. *Esta forma de ver el menú Inicio corresponde al estilo clásico de versiones anteriores de Windows.*

Para verlo de esta forma, haga clic derecho en cualquier lugar libre de la **Barra de tareas,** luego en **Propiedades**/ficha **Menú Inicio** y, una vez en ésta, en el botón **Menú Inicio clásico**. Pulse ahora el botón **Inicio** en la **Barra de tareas** y vea si le gusta más de esta forma. Yo prefiero el **Menú Inicio** nuevo.

La Barra de inicio rápido

No hemos visto hasta ahora un elemento sumamente útil, que es la **Barra de inicio rápido**. Esta barra, que se ubica en la **Barra de tareas**, al lado del botón **Inicio**, puede no estar visible si no se encuentra habilitada.

Para habilitarla haga clic derecho sobre cualquier lugar libre de la **Barra de tareas**, y del menú que se despliega, elija **Barras de herramientas** y marque la opción **Inicio rápido (Figura 2)**.

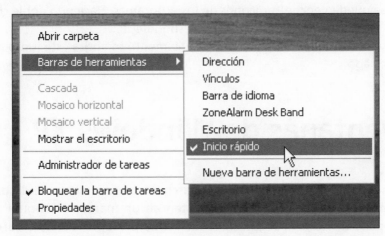

*Figura 2. Éste es el menú que aparece al hacer clic derecho en la **Barra de tareas**.*

En la **Barra de inicio rápido** se pueden agregar otros iconos para acceder con un solo clic a programas, archivos, etc. Para hacerlo, arrastre un icono del elemento a agregar –desde el Escritorio o desde alguna carpeta donde éste se encuentre– y suéltelo dentro de ese sector. Un pequeño trazo negro vertical indicará el lugar donde se ubicará el icono al soltarlo.

Abrir programas

Como ya hemos visto, para cualquier tarea que queramos realizar en nuestra PC necesitaremos utilizar un programa. Para escribir una carta, un informe o una nota recurriremos a un editor de textos, para preparar una factura comercial o efectuar cálculos en una planilla utilizaremos un programa de hojas de cálculo, para escuchar música o ver un video necesitaremos un reproductor multimedia, y así sucesivamente.

En síntesis, para usar una PC se necesitan programas, y para poder utilizarlos es necesario abrirlos. En el **Capítulo 2** ya vimos la forma de abrir archivos; veamos ahora cómo debe hacer para abrir un programa:

- Haga clic en el botón **Inicio** y luego, si está entre los programas usados recientemente o en el menú **Todos los programas**, pulse en el nombre correspondiente.
- Algunos nombres de este menú muestran en su costado derecho una pequeña flecha. Esto significa que dejando el puntero sobre ese nombre se desplegará un submenú con más programas. Haga clic allí sobre el nombre que busca.
- En el Escritorio, en la **Barra de inicio rápido**, en carpetas o ventanas abiertas en la pantalla, se pueden encontrar iconos de los programas. Haciendo doble clic en cualquiera de ellos se abrirá el programa correspondiente.
- Haciendo doble clic en un archivo de un documento se abrirá éste junto con el programa asociado.

Las ventanas de Windows XP

Cada vez que abramos un programa o un archivo de documento se desplegará sobre el Escritorio una ventana. Éstas consisten en un marco rectangular, cuyas dimensiones pueden variarse según necesidad, que presenta distintas barras de herramientas y menús, con los que se realizan, prácticamente, todas las tareas en la computadora.

En algunas se podrá escribir, dibujar, realizar cálculos, insertar imágenes, sonidos, navegar por Internet, etc., y en otras se podrán mover, copiar, crear y eliminar archivos y carpetas.

Windows XP se caracteriza por ser un sistema operativo multitarea, es decir que dispone de la capacidad de trabajar con múltiples aplicaciones y documentos a la vez, por lo que muchas veces, sobre el Escritorio, habrá varias ventanas abiertas al mismo tiempo **(Figura 3)**.

TODO RÁPIDO

En la Barra de inicio rápido aparecen inicialmente tres iconos: uno para acceso a Internet, otro para ingresar al correo electrónico y otro, Mostrar escritorio, que, al pulsarlo, oculta todas las ventanas abiertas, y permite ver libre el Escritorio.

AHORRE RECURSOS

Cada programa abierto consume recursos de la computadora, y por más que los de su PC sean abundantes, cuando no necesite utilizar más una aplicación, ciérrela de inmediato. Liberando esos recursos trabajará mejor y más rápidamente.

Figura 3. *La ventana activa está en primer plano, es la que tiene resaltada en color más intenso la **Barra de título** en la parte superior.*

Sin embargo, no será posible trabajar simultáneamente en ellas. Sólo podremos hacerlo en una ventana por vez, a la que llamaremos la ventana activa. Ésta será la que recibirá la acción que ejecutemos con el mouse o con el teclado.

Para activar alguna otra ventana presente en la pantalla bastará con hacer clic en cualquier lugar visible de la misma, o hacer clic en su botón, en la **Barra de tareas**.

Tipos de ventana

Existen distintos tipos de ventanas:

- Las de examinar y trabajar con unidades de disco, carpetas y archivos.
- Las de aplicaciones, donde normalmente están las ventanas para crear y editar documentos.
- Las de cierto tipo de programas, como por ejemplo de diseño gráfico, digitalización de imágenes, comunicaciones, etc., que tienen características particulares.

De todas formas, cuando le indique a su computadora con qué programa desea trabajar, ella abrirá la ventana adecuada.

Elementos de una ventana

Las ventanas para trabajar con archivos, y las de aplicaciones para trabajar con documentos, son muy similares y se manejan de forma prácticamente igual.

Los elementos de trabajo 3

En la **Guía visual 1** se presentan los elementos que constituyen una ventana para trabajar con archivos.

Elementos de una ventana   GUÍA VISUAL 1

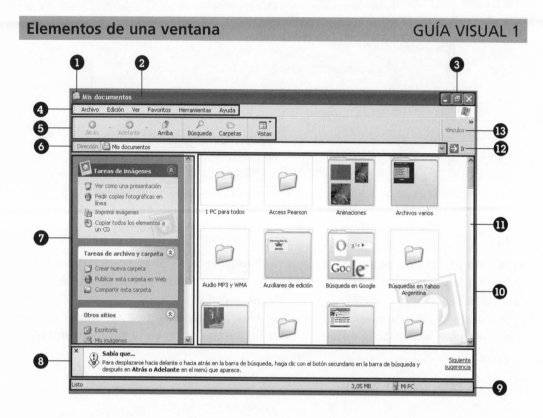

① **Icono de control de ventana**: Muestra un menú para cambiar el tamaño, mover y cerrar la ventana.

② **Barra de título**: Muestra el nombre de la carpeta cuyo contenido estamos examinando o el del documento en que trabajamos. El color de esta barra indica, con un tono más vivo, si la ventana está activa, o con uno más apagado, si está inactiva.

③ **Botones de control de ventana**: Permiten cambiar el tamaño y cerrar la ventana.

④ **Barra de menús**: Contiene los menús con todos los comandos del programa.

⑤ **Barra de herramientas**: Contiene botones que, al pulsarlos, ejecutan los comandos más usuales de los menús, sin necesidad de abrir éstos.

⑥ **Barra Dirección**: Escribiendo la dirección de un sitio o página web, permite iniciar la conexión, o escribiendo la ruta de acceso, abrir un archivo o programa.

⑦ **Panel de tareas comunes**: Es una novedad de Windows XP. Está explicada más adelante. En este lugar aparecen también, a opción del usuario, los paneles de la Barra del Explorador.

⑧ **Panel de sugerencias**: Muestra una sugerencia de utilidad para mejorar el conocimiento de Windows XP. Si no está visible hay que hacer clic en **Ver/Barra del explorador/Sugerencia del día**.

⑨ Barra de estado: Muestra información acerca de las operaciones que se están realizando en la ventana, como cantidad de objetos seleccionados, memoria ocupada, etc.

⑩ Panel de visualización: Aquí aparece el contenido de los discos o carpetas examinadas.

⑪ Barras de desplazamiento: Permiten ver las carpetas y archivos o las partes ocultas de los documentos, que exceden el tamaño de la ventana. Además de la Barra de desplazamiento vertical, hay otra horizontal en la parte inferior de la ventana.

⑫ Botón Ir: Activa la búsqueda de la dirección ingresada en la Barra de direcciones. Es como pulsar la tecla **ENTER**.

⑬ Barra Vínculos: Presenta una serie de botones que conectan directamente con los sitios web de distintos servicios de Microsoft de utilidad para el usuario.

Barra de menús

Una parte importante de las operaciones que se realizan con una computadora son las órdenes (comandos) que el operador le imparte para que ejecute determinadas acciones. Estos comandos están en los menús, agrupados según criterios lógicos de acuerdo con su utilidad, y constituyen opciones que, al ser pulsadas con el mouse, ejecutan la acción prevista, sobre el objeto seleccionado.

Al hacer clic sobre cada nombre de menú se despliega hacia abajo la lista de los comandos que pueden ejecutarse con él **(Figura 4)**.

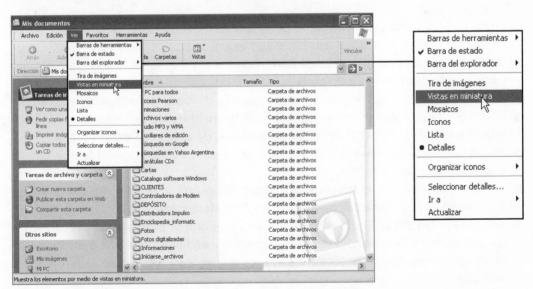

Figura 4. Las opciones activadas muestran una marca o una viñeta. Las que tienen una flecha hacia la derecha despliegan submenús con más posibilidades disponibles.

Recorriendo la lista de comandos, cada opción se resaltará en blanco sobre azul, y haciendo clic en ella se ejecutará la acción correspondiente. Algunos comandos muestran a su derecha la combinación de teclas (atajo de teclado) que puede pulsarse para ejecutarlos.

Barra de herramientas

Estas barras se encuentran en todas las ventanas de Windows XP. Varían de un programa a otro, ya que los botones que se utilizan, por ejemplo, en un procesador de textos, no son los mismos que se utilizan en un navegador web o en un programa de dibujo. En la **Guía visual 2** vemos la Barra de herramientas de una ventana de carpetas y archivos.

Barra de herramientas GUÍA VISUAL 2

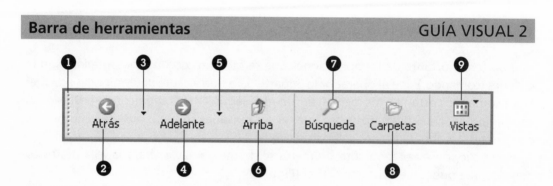

❶ Lugar para la toma y arrastre de la barra a otro lugar de la ventana.

❷ Botón para retroceder a la ventana recién examinada.

❸ Botón para desplegar el menú que permite retroceder, en un solo paso, a cualquier ventana anteriormente examinada.

❹ Botón para avanzar desde una ventana a aquella desde la que se había retrocedido.

❺ Botón para desplegar el menú que permite avanzar desde una ventana a aquella a la que se había retrocedido varios pasos atrás, de una sola vez.

❻ Botón para subir un nivel, o sea, para ver la carpeta que contiene a la que se está examinando actualmente.

❼ Botón para desplegar el **Panel de búsqueda**, con el que se pueden buscar archivos, equipos de la red, personas (contactos) y otros elementos más.

❽ Botón para desplegar el **Panel de carpetas**, con el que se puede abrir y recorrer toda la estructura de unidades de disco, carpetas y archivos de la computadora.

❾ Botón para seleccionar la forma de ver los archivos y carpetas en el panel de la derecha.

Cuando las carpetas se abren en ventanas distintas, los botones **Atrás** y **Adelante** y sus respectivos menús se encuentran inhabilitados.

Barra de Dirección

Esta barra se utiliza, especialmente, para la navegación en Internet. Haciendo clic en el interior de la caja de texto, su contenido se resaltará en azul y se podrá escribir directamente la nueva dirección.

Si se pulsa, a la derecha de la caja de texto, sobre el botón con la flecha descendente, se desplegará una lista con las últimas direcciones visitadas. Haciendo clic en la que se necesita, pasará a ocupar el cuadro de texto y se iniciará la conexión **(Figura 5)**.

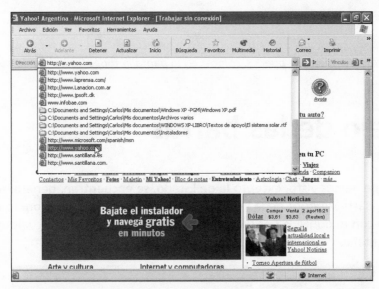

Figura 5. Mediante esta lista se puede acceder rápidamente a los sitios web que se visitan con más frecuencia, aunque también se puede usar la lista Favoritos.

Otras barras de herramientas

Pulsando en el menú **Ver/Barras de herramientas**, o haciendo clic derecho sobre cualquier barra que haya en la pantalla, aparece la lista de todas las que se encuentran disponibles en cada ventana. Colocando o quitando una marca, con un clic del mouse, se puede ver u ocultar la barra correspondiente **(Figura 6)**.

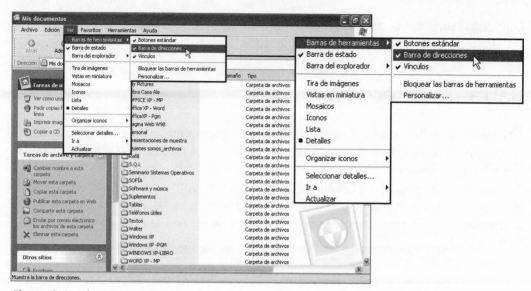

Figura 6. Desde este menú se pueden colocar en la pantalla todas las barras de herramientas.

Manejo de las barras

Las barras que hemos visto, excepto la de Estado, se encuentran, generalmente, integradas en la parte superior de la ventana pero, en muchos de los programas, pueden ser tomadas con el puntero por su borde izquierdo y arrastradas a cualquier otro lugar de la pantalla, dejándolas allí como barras flotantes **(Figura 7)**.

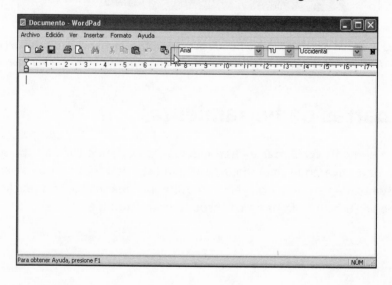

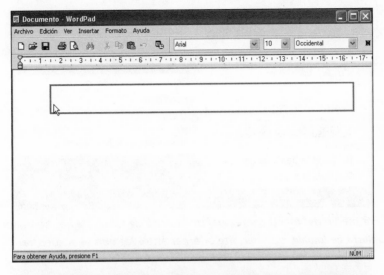

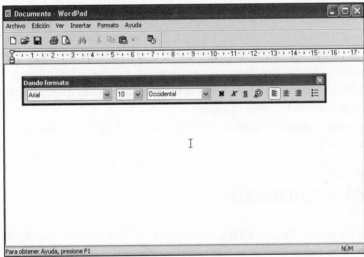

Figura 7. Para mover las barras a otro lugar, o volverlas a su sitio inicial, hay que tomarlas por su **Barra de título** y arrastrarlas hasta la posición deseada.

Incluir otras barras en la Barra de tareas

Al hacer clic derecho sobre cualquier lugar libre de la **Barra de tareas** y luego en **Barras de herramientas**, aparecerá un submenú desde el que se pueden agregar otras barras a aquélla. Además, allí se encuentra la opción para crear nuevas barras de herramientas personalizadas **(Figura 8)**.

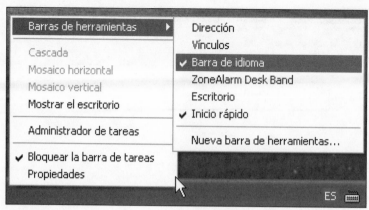

Figura 8. *Por medio del menú contextual de la **Barra de tareas** hemos agregado en ésta la pequeña **Barra de idioma,** que permite alternar entre los que se encuentran habilitados.*

 # Panel de tareas comunes

En Windows XP, las ventanas para visualizar el contenido de carpetas incluyen un panel ubicado a la izquierda, bordeado en color azul, donde se agrupan vínculos a otras carpetas y sitios de red relacionados, y también a las tareas que se realizan más frecuentemente a partir de la carpeta abierta.

Si el **Panel de tareas comunes** no se mostrara al abrir la carpeta, puede ver en el **Capítulo 2** cómo activarlo.

Barra del explorador

El lugar ocupado por el **Panel de tareas comunes**, en la parte izquierda de la ventana, puede ser ocupado también por la **Barra del explorador**.

Pulsando en el menú **Ver/Barra del explorador**, encontramos un submenú con cinco opciones, que al ser activadas mostrarán otros paneles en lugar del **Panel de tareas comunes**, que queda oculto **(Figura 9)**.

MEJOR NO MOVERLO

Si, al arrastrar un icono hasta la Barra de inicio rápido, lo hace con el botón derecho, podrá elegir si desea moverlo de donde está hasta allí, o si prefiere copiarlo o crear un acceso directo para no sacar el archivo original de su ubicación.

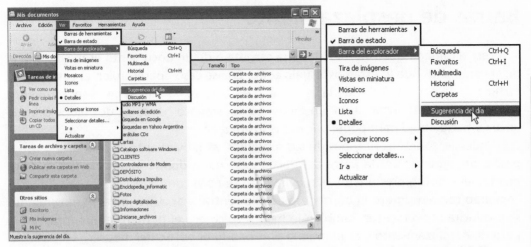

Figura 9. En este menú está también la opción para abrir el panel Sugerencia del día.

• El panel **Búsqueda** le permitirá buscar toda clase de objetos en la computadora, en la red o en Internet.

• El panel **Favoritos** muestra la lista de elementos, tales como carpetas, archivos y páginas web, ingresados por el usuario a esta lista para poder acceder rápidamente a ellos.

• El panel **Multimedia** intenta conectar la PC con Internet, para escuchar radios, archivos de sonido y ver videos. También se utiliza para archivos de este tipo existentes en el disco duro.

• El panel **Historial** guarda la memoria de los sitios y páginas web visitadas y las carpetas utilizadas en las últimas semanas, de modo de poder volver a verlos.

• El panel **Carpetas** muestra la estructura de unidades de disco y carpetas de nuestra PC, cuyo contenido podremos ver en el panel de la derecha de la ventana **(Figura 10)**.

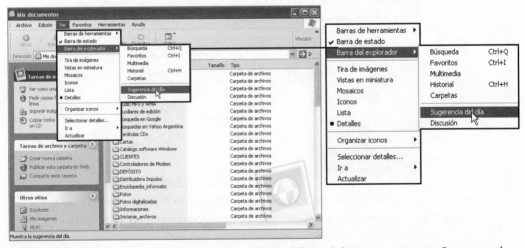

Figura 10. El panel Carpetas ha ocupado el lugar del Panel de tareas comunes. Para cerrarlo hay que hacer clic en el botón con la cruz en la parte superior derecha del panel.

Los elementos de trabajo

3

Barras de desplazamiento

A veces, el tamaño del contenido de una carpeta o de un documento es mayor que el de la ventana donde lo estamos visualizando. En ese caso aparecen, en el costado derecho o en la parte inferior de la ventana, o en ambos, las Barras de desplazamiento (ver **Guía visual 1**). Éstas permiten mover el documento hacia los dos lados o hacia arriba y hacia abajo para poder ver todas sus partes.

Con cada clic sobre los botones de sus extremos, el movimiento se produce "paso a paso", permitiendo ver la parte del documento hacia donde apunta la flecha. Si se mantiene el botón presionado, el movimiento se hace continuo.

Tomando con el puntero la barra desplazable central y arrastrándola, el movimiento se producirá rápidamente. También lo hará si se coloca el puntero en un lugar de la pista de desplazamiento y se mantiene presionado el botón del mouse.

Crear una Barra de herramientas

Se puede crear muy fácilmente una Barra de herramientas con el contenido de una carpeta, tomando a ésta (en cualquier ventana) y arrastrándola hasta el borde del Escritorio. La carpeta se convertirá en una Barra de herramientas que quedará instalada a lo largo de ese borde **(Figura 11)**. Desde esa ubicación se la puede luego transportar hasta cualquier otro lugar y cambiarle el tamaño y la forma.

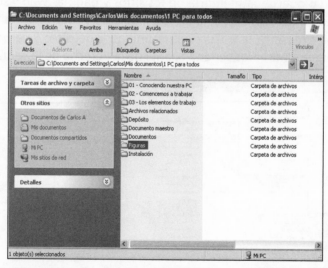

*Figura 11. En esta muestra hemos arrastrado la carpeta **Figuras**, que contenía una buena cantidad de archivos, hasta el costado derecho de la ventana.*

Haciendo clic en cualquiera de los botones de la barra de herramientas, se abrirá el archivo correspondiente.

Personalizar la Barra de herramientas

Es posible personalizar una Barra de herramientas agregándole o quitándole botones, de manera de tener siempre a mano los comandos que más utilizamos. Veamos cómo hacerlo:

Agregar botones a una Barra de herramientas   PASO A PASO

1 Haga clic derecho en cualquier lugar de una Barra de herramientas.

2 En el menú contextual que se presenta haga clic en **Personalizar...** Se abrirá el cuadro que vemos en la **Figura 12**.

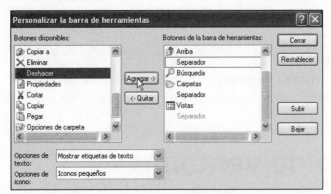

Figura 12. *En este cuadro podemos definir el tamaño de los botones de la barra y también si deseamos ver, y en qué posición, los nombres de los botones.*

3 En la ventana de la izquierda, utilizando la Barra de desplazamiento, buscaremos y haremos clic en el comando que deseamos agregar. Por ejemplo, el botón **Deshacer**.

4 Haremos clic en el botón **Agregar**. El nombre del botón pasará a la ventana de la derecha.

5 Si lo deseamos podemos cambiar la posición del botón agregado, usando los botones **Subir** y **Bajar**, para determinar dónde se ubicará en la Barra de herramientas.

6 Haremos clic en **Cerrar**.

En la **Figura 13** vemos el botón **Deshacer** incluido en la **Barra de herramientas**.

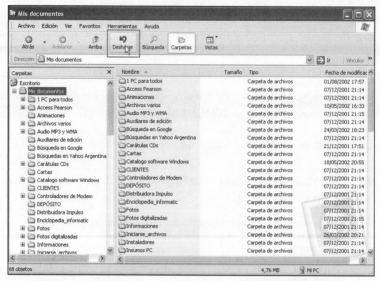

***Figura 13.** Hemos personalizado la **Barra de herramientas**
incluyendo un botón sumamente útil como podrá ver más adelante.*

Manejo de ventanas

Las ventanas se pueden superponer, maximizar para que ocupen toda la pantalla, o minimizar para que desaparezcan de ella y, sin cerrarse, se reduzcan a un botón en la **Barra de tareas**.

Haciendo clic con el mouse sobre cualquiera de estos botones, la ventana correspondiente, ya sea que esté minimizada u oculta detrás de otra, se activará quedando en primer plano. Si es la ventana activa, en cambio, se minimizará.

También es posible cambiar las ventanas de lugar, agrandarlas o achicarlas y personalizarlas agregándoles fondos de color o imágenes, etc.

INFORMACIÓN

Al navegar por Internet, la Barra de estado de Internet Explorer muestra la información referente al estado de una búsqueda iniciada, a la dirección web de un vínculo que está señalando el puntero en ese momento, etc.

Botones de documento agrupados

Hay programas, como los de Office XP, que permiten trabajar con varios documentos a la vez, y las ventanas de éstos, si están maximizadas, se van superponiendo dentro de la misma ventana de la aplicación. Si no lo están, en cambio, se van distribuyendo sobre el Escritorio.

Cada una de ellas coloca un botón en la **Barra de tareas** desde donde se la puede activar o minimizar.

En Windows XP, cuando se acumulan muchos botones en la **Barra de tareas**, el programa agrupa automáticamente, en un solo botón, los de todas las ventanas abiertas de cada aplicación **(Figura 14)**.

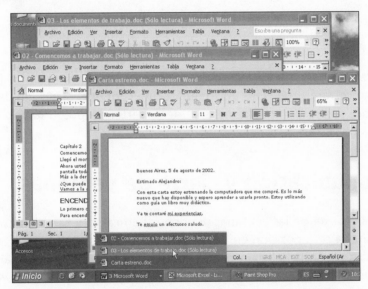

Figura 14. Al hacer clic en el botón de la Barra de tareas, se despliega un menú que muestra todos los elementos que agrupa, y permite activar cualquier ventana.

Este tipo de programas poseen un menú, denominado **Ventana**, que en su parte inferior muestra la lista de todos los documentos abiertos **(Figura 15)**. Pulsando sobre el que necesitamos, esa ventana pasará a primer plano y será el documento activo.

OPCIONES ATENUADAS

En la lista de opciones de los menús verá que algunas aparecen atenuadas, lo que significa que no pueden ser utilizadas en ese momento. Por ejemplo, el menú Pegar aparecerá atenuado si usted no ha cortado o copiado antes un elemento.

SIN EL MOUSE

Desde el teclado también se pueden desplegar los menús pulsando la tecla ALT y luego la tecla subrayada en el nombre del menú. Por ejemplo, para abrir el menú Formato habrá que apretar las teclas ALT+F.

3 · Los elementos de trabajo

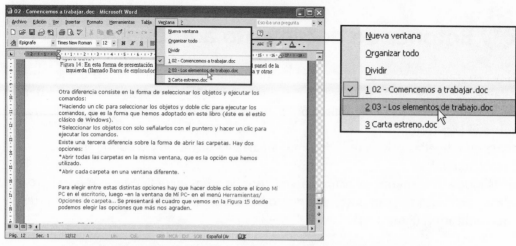

Figura 15. *Utilizando el menú* **Ventana** *es muy fácil pasar de un documento a otro, cuando hay varios abiertos en la misma aplicación.*

Cada documento puede ser cerrado individualmente sin cerrar la aplicación, pero cerrando ésta se cerrarán todos los documentos que contiene. Si alguno de ellos no ha sido guardado, se presentará un mensaje de advertencia preguntando si deseamos hacerlo antes de cerrar.

Tamaño, ubicación y cierre de ventanas

El tamaño y la forma de las ventanas pueden modificarse, y también es posible mover las ventanas a otra posición en la pantalla.

A la izquierda de la **Barra de título** está el icono de control (ver **Guía visual 1**), que despliega el **Menú de control (Figura 16)** que permite definir el tamaño de la ventana, moverla y cerrarla.

MÁS SOBRE MENÚS

En los menús hay opciones cuyo nombre termina en puntos suspensivos; esto significa que al seleccionarlas aparecerá un cuadro de diálogo. Una vez activado un menú, se pueden recorrer sus comandos y los otros menús con las teclas de dirección.

¿DE FORMA PREDETERMINADA?

Todos los programas, al instalarlos, establecen una cantidad de valores, opciones y medidas, que se denominan "predeterminados" y son los que la máquina utilizará en todos los casos, a menos que el usuario establezca otros en su lugar.

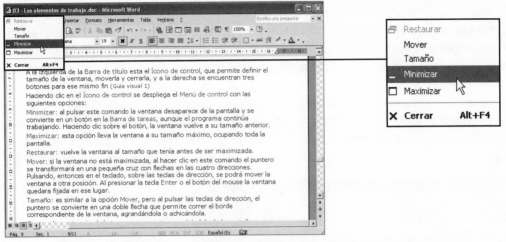

Figura 16. *Este icono es muy poco usado ya que resulta más fácil y rápido emplear otros métodos más directos para realizar las mismas funciones.*

Los botones situados a la derecha de la **Barra de título** cumplen, al pulsarlos, las mismas funciones que las opciones del Menú de control, y son los que se usan habitualmente, por ser de acceso mucho más fácil y directo **(Figura 17)**.

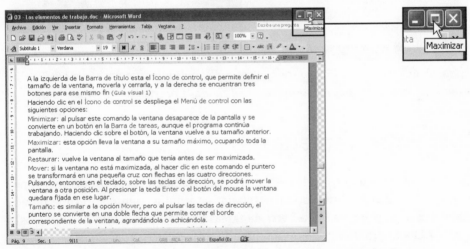

Figura 17. *Apoyando el puntero sobre cada uno de los botones aparece una etiqueta que indica su función.*

Veamos cuáles son esas funciones:

- **Minimizar**: Al pulsar este botón la ventana desaparece de la pantalla y, aunque el programa continúa trabajando, se convierte en un botón en la **Barra de tareas**. Haciendo clic sobre este botón, la ventana vuelve a su tamaño anterior.
- **Maximizar**: Lleva la ventana a su tamaño máximo, ocupando toda la pantalla.
- **Restaurar**: Vuelve la ventana al tamaño que tenía antes de ser maximizada.

• **Cerrar**: Da por terminada la tarea en esa ventana, quitándola de la pantalla.

Al maximizar una ventana el botón de ese nombre se convierte en **Restaurar** y al restaurarla vuelve a aparecer el botón **Maximizar**.

Para mover una ventana que no esté maximizada, hay que apoyar el puntero del mouse sobre la **Barra de título** y, presionando el botón izquierdo, arrastrarla hasta la nueva posición, donde al soltar el botón, ésta quedará fijada.

Para cambiar el tamaño y la forma de una ventana, lo más sencillo es colocar el puntero sobre alguno de los bordes hasta que adopte la forma de una doble flecha, y arrastrarlo en la dirección hacia la que se desee agrandar o achicar la ventana **(Figura 18)**.

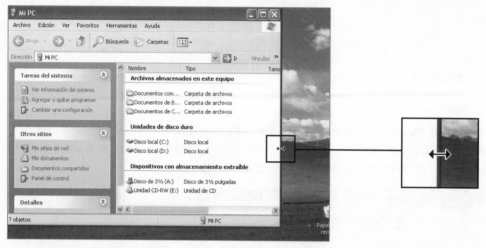

Figura 18. *Colocando el puntero sobre alguna de las esquinas se podrán mover simultáneamente los dos bordes contiguos, realizando la operación en un solo paso.*

Alternar entre ventanas

Cuando en la pantalla tengamos varias ventanas abiertas, puede ocurrir que unas tapen a otras y se nos dificulte la posibilidad de trabajar alternativamente con cada una de ellas. Podemos usar los botones de la **Barra de tareas** para activar la que necesitemos, o pulsar la tecla **ALT** y luego, manteniéndola pulsada, hacer clic en la tecla **TAB**.

Aparecerá en pantalla un cuadro donde se mostrarán todas las ventanas abiertas, y la que se encuentra activa tendrá un recuadro a su alrededor. Volviendo a apretar la tecla **TAB** el recuadro se correrá a la ventana siguiente. Cuando se encuentre recuadrada la que necesitamos, soltaremos la tecla **ALT** y esa ventana quedará activa en primer plano en la pantalla.

Organizar las ventanas

En muchos casos es posible que necesitemos tener dos o más ventanas abiertas, una junto a la otra, para intercambiar o arrastrar información, imágenes, tablas, etc., entre ellas. Podríamos cambiarles el tamaño y la forma manualmente con el mouse, como hemos visto anteriormente, para acomodarlas. Pero disponemos de un sistema mejor, mucho más práctico, para organizarlas, que es el siguiente:

Haciendo clic derecho sobre cualquier lugar libre de la **Barra de tareas** aparecerá el menú contextual de ésta, con tres opciones para organizar las ventanas abiertas **(Figura 19)**.

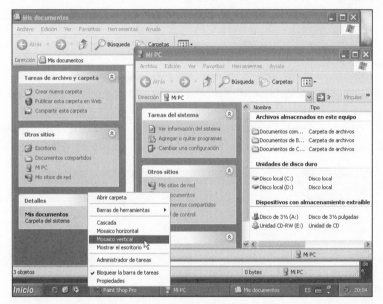

Figura 19. *Pulsando en **Mosaico vertical** o **Mosaico horizontal** estas ventanas se ajustarán exactamente una a otra y ocuparán en partes iguales toda la pantalla.*

Si elegimos la opción **Cascada** las ventanas se escalonarán unas sobre otras de modo que se podrán ver todas las barras de título al mismo tiempo. Pulsando sobre la que necesitamos, pasará a primer plano y quedará activa **(Figura 20)**.

3

Los elementos de trabajo

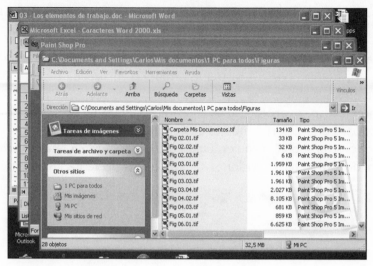

*Figura 20. En la opción **Cascada** las ventanas se superponen prolijamente unas sobre otras.*

Si elegimos la opción **Mosaico horizontal** las ventanas se dispondrán ocupando todo el ancho de la pantalla pero compartiendo entre todas su altura **(Figura 21)**.

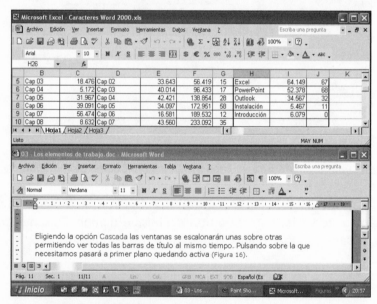

*Figura 21. En el **Mosaico horizontal** las barras de la parte superior de cada ventana ocupan mucho lugar, restándoselo al área de trabajo de cada una.*

Optando por **Mosaico vertical** todas las ventanas ocuparán la altura total de la panta-lla y compartirán por partes iguales el ancho **(Figura 22)**.

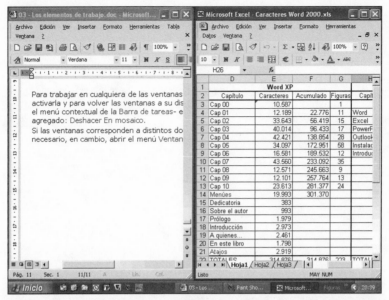

Figura 22. En el **Mosaico vertical** las barras ocupan el lugar habitual
en la parte superior de la ventana y se aprovecha mejor el área de trabajo.

Para trabajar en cualquiera de las ventanas sólo es necesario hacer clic en ella para activarla, y para volver las ventanas a su disposición anterior hay que hacer clic –en el menú contextual de la **Barra de tareas**– en una nueva opción que se ha agregado: **Deshacer En mosaico**.

Si las ventanas corresponden a distintos documentos de una misma aplicación, será necesario, en cambio, abrir el menú **Ventana** y hacer clic en **Organizar todo**.

Cuadros de diálogo

Para comunicarnos con nuestra computadora utilizamos, habitualmente, el teclado y el mouse, pero cuando nuestra PC necesita comunicarse con nosotros para solicitarnos instrucciones o avisarnos de problemas, errores u operaciones no viables, lo hace por medio de cuadros de diálogo.

Estas ventanas, de presentación distinta de las de archivos o documentos, a veces pueden contener varias fichas u hojas donde agrupan por temas las opciones a definir por el usuario. Cada ficha tiene, en su parte superior, una pestaña (tal como las de un fichero común de oficina) que al ser pulsada coloca esa ficha en primer plano.

Los cuadros de diálogo presentan al operador distintos elementos para que éste seleccione o complete, como los que vemos en la **Guía visual 3**.

Cuadros de diálogo GUÍA VISUAL 3

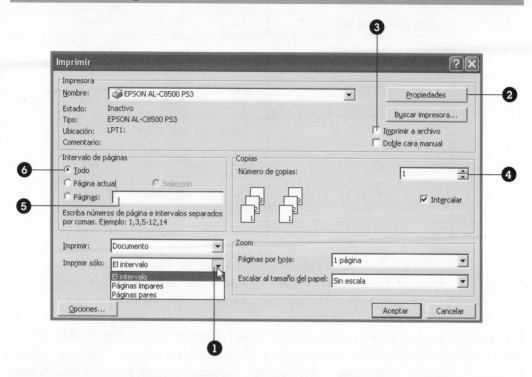

❶ Lista desplegable: Haciendo clic en el botón con la flecha descendente, ubicado a la derecha, se despliega una lista con distintas opciones preestablecidas entre las que hay que elegir una pulsando en ella.

❷ Botón de comando: Algunos de ellos, al pulsarlos, ejecutan la acción prevista (**Aceptar**, **Abrir**, **Guardar**, etc.) y otros llevan a un nuevo cuadro de diálogo.

❸ Casilla de verificación: Activan o desactivan opciones. No son mutuamente excluyentes, de modo que pueden aparecer varias juntas y es posible activar las que sean necesarias.

❹ Cuadros de control de valores: Haciendo clic en el cuadro, aparece el punto de inserción para escribir un nuevo valor. Haciendo doble clic, se lo resalta en azul y se lo puede sobrescribir directamente. Pulsando sobre las flechitas, se incrementa o disminuye el valor en una unidad hacia arriba o hacia abajo.

❺ Cuadro o caja de texto: Permite ingresar valores numéricos o texto.

❻ Botones de opción: Activan o desactivan opciones. Son mutuamente excluyentes. Al activar uno se desactivan los otros.

Existen también los **Controles de cursor deslizante (Figura 23)**. En ellos, arrastrando con el mouse un cursor deslizante sobre una pista, se modifican los valores de esa opción.

Figura 23. En este cuadro hay cinco fichas, y en la ficha visible hay un Control de cursor deslizante, una Lista desplegable y cinco Botones de comando.

Ayuda en cuadros de diálogo

Suele ocurrir que, a veces, surjan dudas sobre el significado de una opción en un cuadro de diálogo. En esos casos Windows XP provee un sistema de ayuda inmediata muy eficaz. Haciendo clic con el puntero sobre el botón con un signo de interrogación ubicado en la parte superior derecha del cuadro de diálogo y haciendo clic nuevamente sobre la opción en duda **(Figura 24)**, se desplegará una ventana emergente con la explicación aclaratoria. También, haciendo clic derecho sobre la opción en duda, aparece una etiqueta con el texto **¿Qué es esto?** Con un clic sobre esa etiqueta aparecerá la explicación.

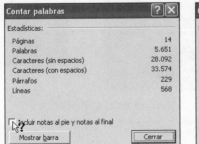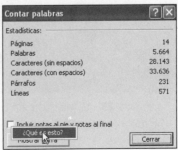

Figura 24. Éstas son las dos formas de conseguir ayuda sobre las opciones en duda en los cuadros de diálogo.

Aplicar, Aceptar y Cancelar

Los cuadros de diálogo presentan siempre dos botones de comando, **Aceptar** y **Cancelar** y, a veces, uno más, **Aplicar**. Veamos para qué sirve cada uno:

- **Aplicar**: En cuadros que tienen varias fichas, este botón permite aplicar los cambios realizados en cada una y, muchas veces, ver sus efectos, sin cerrar el cuadro general.
- **Aceptar**: Cierra el cuadro ejecutando los cambios realizados.
- **Cancelar**: Cierra el cuadro sin registrar los cambios que se le pudieran haber realizado.

Accesos directos

Uno de los elementos que más facilitan y aceleran el trabajo son los accesos directos. Los programas en general colocan, al instalarlos, una o más carpetas con todos sus componentes en algún lugar del disco duro y además un acceso directo en la lista **Todos los programas** del menú **Inicio** para que el usuario pueda acceder rápidamente a ellos, sin necesidad de tener que recorrer el disco buscándolos.

Los iconos de los accesos directos son muy similares a los de los programas o archivos que representan, pero se los reconoce muy fácilmente porque presentan en su parte inferior izquierda un pequeño cuadrito con una flecha curva que los hace inconfundibles **(Figura 25)**.

*Figura 25. Al hacer clic en un acceso directo se presentará
de inmediato el programa o el archivo que representa.*

También los usuarios pueden crear accesos directos para acceder a los programas y archivos que más usan. Existen distintas formas de hacerlo:

La forma más sencilla consiste en arrastrar, con la tecla **CTRL** presionada, el icono de ese programa, desde la lista **Todos los programas**, del menú **Inicio**, hasta el Escritorio. Los iconos de esa lista son, en casi todos los casos, accesos directos, y lo que hacemos de esta forma es, simplemente, copiarlos en el Escritorio.

De la misma manera se puede arrastrar un acceso directo a la **Barra de inicio rápido**, a cualquier barra de herramientas personalizada que se haya creado o a una ventana de carpeta o de documento (estas últimas ubicaciones raramente son utilizadas).

Otra posibilidad es crear, en esta misma forma, un acceso directo a cualquier carpeta o archivo que se utiliza frecuentemente, arrastrándolo hasta el Escritorio o hasta la **Barra de inicio rápido**, para que cada vez que se deba trabajar con él, sólo se necesite hacer doble clic para tenerlo en la pantalla. Más adelante veremos cómo ubicar el archivo para poder arrastrarlo.

Eliminar un acceso directo

Eliminar un acceso directo es muy simple, sólo hay que hacer clic derecho sobre su icono y pulsar en la opción **Eliminar**. Lo importante en este caso es verificar que se trate realmente del icono del acceso directo y no el del archivo o el del programa que representa, ya que si lo elimináramos por error, estaríamos, en realidad, eliminando éstos. Recuerde que el icono del acceso directo, aunque sea igual que el del programa, debe tener el cuadrito con la flechita.

Resumen

- Para habilitar la **Barra de inicio rápido** haga clic derecho en **Barra de tareas/Barra de herramientas/Inicio rápido**.
- Para abrir un programa haga clic en el botón **Inicio/Todos los programas** y luego en el nombre del programa.
- También puede abrir un programa haciendo doble clic sobre su icono en el Escritorio o en cualquier ventana, o un solo clic en la **Barra de inicio rápido**.
- Recuerde que Windows XP es un sistema operativo multitarea que permite trabajar con varias aplicaciones y documentos a la vez.
- La ventana activa se reconoce por tener un color más intenso en su **Barra de título**.
- Para maximizar, minimizar, restaurar y cerrar una ventana utilice los botones de la parte superior derecha.
- Para mover una ventana arrástrela, tomándola por su **Barra de título**, y para cambiar la forma y el tamaño, arrastre sus bordes.

- Cuando no utilice una aplicación, ciérrela y ahorrará recursos del sistema.
- Puede personalizar las barras de herramientas agregándoles botones y también opciones a los menús.
- Cuando tenga abiertos varios documentos en una aplicación utilice el menú **Ventana** para pasar de uno otro.
- Cuando quiera organizar varias ventanas en la misma aplicación utilice el menú **Ventana/Organizar todo**.
- Cuando quiera organizar ventanas de distintas aplicaciones haga clic derecho en la **Barra de tareas** y elija alguna de las opciones de distribución que se presentan.

Cuestionario

Preguntas

1. La Barra de inicio rápido, ¿sirve para abrir programas?
2. ¿Es posible trabajar en la computadora sin utilizar programas?
3. ¿En el menú **Todos los programas**, los nombres que tienen en su costado derecho una flecha, están inhabilitados?
4. ¿Es posible trabajar en dos aplicaciones a la vez?
5. ¿Se puede abrir un menú sin utilizar el mouse?
6. El **Panel de tareas comunes** y la **Barra del Explorador**, ¿son la misma cosa?
7. El panel **Programas**, ¿sirve para abrirlos?
8. ¿Es posible conseguir ayuda para saber qué significa una opción de un cuadro de diálogo?

Respuestas

1. Sí. Y también, carpetas y archivos que tengan su icono en ella.
2. No. Para cualquier tarea deberá utilizar un programa.
3. No. La flecha indica que ese nombre tiene un submenú.
4. Sí. Pero no al mismo tiempo, hay que pasar de una a otra alternativamente.
5. Sí. Hay que pulsar la tecla **ALT** y la letra subrayada en el nombre del menú.
6. No. Ocupan el mismo lugar pero son paneles diferentes.
7. No. No existe ningún panel **Programas**, existe un menú **Todos los programas**.
8. Sí. Hay que hacer clic en el signo de interrogación en la parte superior derecha y luego en la opción en duda.

Administración de carpetas y archivos

Ya hemos avanzado bastante en el conocimiento de Windows XP y hemos creado un archivo. Vimos también que existen muchos otros y que, además, hay unidades de disco y carpetas. Toda esa información debe ser organizada y administrada para que, en cualquier momento, podamos saber dónde está cada cosa y cómo encontrarla. Para eso existe el Explorador de Windows XP.

Los exploradores

Antes de nada debemos hacer una aclaración. En Windows XP existen dos programas de nombre parecido: uno es el Explorador de Windows, que sirve para administrar los discos, carpetas y archivos, y el otro es Internet Explorer, que es el programa de Microsoft Corp. que se utiliza para navegar por Internet.

No obstante, hoy en día la integración de la vida diaria con la Web es tan intensa que la información con la que se trabaja puede estar disponible tanto dentro de la computadora como en Internet. Por eso ambos programas han sido íntimamente relacionados por Microsoft, y es posible acceder desde el Explorador de Windows a páginas y sitios web y desde Internet Explorer a los archivos y carpetas del disco duro.

De todas maneras, se ha dotado a cada uno de ellos de algunas características particulares, otorgando al Explorador mayores facilidades para el manejo prioritario de los recursos internos de la computadora y a Internet Explorer los de relación con el inmenso mundo exterior.

Lo que vamos a conocer a continuación es el Explorador de Windows.

El Explorador de Windows XP

Este programa es, probablemente, el más importante de nuestra computadora, ya que reúne y permite administrar toda la información que ésta contiene. Sin él no sabríamos dónde y cómo guardar los archivos, ni tampoco podríamos ir a buscarlos cuando los volvamos a necesitar.

Podemos acceder al Explorador de Windows haciendo clic en el botón **Inicio/Todos los programas/Accesorios/Explorador de Windows**.

Se presentará la ventana que vemos en la **Guía visual 1**.

TÉNGALO A MANO

Dado que usaremos el Explorador de Windows XP con frecuencia, por eso nos convendrá tener siempre a la vista, ya sea en el Escritorio, en el Menú Inicio o en la Barra de inicio rápido, un acceso directo para conectarnos con él rápidamente.

Ventana del Explorador de Windows   GUÍA VISUAL 1

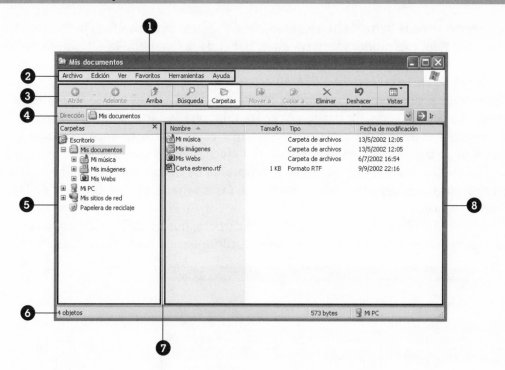

Administración de carpetas y archivos 4

- **Barra de título**: Muestra el nombre de la carpeta cuyo contenido estamos visuali-zando. Con otra configuración puede mostrar la "ruta" completa para llegar has-ta esa carpeta.
- **Barra de menús**: Muestra los menús para trabajar con unidades de disco, carpetas y archivos.
- **Barra de herramientas**: Contiene los botones para ejecutar las operaciones más usuales.
- **Barra Dirección**: Indica el nombre de la carpeta que estamos visualizando. Pulsan-do en el botón de la derecha despliega la lista con la estructura de unidades de dis-co, de red, carpetas y archivos de la computadora, donde se puede hacer clic para acceder a alguna de ellas.
- **Panel de la izquierda**: Muestra la estructura de unidades de disco, de red y de carpetas.
- **Barra de estado**: Indica la cantidad de carpetas y archivos que contiene el panel de la derecha o, si hay archivos seleccionados, su cantidad y la memoria que ocupan.
- **Barra de separación de los paneles**: Apoyando el puntero sobre ella y presionan-do el botón del mouse se la puede arrastrar ampliando y achicando los paneles.
- **Panel de la derecha**: Es el sector donde se muestran las carpetas o archivos que con-tiene la unidad de disco o la carpeta que está abierta en el panel de la izquierda.

Los dos paneles del Explorador

A menos que en la Barra de herramientas se encuentre desactivado el botón **Carpetas**, la ventana del Explorador mostrará en el panel de la izquierda la estructura de unidades de almacenamiento y carpetas de la computadora, y en el panel de la derecha, el contenido de la carpeta que esté abierta en el de la izquierda.

Cada vez que abramos el Explorador de Windows, la carpeta que se presentará, de forma predeterminada, mostrando su contenido, será la carpeta **Mis documentos**.

Si observamos en la **Guía visual 1** veremos que esta carpeta aparece resaltada en el panel de la izquierda, y en el panel de la derecha vemos que contiene, por ahora, solamente las tres carpetas que creó el programa de instalación de Windows XP (**Mi música, Mis imágenes** y **Mis Webs**) y el archivo **Carta estreno.rtf**, que creamos en la primera práctica.

Es evidente la diferencia entre los iconos de carpeta, que se ubican siempre en la parte superior, y los de archivo, que se ubican a continuación hacia abajo **(Figura 1)**.

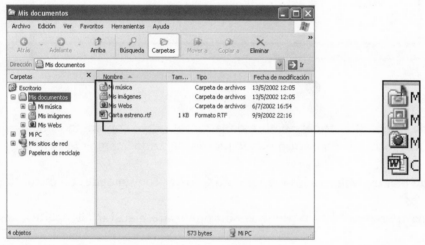

Figura 1. *Los tres iconos de arriba son los de carpeta y el último de abajo es de archivo.*

Expandir y contraer carpetas

Si observamos más detenidamente el panel de la izquierda veremos que, al lado de la carpeta **Mis documentos** hay un pequeño casillero que muestra un signo "-" (menos). Este signo significa que esta carpeta se encuentra expandida, o sea, que está mostrando, en el mismo panel de la izquierda, las carpetas que tiene en su interior (**Mi música, Mis imágenes** y **Mis Webs**), pero no así el archivo.

Continuando con el panel de la izquierda, si observamos las otras carpetas, veremos que algunas de ellas tienen en el casillero un signo "+" (más); eso significa que esas carpetas están contraídas, pero que también tienen carpetas en su interior.

El signo + que muestran está indicando que esas carpetas pueden ser expandidas para mostrar en el panel de la izquierda las carpetas que contienen. Cuando las expandamos, haciendo clic en el casillero (no en el icono de la carpeta, ni en el nombre), el signo + se convertirá en un signo - y, debajo de la que hayamos expandido, aparecerán las carpetas que contiene.

Sin embargo, fíjese que en el panel de la derecha no ha cambiado nada, o sea, se sigue mostrando el contenido de la carpeta abierta. Este panel sólo cambiará cuando abramos, en el panel de la izquierda, otra carpeta (pulsando sobre su icono y no sobre su casillero) y nos mostrará el contenido de la que hemos abierto.

Para contraer una carpeta expandida haremos clic en el casillero, con lo que se ocultarán las carpetas que mostraba y el signo - se convertirá en un signo +.

Abrir carpetas

Conviene aquí que hagamos una aclaración sobre la diferencia entre expandir y abrir una carpeta. Ya hemos explicado lo que ocurre cuando expandimos una carpeta: se muestran hacia abajo las carpetas que contiene pero no los archivos. Veamos ahora lo que ocurrirá si en lugar de expandirla, la abrimos (para lo cual tendremos que hacer clic en el icono de la carpeta y no en el casillero); en ese caso quedará seleccionada (se resaltará en azul) y pasará a mostrar, en el panel de la derecha, su contenido completo de carpetas y archivos.

Obsérvese que al expandirla ha mostrado sus carpetas en el panel de la izquierda, y, en cambio, al abrirla no sólo se ha expandido sino que, además, muestra todo su contenido en el panel de la derecha.

Tenga en cuenta otra cosa más: usted puede expandir y contraer las carpetas en el panel de la izquierda y también puede abrirlas para ver el contenido en el panel de la derecha, pero no puede cerrarlas, sino que, para hacerlo, debe abrir otra carpeta.

Practique ahora varias veces expandir, contraer y abrir carpetas en el panel de la izquierda. Es muy importante que capte bien la diferencia entre expandir y abrir, porque esta operatoria la usará mucho en el futuro.

Note ahora otra diferencia: algunos iconos, como **Mis documentos**, **Escritorio**, **Mi PC**, **Mis sitios de red** y **Papelera de reciclaje**, no cambian su forma al abrirlos o cerrarlos; en cambio, las otras carpetas, cuando usted hace clic en ellas y las abre, cambian su dibujo al de una carpeta abierta.

Observe además que cada vez que abre una carpeta aparece su nombre en la **Barra de título** y en la **barra Dirección**, o sea, el nombre de la carpeta cuyo contenido está visualizando en el panel de la derecha. Esta información le servirá para asegurarse cuál es realmente la carpeta que está viendo.

Recuerde entonces nuevamente que, cada vez que usted abre (no así, si la expande) una carpeta en el panel de la izquierda, verá su contenido en el panel de la derecha.

Todavía falta algo; haga doble clic en el icono de alguna de las carpetas en el panel de la derecha y observará que el contenido de esa carpeta (en la que usted ha hecho doble clic) reemplaza a todo lo que había antes en ese panel. De manera que si usted

Administración de carpetas y archivos   4

quiere ver el contenido de una carpeta que está en ambos paneles, puede verlo tanto haciendo clic sobre ella en el panel de la izquierda, como haciendo doble clic en el de la derecha.

Si, en cambio, hace doble clic sobre el archivo **Carta estreno.rtf**, éste se abrirá, y el documento aparecerá en la pantalla, dentro de una ventana de la aplicación.

Crear una carpeta

Ahora vamos a crear una carpeta, a la que llamaremos **Cartas**, para guardar en ella el archivo de nuestra primera práctica: **Carta estreno.rtf**. La crearemos dentro de la carpeta **Mis documentos**, que es donde guardaremos, por ahora, todas las carpetas y archivos que vayamos creando o que incorporemos a nuestra computadora.

Crear una carpeta	PASO A PASO

1 Haga clic en el icono de la carpeta **Mis documentos** en el panel de la izquierda para abrirla. Se verá seleccionada y en el panel de la derecha aparecerá el contenido.

2 Haga clic derecho en cualquier lugar libre del panel de la derecha.

3 En el menú contextual que aparece seleccione **Nuevo (Figura 2)** y luego, en el submenú que se presentará, **Carpeta**.

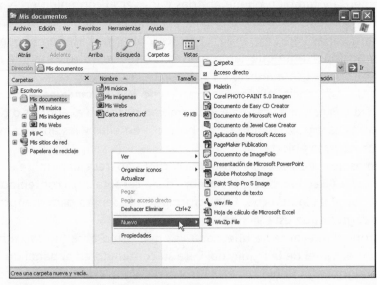

Figura 2. *Utilizando este menú contextual, se pueden crear una buena cantidad de elementos.*

En el panel de la derecha aparecerá un nuevo icono con el nombre **Nueva carpeta** resaltado en azul **(Figura 3)**.

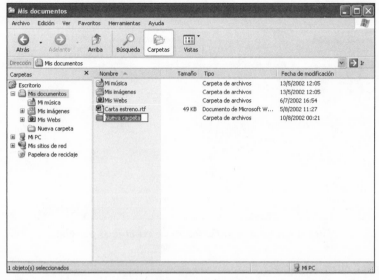

Figura 3. La nueva carpeta ya apareció, sólo resta escribirle el nombre.

4 Sobrescriba directamente el nombre que dará a la carpeta (en nuestro ejemplo, **Cartas**).

5 Presione la tecla **ENTER** o haga clic en cualquier lugar libre de la ventana.

Ya tiene creada la carpeta **Cartas** dentro de la carpeta **Mis documentos**. Puede verla en el panel de la derecha donde acaba de escribirle el nombre y también ha aparecido en el panel de la izquierda.
En la **Figura 4** vemos cómo han quedado ahora las carpetas en el Explorador de Windows.

PRECAUCIÓN

Es muy importante que, antes de crear una nueva carpeta, verifique que la que se encuentra abierta sea la que corresponde (o sea, donde quiere crear la carpeta nueva) fijándose en la **Barra de título** o en la de **Dirección** qué nombre aparece.

Administración de carpetas y archivos

4

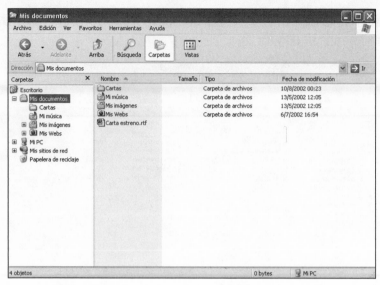

*Figura 4. La carpeta **Cartas** se ve en ambos paneles.*

Tres botones que ayudan

Cuando navegue entre carpetas, usted tiene en la **Barra de herramientas** tres botones que le serán de suma utilidad.

Supongamos que usted ha expandido la carpeta **Mis documentos** y luego ha abierto la carpeta **Cartas** que se encuentra dentro de ella, o sea, un nivel más abajo. Después se da cuenta de que no era ésta la que necesitaba, y hace clic en el botón **Arriba** para subir un nivel y volver nuevamente a la carpeta **Mis documentos**. Este botón, en los cuadros de diálogo, se llama, precisamente, **Subir un nivel**.

Ahora usted cambia de idea y quiere volver a la carpeta **Cartas**. Presione entonces el botón **Atrás** y éste lo llevará a la carpeta anterior.

Si pulsa en el botón **Adelante**, deshará lo que hizo con el botón **Atrás**, o sea que volverá a la carpeta **Mis documentos**. Parece difícil explicado con palabras, pero si prueba, verá que es muy fácil de entender.

Mover y copiar archivos y carpetas

Ahora vamos a quitar el archivo **Carta estreno.rtf** de la carpeta **Mis documentos** y lo vamos a mover hasta la carpeta **Cartas**.

Todo se reduce a arrastrarlo, con el mouse, desde la carpeta **Mis documentos** (donde está) hasta la carpeta **Cartas**. Puede hacerlo en el mismo panel de la derecha, tomando el archivo con el botón izquierdo del mouse presionado y soltándolo sobre la carpeta **Cartas** o cruzando hasta el panel de la izquierda y, también allí, soltándolo en la carpeta **Cartas (Figura 5)**.

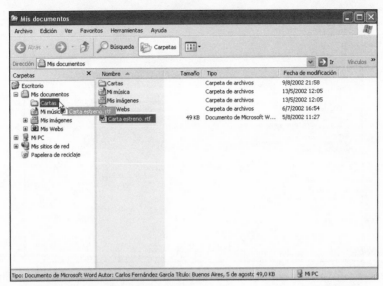

Figura 5. *En este caso estamos llevando el icono del archivo, desde el panel de la derecha hasta el panel de la izquierda y lo soltaremos sobre la carpeta **Cartas**.*

Al abrir ahora la carpeta **Cartas** aparecerá, dentro de ella, el archivo **Carta estreno.rtf** **(Figura 6)**.

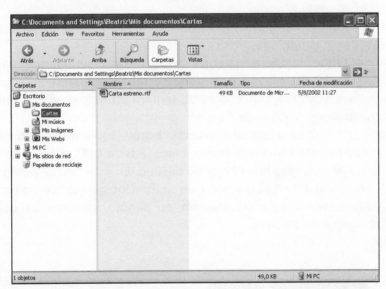

Figura 6. *En el panel de la izquierda aparece ya, dentro de **Mis documentos**, la carpeta **Cartas**. Como está abierta, muestra en el panel de la derecha el archivo **Carta estreno.rtf**.*

Si hubiéramos arrastrado el archivo con el botón derecho del mouse, al llegar a la carpeta de destino hubiera aparecido el menú contextual, que nos hubiera ofrecido tres posibilidades **(Figura 7)**:

Administración de carpetas y archivos

4

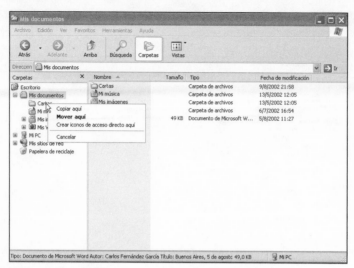

Figura 7. En caso de arrepentirnos, la opción Cancelar nos permite dejar todo como estaba.

- Mover el archivo a esa carpeta, quitándolo de **Mis documentos**.
- Copiarlo en esa carpeta, dejando el original en **Mis documentos**.
- Crear un acceso directo en ella, que en lugar de mover el archivo, nos permitiera, al pulsarlo, abrir **Carta estreno.rtf**, que seguiría estando en la carpeta **Mis documentos**.

En esta misma forma podemos arrastrar, no sólo archivos, sino también carpetas, a otras carpetas o a otras unidades de disco.

Es importante entender la diferencia entre mover o copiar un objeto. Cuando movemos un objeto éste desaparece del lugar donde estaba y reaparece en el lugar donde lo hemos llevado. En cambio, si lo copiamos, seguirá estando donde se encontraba y aparecerá otra copia en el lugar de destino.

Se puede copiar un objeto arrastrándolo con el botón izquierdo del mouse presionado, si antes de comenzar a moverlo presionamos la tecla **CTRL** y la mantenemos presionada hasta soltar el objeto en el lugar de destino. En este caso se agregará al puntero un pequeño recuadro con un signo + en su interior, que es precisamente la indicación de que lo estamos copiando. Cuando, en cambio, movemos un objeto, el recuadro con el signo + no aparece.

OTRA FORMA DE MOVER

Para mover un archivo o carpeta, quitándolo de donde está para llevarlo a otra, selecciónelo y pulse luego CTRL+X, o haga clic en el menú Edición/Cortar. Luego, seleccione la carpeta de destino y pulse CTRL+V, o haga clic en el menú Edición/Pegar.

Reorganizar las carpetas y archivos

Supongamos ahora que después de crear la carpeta **Cartas**, hemos pensado que sería conveniente separar las cartas personales de las cartas de trabajo. Para hacerlo, tendremos que crear, dentro de la carpeta **Cartas**, dos nuevas carpetas a las que les pondremos los nombres **Personales** y **Trabajo**.

En este caso tendremos que hacer clic, en el panel de la izquierda, en la carpeta **Cartas** (dentro de la cual crearemos las otras dos) para abrirla y luego, en el panel de la derecha, repetir dos veces la acción de crear una carpeta nueva, como lo hicimos antes, escribiendo en una oportunidad el nombre **Personales** y en la otra **Trabajo**.

Si lo hemos hecho bien, al finalizar tendremos, en la carpeta **Mis documentos**, la carpeta **Cartas** y dentro de ésta las dos carpetas: **Personales** y **Trabajo**.

Después, sólo nos resta arrastrar el archivo **Carta estreno.rtf** hasta la carpeta **Personales (Figura 8)**.

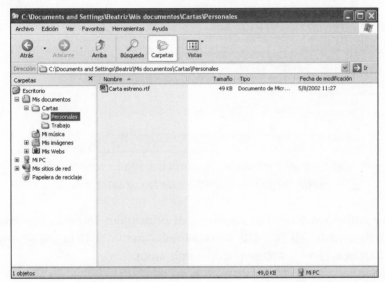

Figura 8. *En la figura vemos abierta la carpeta* **Personales** *y en el panel de la derecha, el archivo* **Carta estreno.rtf** *que movimos a ella.*

La "ruta" de un archivo

Existe una forma de indicar las carpetas que es necesario abrir para llegar hasta un archivo determinado, a la que denominamos "ruta".

En el ejemplo que hemos venido realizando, si quisiéramos escribir la "ruta" para llegar hasta el archivo **Carta estreno.rtf**, lo haríamos de la siguiente forma:

C:\Mis documentos\Cartas\Personales\Carta estreno.rtf

Administración de carpetas y archivos

4

La estructura de almacenamiento de la PC

Windows XP presenta siempre, como hemos dicho antes, la carpeta **Mis documentos** en primer plano cada vez que abrimos el Explorador. Esto resulta cómodo porque es la carpeta que el usuario necesita habitualmente para trabajar.

Pero, si observamos la **Figura 9**, podremos ver que hay otras carpetas muy importantes también, que abarcan todos los recursos de la computadora.

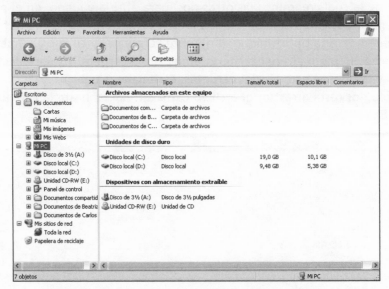

Figura 9. *Al ir expandiendo carpetas, vamos conociendo cada vez más la estructura de la computadora.*

La estructura comienza en el Escritorio, cuyas principales carpetas son **Mis documentos**, que ya hemos visto, **Mi PC** y **Mis sitios de red**. Además está la importante **Papelera de reciclaje**, adonde van los archivos que eliminamos.

Expandiendo la carpeta **Mi PC** encontramos en ella:

• Todas las unidades de disco.

• El **Panel de control** (contiene los elementos de configuración del equipo).

• Las carpetas **Mis documentos** de cada usuario y otra para los **Documentos compartidos**. Haciendo clic en cada uno de estos iconos, podremos ver, en el panel de la derecha, todo su contenido.

En la **Figura 10** podemos observar cómo se presenta el Explorador en una PC, después de haber trabajado bastante tiempo. Pronto su Explorador de Windows XP también se verá así.

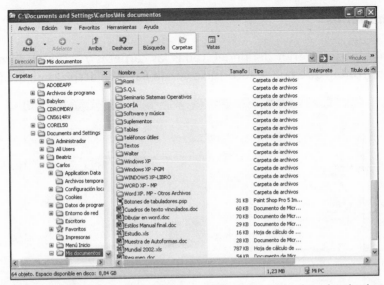

Figura 10. *En ambos paneles han aparecido, en su lado derecho, las barras de desplazamiento, para poder ver las carpetas y archivos que han quedado ocultos.*

Guardar en otras carpetas

Ahora que sabemos cómo movernos y navegar entre archivos y carpetas, cuando necesitemos guardar un documento recién creado, no será necesario que lo hagamos únicamente en la carpeta **Mis documentos**, como lo hicimos cuando creamos nuestra primera carta.

Después de hacer clic en **Archivo/Guardar** y cuando tengamos a la vista el cuadro **Guardar como**, podremos crear una carpeta nueva o desplegar la lista **Guardar en:** y utilizar los botones **Subir un nivel** o **Atrás**, para localizar la carpeta donde deseamos guardarlo. Al hacer doble clic en ella, su nombre aparecerá en el cuadro **Guardar en:**.

Después escribiremos el nombre, elegiremos, si es necesario, el tipo de archivo y pulsaremos en **Guardar**.

Formas de ver los archivos y carpetas

Existen distintas formas de ver, en el panel de la derecha, los archivos y carpetas que contiene la carpeta que está abierta en el panel de la izquierda.

Si hacemos clic en el menú **Ver**, o si desplegamos la lista del botón **Vistas** de la **Barra de herramientas**, se presentarán una serie de opciones, que al activarlas haciendo clic en ellas, darán lugar a las distintas formas de ver su contenido. Veamos cómo es cada una:

Administración de carpetas y archivos

Tira de imágenes

Presenta en la parte inferior del panel, todas las carpetas y archivos, formando una larga tira horizontal, que puede recorrerse con la **Barra de desplazamiento (Figura 11)**.

Figura 11. En algunos casos, haciendo clic en un icono, puede accederse a una vista previa del archivo o, si se trata de una carpeta, de alguno de los archivos que contiene.

Vista en miniatura

Muestra los iconos de los archivos y carpetas en un tamaño grande que, en algunos casos, permite tener una vista previa aproximada de su contenido **(Figura 12)**.

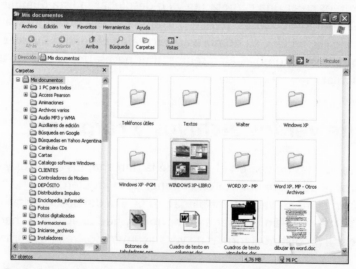

Figura 12. Es una variación de la **Tira de imágenes,** que permite ver más archivos por vez.

Mosaico

Presenta todos los objetos contenidos en la carpeta seleccionada, en un tamaño más chico y dispuestos en tiras verticales **(Figura 13)**.

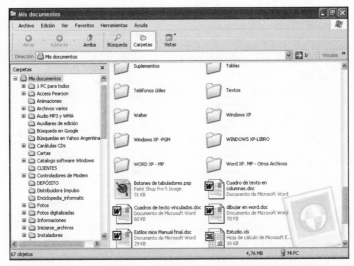

Figura 13. Poco aporta esta vista al conocimiento de lo que hay detrás de cada icono.

Iconos

Muestra los iconos en un tamaño más pequeño y distribuidos en forma de damero. No aporta más datos que el nombre de la carpeta o archivo **(Figura 14)**.

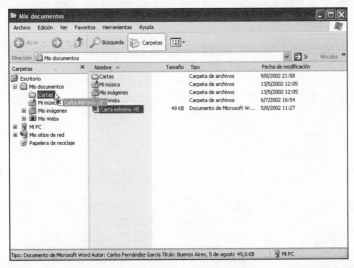

Figura 14. Al ser más pequeños los iconos, hay mayor cantidad visibles y se hace más fácil localizar el que se necesita.

Administración de carpetas y archivos

Lista

Los iconos son de tamaño pequeño y aparecen encolumnados. Si son necesarias varias listas, éstas se van extendiendo hacia la derecha **(Figura 15)**.

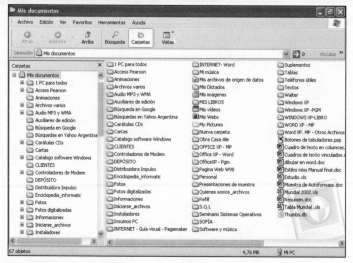

Figura 15. *Esta lista no ofrece demasiadas ventajas. Los iconos parecen demasiado agrupados y sólo se suministra el nombre de cada uno.*

Detalles

Esta vista es la más interesante. Encolumna en una sola lista todas las carpetas y archivos, y agrega, a la derecha de cada icono y su nombre, una cantidad de información de utilidad **(Figura 16)**.

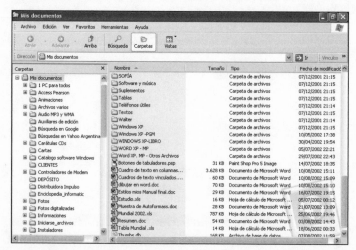

Figura 16. *La única desventaja de esta vista es que los iconos se ven chicos.*

El usuario puede determinar cuál es la información que desea ver. Sólo tiene que hacer clic derecho sobre el encabezado de las columnas y marcar, en el menú que se presenta, las opciones que le interesan **(Figura 17)**.

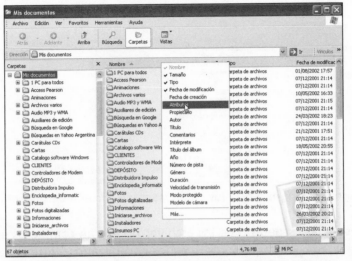

Figura 17. *La opción* **Más...** *da paso a un cuadro de diálogo donde se puede fijar el ancho de las columnas y cambiar el orden en que se distribuyen.*

En el menú **Ver** hay una opción, **Organizar iconos**, que permite determinar por qué tipo de datos se ordenarán las carpetas y archivos.

De forma predeterminada están ordenados por **Nombre**, en orden alfabético. Esto es muy práctico porque facilita su búsqueda. Haciendo clic en el encabezado de cada columna, se invierte el orden de esa columna, por ejemplo, de la "A" a la "Z" o de la "Z" a la "A"; en la columna de fechas, con la fecha más antigua arriba o abajo; por tamaño, etc.

Es muy útil, también, ordenarlos por **Tipo**, para encontrar rápidamente entre todos los archivos de un programa cuál es el ejecutable de la aplicación, etc.

Hay otra opción, **Mostrar en grupos**, que separa los iconos de una forma más fácil de visualizar **(Figura 18)**.

Administración de carpetas y archivos

4

OTRA FORMA DE COPIAR

DATOS ÚTILES

Para copiar un archivo o carpeta, selecciónelo y pulse **CTRL+C** o haga clic en **Edición/Copiar**. Luego, abriendo la carpeta de destino, pulse en **CTRL+V** o haga clic en **Edición/Pegar**. Si lo desea, puede seguir pegándolo en otras carpetas.

Figura 18. Mostrar en grupos separa los iconos manteniendo el ordenamiento establecido.

Si los nombres de las carpetas o de los archivos no entran completos en el ancho de la columna, se puede colocar el puntero en los encabezados, entre la columna que se desea agrandar y la siguiente hacia la derecha y, presionando el botón del mouse, arrastrar ese borde hasta el tamaño deseado **(Figura 19)**.

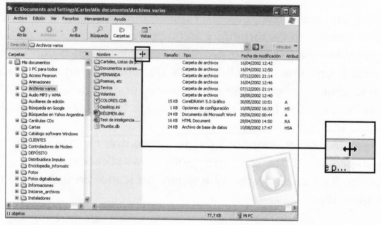

Figura 19. Haciendo doble clic entre las columnas, el ancho de la que está a la izquierda se ajusta al tamaño del texto más largo.

En el Explorador de Windows XP se puede obtener información inmediata sobre el contenido de una carpeta o archivo con sólo señalarlos con el puntero, lo que hará aparecer una etiqueta con sus principales datos **(Figura 20)**.

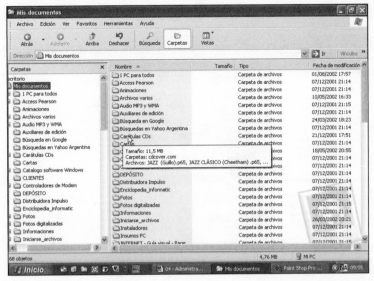

Figura 20. En la etiqueta se puede tener una idea sobre el contenido de la carpeta o archivo.

Seleccionar objetos

Para seleccionar cualquier objeto (una unidad de disco, una carpeta o un archivo) sólo es necesario hacer clic en su icono. Notaremos que se ha seleccionado porque su nombre se resaltará en azul.

Si necesitamos seleccionar varios objetos que están uno al lado de otro, podemos hacer clic en el primero, presionar la tecla **MAYÚS** y pulsar en el último. Para seleccionar objetos no contiguos, podemos seleccionar el primero y luego ir pulsando en los iconos de los demás mientras mantenemos presionada la tecla **CTRL**.

Podemos seleccionar una cantidad de objetos contiguos y no contiguos combinando ambos métodos **(Figura 21)** y para seleccionar todos los objetos de la ventana podemos pulsar en **Edición/Seleccionar todo** o las teclas **CTRL+E**.

Seleccionando varios objetos juntos, es posible moverlos o copiarlos en una sola operación, ya sea utilizando el teclado o arrastrándolos con el mouse.

TENGA CUIDADO

Al mover o copiar un archivo o carpeta tiene que asegurarse, antes de soltarlo o pegarlo, de que se haya resaltado en azul la carpeta donde desea dejarlo, ya que de otra forma podría moverlo o copiarlo a una carpeta equivocada.

Administración de carpetas y archivos 4

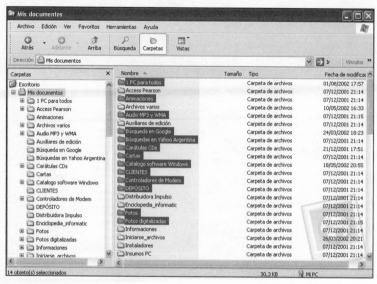

Figura 21. Para excluir algún objeto de esta selección, sin afectar a los otros, bastará mantener pulsada la tecla **CTRL** mientras se hace clic en el nombre de ese objeto.

Cuando se trabaja en las vistas que muestran iconos más grandes, se pueden seleccionar varios objetos de una vez rodeándolos con el mouse **(Figura 22)** mientras se mantiene presionado el botón izquierdo.

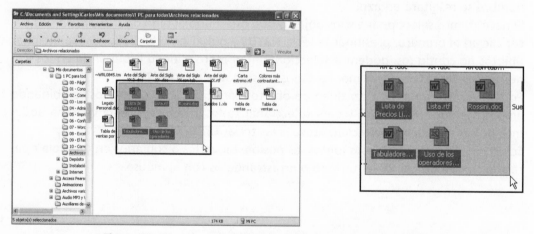

Figura 22. Cuando se seleccionan archivos, la **Barra de estado** indicará la cantidad y la memoria que ocupan.

Para anular una selección lo más sencillo es hacer clic en cualquier lugar libre de la ventana.

Cambiar el nombre de una carpeta o archivo

Para cambiar el nombre de una carpeta o archivo disponemos de dos formas:
• Podemos hacer clic sobre el nombre y éste se resaltará en azul, quedando seleccionado. Si luego de un instante volvemos a hacer clic, el resaltado se rodeará de un pequeño recuadro y el punto de inserción estará titilando en su interior **(Figura 23)**. Allí podemos sobrescribir directamente el nuevo nombre.

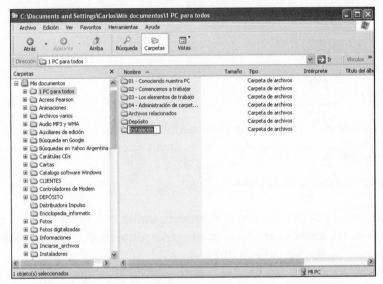

Figura 23. La forma de cambiar el nombre a una carpeta
o un archivo parece igual que crear una carpeta nueva.

• Si hacemos clic derecho sobre el nombre del archivo, en el menú contextual que aparece encontraremos la opción **Cambiar nombre**. Haciendo clic en ella podremos sobrescribir la nueva denominación.

Duplicar un objeto

Podemos duplicar una carpeta o un archivo, por ejemplo para trabajar en el duplicado de un documento sin tocar el original, creando una copia en la misma carpeta donde se encuentra.
Primero seleccionaremos el objeto a duplicar, luego pulsaremos **CTRL+C** y enseguida haremos **CTRL+V**, o usaremos el menú **Edición/Copiar** y luego **Edición/Pegar**. Es muy práctico hacerlo utilizando los mismos comandos en el menú contextual del objeto a duplicar **(Figura 24)**.

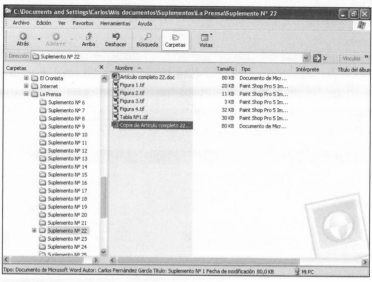

Figura 24. *El duplicado del objeto aparecerá en la misma carpeta con el nombre* **Copia de...**

Eliminar una carpeta o archivo

Para eliminar una carpeta o un archivo tenemos varias opciones:
• Hacer clic derecho sobre su icono y, en el menú contextual, en **Eliminar**.
• Seleccionarlos y pulsar en la tecla **SUPR**.
• Seleccionarlos, abrir el menú **Archivo** y hacer clic en **Eliminar**.
• Arrastrar el icono hasta el de la **Papelera de reciclaje** y, cuando el nombre de ésta se resalta en azul, soltarlo allí.

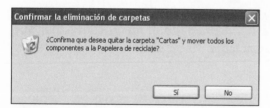

Figura 25. *En este mensaje hay que confirmar la eliminación del objeto pulsando en* **Sí.**

En realidad, al eliminar un objeto no lo estamos borrando del disco duro, sino que lo estamos enviando a la Papelera de reciclaje (de la que nos ocuparemos en este capítulo), que es el paso previo a la eliminación definitiva. Por esa razón, Windows XP presenta un mensaje de advertencia para confirmar el deseo de enviar esos objetos a la Papelera **(Figura 25)**.

UNA RUTA DISTINTA

En la práctica, por la configuración de Cuentas de usuario de Windows XP, es probable que para llegar a la carpeta Mis documentos haya que abrir antes Documents and Settings y luego la correspondiente al usuario.

Los disquetes

Los disquetes son unidades de almacenamiento de pequeña capacidad que se utilizan para guardar copias de seguridad de archivos no muy grandes y para transportar información de una máquina a otra. También se utilizan como disco de inicio para arrancar la máquina en caso de dificultades.

Formatear un disquete

Antes de ser utilizados, los disquetes deben ser formateados, tal como otros discos de almacenamiento, pero lo normal es que los vendan ya formateados de fábrica. Al formatear un disquete ya utilizado, se borra toda la información que tenía grabada y se lo prepara para recibir nueva información.
Para formatear un disquete hay que proceder de la siguiente manera:

Formatear un disquete	PASO A PASO

1 Introducir el disquete en la disquetera,

2 Hacer clic derecho –en la ventana de **Mi PC** o en el Explorador– en el ícono **Disco de 3¹/₂ (A:)**.

3 En el menú contextual que aparece, hacer clic en **Formatear... (Figura 26)**.

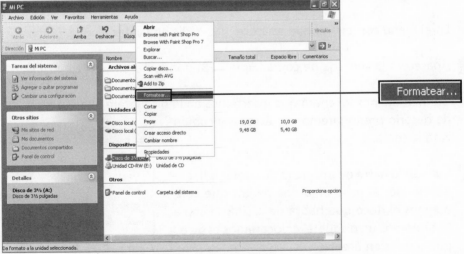

Figura 26. También hay una opción para formatear discos
en el menú *Archivo* de *Mi PC* y del *Explorador*.

4 Aparecerá un cuadro de diálogo **(Figura 27)** en el que podemos escribir un nombre para el disco en el cuadro **Etiqueta del volumen**.

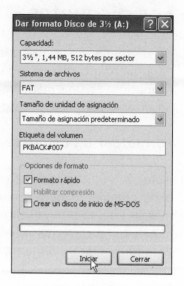

5 Definir si deseamos dar al disco un formato completo o solamente un formato rápido, para lo cual tendremos que activar la casilla correspondiente.

6 Hacer clic en **Iniciar**.

7 Retirar el disquete formateado de la disquetera y, si no vamos a formatear otros, hacer clic en **Cerrar**.

> **Figura 27.** Activando la casilla **Formato rápido** Windows borra los archivos pero no revisa el disco.

Copiar un disquete en otro

Para copiar el contenido de un disquete en otro hay que proceder en la siguiente forma:

Copiar un disquete   PASO A PASO

1 Hacer clic derecho, en la ventana de **Mi PC** o en el Explorador, en el icono **Disco de 3¹/₂ (A:)**.

2 En el menú contextual que aparece, hacer clic en **Copiar disco...**

3 Aparecerá la ventana de copia **(Figura 28)** donde haremos clic en **Iniciar**.

4 Un mensaje nos solicitará que insertemos en la disquetera el disco a copiar. Luego de hacerlo presionaremos en **Aceptar** y comenzará la copia.

5 Cuando la barra de progreso de copiado llegue a la mitad, el programa nos pedirá que coloquemos el disco que habrá de recibir la copia. Retiraremos un disquete, colocaremos el otro y pulsaremos en **Aceptar**.

6 Al finalizar retiraremos el disquete copiado.

> **Figura 28.** Podemos seguir el proceso de copiado observando la barra de progreso.

Copiar el contenido de un disquete

Si necesitamos copiar el contenido completo, o solamente alguno de los archivos, de un disquete en una carpeta del disco duro, lo colocaremos en la disquetera y haremos clic, en el panel de la izquierda del Explorador, en el icono **Disco de 3¹/₂ (A:)**.
En el panel de la derecha aparecerá el contenido del disquete. Seleccionaremos los archivos que queremos copiar y los arrastraremos hasta la carpeta de destino en el panel de la izquierda **(Figura 29)**.

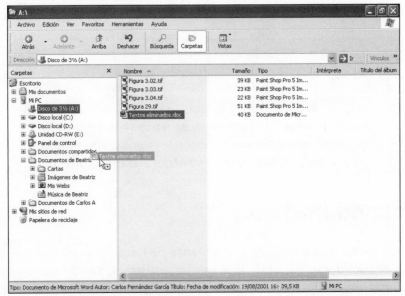

Figura 29. *Los archivos en el panel de la derecha son los del disquete.*
Uno de ellos está siendo arrastrado a una carpeta en el panel de la izquierda
para copiarlo. Obsérvese la forma del puntero con el signo +.

También se puede, después de seleccionar los archivos, hacer clic en **Edición/Copiar** o pulsar en **CTRL+C** y, seleccionando la carpeta de destino, hacer clic en **Edición/Pegar** o pulsar en **CTRL+V**.

La función Enviar a:

Haciendo clic derecho en el icono de cualquier carpeta o archivo, en el menú contextual que se presenta hay una opción, **Enviar a: (Figura 30)**, que permite enviar fácilmente ese objeto a cualquiera de los destinos que aparecen en el submenú. Es muy útil, por ejemplo, para copiar un archivo en un disquete.

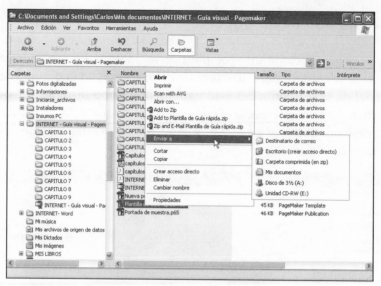

Figura 30. La opción **Destinatario de correo** abre el programa de correo electrónico con un mensaje ya preparado y con el objeto adjunto, listo para elegir el destinatario y enviarlo.

El comando Deshacer

Suponga que eliminó una carpeta y, al instante de hacerlo, se dio cuenta de que se había equivocado; o, por ejemplo, que estaba arrastrando archivos con el mouse y de pronto, por un movimiento en falso de éste, los archivos en cuestión virtualmente "desaparecieron" y usted no sabe en qué carpeta quedaron (o bien ni siquiera sabe si quedaron en alguna parte).

¡No desespere! Bastará con que pulse simultáneamente las teclas **CTRL+Z** o bien que haga clic en el menú **Edición/Deshacer,** para que el o los archivos aparezcan nuevamente en su lugar, anulando la última acción realizada.

Pulsándolo nuevamente, seguirá deshaciendo, de a una por vez, todas las acciones efectuadas durante la sesión de trabajo. Sin dudas que se trata de un comando muy importante, ya que le permite corregir errores que probablemente cometa mientras va familiarizándose con el uso de los programas.

LOS ICONOS DEL ESCRITORIO

Si hacemos clic sobre el icono del Escritorio y lo abrimos, podremos ver, en el panel de la derecha, todos los iconos que contiene. Éstos son los iconos que vemos, realmente, al mirar el Escritorio de la PC.

El Portapapeles

Para mover o copiar archivos y carpetas hemos utilizado los comandos **Cortar**, **Copiar** y luego **Pegar**. Pero ¿qué ocurre con los objetos luego de "cortarlos" o "copiarlos" hasta el momento de "pegarlos"?

Durante ese lapso de tiempo los objetos pasan a un sector de memoria, una especie de depósito temporario, llamado **Portapapeles**, y allí permanecen hasta que los tomamos con el comando **Pegar** para colocarlos en su lugar de destino.

En el Portapapeles podemos depositar, no solamente archivos y carpetas, sino también textos, tablas, imágenes y toda clase de objetos, para pegarlos luego en otros lugares, incluso en documentos de otra aplicación de Office XP y aun de otros programas que admiten su utilización.

El Portapapeles tiene algunas características de funcionamiento que debemos conocer:

- Sólo puede retener un elemento por vez, o sea, si luego de enviarle un objeto le enviamos otro, cortándolo o copiándolo, este último ocupará su lugar y perderemos el anterior, de modo que sólo podremos, siempre, pegar el último.
- No es necesario pegar el objeto de inmediato; podemos dejarlo en el Portapapeles mientras realizamos otras tareas, ya que éste no se borrará a menos que enviemos otro objeto o apaguemos la computadora.
- Podemos pegar un objeto cortado o copiado en el Portapapeles tantas veces como necesitemos y en lugares distintos, pero si se trata de una carpeta o archivo cortado, sólo podemos pegarlo una vez.

La Papelera de reciclaje

En el Escritorio de Windows hay un icono que se llama **Papelera de reciclaje** que, al instalar el programa, aparecía vacío, y después de eliminar algunos archivos y carpetas, aparece ahora lleno de papeles. Veamos por qué.

Los objetos que eliminamos no son eliminados directamente, sino enviados a la Papelera de reciclaje. Ésta es un sector de memoria que Windows dispone para retener esos objetos hasta que decidamos eliminarlos definitivamente, dándonos así la posibilidad de recuperarlos, si es que los habíamos borrado por error.

Por esa razón, cada vez que eliminemos un objeto, Windows nos presentará un cuadro de diálogo para confirmar si realmente queremos enviarlo a la **Papelera de reciclaje**. Ésta será la primera oportunidad que tenemos para no cometer un error.

Luego tendremos otra oportunidad cuando decidamos eliminar definitivamente algún archivo o "vaciar" por completo la Papelera, ya que una vez más nos presentará otro cuadro de diálogo para confirmar tal decisión.

La **Papelera de reciclaje** tiene algunas características que es conveniente conocer:
- Si se le envía una carpeta, todo su contenido irá a la Papelera junto con ella.
- Cuando se envía un objeto a la Papelera, no se recupera espacio en el disco duro ya que ese mismo espacio pasa a ser ocupado en la Papelera de reciclaje. Recién cuando se lo elimine de la Papelera ese espacio quedará realmente disponible.
- La cantidad de memoria asignada a la Papelera puede ser definida por el usuario, tal como veremos más adelante. Sobrepasada esa capacidad, los archivos más antiguos irán siendo eliminados automáticamente para no exceder la memoria asignada.

Por esa razón se hace necesario eliminar parte de los archivos o vaciar totalmente la Papelera de reciclaje con cierta frecuencia.

Vaciar la Papelera de reciclaje

Para vaciar totalmente la Papelera haremos clic con el botón derecho del mouse sobre su icono, en el Escritorio o en el Explorador, y en el menú contextual pulsaremos sobre **Vaciar Papelera de reciclaje (Figura 31)**. Todos los archivos y carpetas que ésta contiene desaparecerán definitivamente sin posibilidad de recuperación.

Figura 31. En la opción Propiedades es posible modificar la cantidad de memoria asignada a la Papelera.

Ver el contenido de la Papelera de reciclaje

Para vaciar parcialmente la **Papelera de reciclaje** haremos doble clic en su icono y se presentará su ventana mostrando todos los archivos que contiene **(Figura 32)**. Allí podemos seleccionar los archivos que queremos eliminar definitivamente y pulsar en la tecla **SUPR** o en **Archivo/Eliminar**.

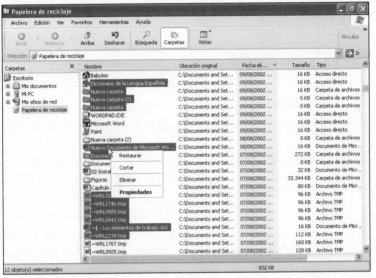

Figura 32. *Haciendo clic derecho sobre cualquiera de los archivos seleccionados, aparecen opciones para eliminar definitivamente esos archivos y para restaurarlos.*

Una buena costumbre es ordenar el contenido de la Papelera por fecha y dejar sin eliminar los objetos más recientes.

Recuperar archivos desde la Papelera de reciclaje

Lo importante de la **Papelera de reciclaje** es la posibilidad de recuperar archivos eliminados erróneamente. Para hacerlo proceda de esta forma:

Recuperar archivos desde la Papelera de reciclaje   PASO A PASO

1 Haga doble clic sobre el icono de la **Papelera de reciclaje** en el Escritorio o en el Explorador de Windows. Se presentará la ventana con su contenido.

2 Seleccione los archivos a recuperar.

3 Haga clic derecho sobre cualquiera de los archivos seleccionados.

4 En el menú contextual haga clic en **Restaurar**.

Administración de carpetas y archivos   4

Los archivos restaurados desaparecerán de la **Papelera de reciclaje** y aparecerán, cada uno, en sus ubicaciones originales.

Configurar la Papelera de reciclaje

Figura 33. En este cuadro hay dos casilleros de verificación para acelerar la eliminación de archivos, pero en desmedro de la seguridad de no cometer errores.

Haciendo clic derecho sobre el icono de la Papelera y pulsando luego en **Propiedades**, se presenta el cuadro que vemos en la **Figura 33**, el cual nos permitirá configurar este elemento. Entre las acciones que allí podremos realizar, están las de aumentar o disminuir la cantidad de memoria asignada a la Papelera. Eso se determina indicando el porcentaje de la capacidad total del disco duro que utilizaremos. Si hay más de un disco duro, es posible configurarlos por separado, o bien asignarles a los dos el mismo porcentaje de uso máximo para la Papelera. También se puede indicar si los archivos que se borran pasan por la Papelera o bien directamente se eliminan. Por cuestiones de seguridad, la opción predefinida es que vayan a la Papelera.

El Asistente para búsqueda

Por más cuidadosos que seamos al elegir el nombre para los archivos y para las carpetas, y por más que guardemos cada archivo en el lugar lógico, de todos modos en muchas oportunidades no recordaremos cómo se llama el archivo que buscamos y dónde puede estar ubicado.

SELECCIONAR

Seleccionar objetos no produce ningún cambio en los elementos, sólo le indica a la computadora sobre qué objetos debe efectuar las acciones que, a continuación, le vamos a solicitar pulsando los comandos que correspondan.

Para estos casos Windows dispone del Asistente para búsqueda, un recurso de muy fácil uso, que permite buscar, no sólo archivos y carpetas, sino también imágenes, música, contactos en la Libreta de direcciones y todo tipo de objetos.

Para realizar una búsqueda utilizaremos el panel del **Asistente para búsqueda** que vemos en la **Figura 34**.

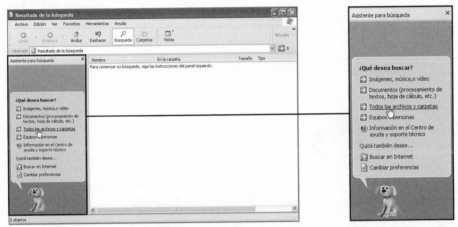

Figura 34. *Mientras el programa está buscando, el simpático perrito nos entretendrá con sus juegos.*

Buscar archivos y carpetas

Para buscar un archivo o una carpeta realizaremos los siguientes pasos:

Buscar un archivo o una carpeta	PASO A PASO

1 Haremos clic en **Inicio/Buscar** o, en las ventanas de **Mi PC** o del **Explorador**, en el botón **Búsqueda**. Se presentará el panel del **Asistente para búsqueda**.

2 Haremos clic en **Todos los archivos y carpetas**. El panel cambiará incorporando varios cuadros para definir la búsqueda **(Figura 35)**.

NO OLVIDE LA EXTENSIÓN

Al cambiar el nombre de un archivo, no se olvide de repetir el punto y la extensión de tres letras, para que Windows pueda seguir asociándolo con el programa que lo creó. De todos modos Windows se lo recordará con un mensaje de advertencia.

A LA INVERSA

A veces, cuando hay que seleccionar una cantidad grande de objetos, resulta más fácil marcar sólo los que se desea excluir de la selección y luego hacer clic en el menú **Edición/Invertir selección**.

Administración de carpetas y archivos

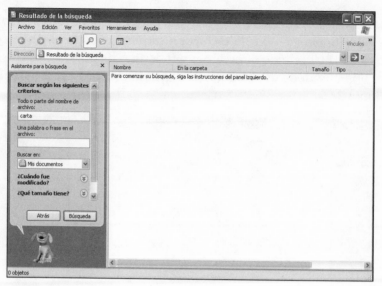

Figura 35. *En este panel hay tres cuadros para el ingreso directo de parámetros de búsqueda, y otros tres para el ingreso de especificaciones adicionales.*

3 Escribiremos, en el cuadro superior, el nombre del archivo o carpeta que buscamos o, si no lo recordamos completo, escribiremos, al menos, alguna de las palabras que contenga en el nombre.

4 Si no recordamos absolutamente ninguna palabra del nombre del archivo, escribiremos en el cuadro inferior alguna palabra o frase que esté contenida en el texto del archivo.

5 Si tenemos la seguridad de que el archivo o carpeta se encuentra en el contenido de una carpeta determinada, por ejemplo en **Mis documentos**, abriremos la lista desplegable **Buscar en:** y seleccionaremos esa carpeta. De esta forma limitaremos la búsqueda haciéndola más rápida.

6 Si desconocemos estas informaciones o si queremos limitar aún más la búsqueda, podemos hacer clic en:
- **¿Cuándo fue modificado?**, para informar al Asistente en qué fecha, o entre qué fechas, fue creado o modificado el archivo.
- **¿Qué tamaño tiene?**, para indicar entre qué valores aproximados se encuentra el tamaño del archivo.
- **Más opciones avanzadas**, para ingresar otros criterios que puedan ser útiles para la búsqueda.

7 Haremos clic en **Buscar**.

Luego de un momento, en la ventana **Resultado de la búsqueda**, aparecerá la lista de carpetas o archivos encontrados **(Figura 36)**.

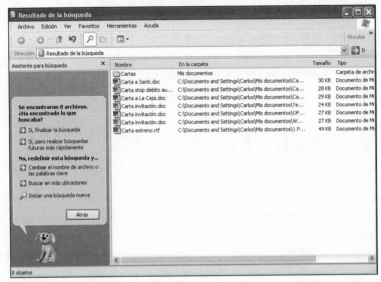

Figura 36. *Como vemos en la figura, algunos archivos aparecen varias veces porque habían sido copiados en distintas ubicaciones.*

Si hemos encontrado lo que buscábamos, haremos clic en **Sí, finalizar la búsqueda**. En caso contrario, podemos elegir entre probar con otras palabras o buscar en otras ubicaciones.

Procediendo en forma similar, ya que la metodología es la misma, pueden buscarse otros tipos de objetos, conectarse con el Centro de ayuda y soporte técnico, e iniciar búsquedas en Internet.

Los "comodines"

Cuando no conocemos exactamente cómo está escrito el nombre de una carpeta o archivo que vamos a buscar, o cuando tenemos dudas sobre cómo escribir una palabra clave, por ejemplo en singular o en plural, etc., podemos utilizar unos caracteres llamados "comodines" para reemplazar las letras, números o espacios que no conocemos. Para reemplazar un solo carácter colocaremos un signo de interrogación (?) y para reemplazar una cantidad indeterminada de caracteres utilizaremos el asterisco (*). Veamos algunos ejemplos:

- **.doc**: Listará todos los archivos, de cualquier nombre, que existan en nuestra computadora con la extensión .doc.
- **Cartas**: Listará todos los archivos que tengan el nombre "Cartas" aunque tengan cualquier extensión.

Administración de carpetas y archivos

4

- **Ventas*.doc**: Listará archivos que comiencen con el nombre Ventas y tengan la extensión .doc (como Ventas 1999.doc, Ventas 2000.doc, Ventas 2001.doc, etc.), utilizando el * para reemplazar los años de los documentos.
- **Ventas 199?.doc**: Listará los archivos Ventas 1990.doc hasta Ventas 1999.doc, reemplazando el signo de interrogación con el último número del año.
- **Carta a ????.doc**: Listará las cartas a destinatarios cuyo nombre tenga cuatro letras (como Sara, José, Juan, Raúl, etc.) y tengan la extensión .doc.

Ayuda y soporte técnico

Aun conociendo a fondo nuestra computadora y los programas que utilizamos, será prácticamente imposible que no necesitemos, en algún momento, consultar una duda, recordar cómo se realiza una tarea, informarnos sobre una opción en un cuadro de diálogo, etc. Previendo esta necesidad, Windows XP dispone de un completísimo programa de ayuda que se concentra en el Centro de ayuda y soporte técnico.

Cuando necesitemos utilizar la ayuda podemos hacer clic en el botón **Inicio/Ayuda y soporte técnico** o, en cualquiera de las ventanas de **Mi PC** o del **Explorador de Windows**, en el menú **Ayuda/Centro de ayuda y soporte técnico**.

En ambos casos se presentará la ventana que vemos en la **Figura 37**.

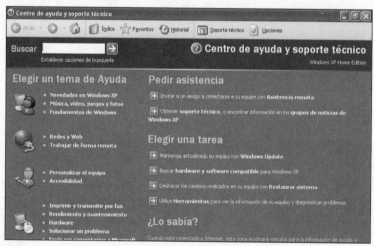

Figura 37. En esta ventana podemos buscar información sobre categorías completas de temas o ayuda sobre un tema puntual.

En esta ventana existen varios sectores que permiten utilizar distintos tipos de ayuda e información. En la parte superior está la Barra de herramientas que vemos en la **Guía visual 2**.

Barra de herramientas de la ayuda | GUÍA VISUAL 2

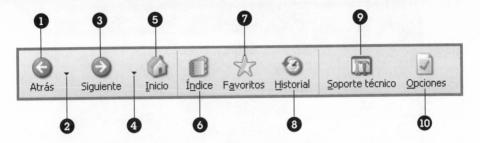

Administración de carpetas y archivos

4

❶ Retrocede al último tema de ayuda consultado.

❷ Despliega el menú con los temas de ayuda consultados. Haciendo clic en uno de ellos, se vuelve directamente a él.

❸ Vuelve desde un tema al que se había retrocedido.

❹ Despliega el menú con los temas a los que se había retrocedido. Haciendo clic en uno de ellos, se vuelve directamente a él.

❺ Vuelve a la página principal **Centro de ayuda y soporte técnico**.

❻ Despliega el panel **Índice**, en el costado izquierdo de la pantalla, para buscar ayuda por palabras clave.

❼ Despliega un panel con la lista de temas de ayuda agregados a **Favoritos**, para un acceso más rápido a ellos.

❽ Despliega un panel con la lista de los temas de ayuda consultados recientemente.

❾ Despliega un panel para la búsqueda de ayuda "on line" conectándose a Internet.

❿ Despliega un panel con opciones para personalizar el **Centro de ayuda y soporte técnico** y establecer los parámetros de búsqueda.

El cuadro Buscar

Para buscar ayuda sobre un tema puntual se puede escribir una palabra clave o una frase breve que defina el tema, en el cuadro **Buscar**, y luego pulsar, al lado, en el botón **Iniciar búsqueda**, o presionar la tecla **ENTER**.

Se presentará a la izquierda de la pantalla el panel **Resultado de la búsqueda (Figura 38)**, donde hay tres sectores para examinar los resultados:

¡NO LO HAGA!

Tenga especial cuidado, al mover o eliminar archivos, en no incluir por error alguno que se encuentre en la carpeta Windows o directamente en el disco C:, porque el sistema operativo puede dañarse y dejar de funcionar por completo.

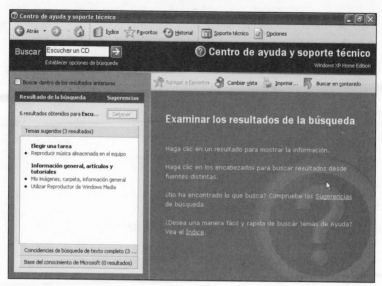

*Figura 38. A veces, para solucionar un problema, hay que ejecutar instrucciones de la ayuda sin poder tenerlas a la vista en la pantalla. El botón **Imprimir** permite tenerlas impresas.*

- El sector superior, **Temas sugeridos**, muestra los temas que se estima como más cercanos a las palabras clave ingresadas.
- Haciendo clic en el sector **Coincidencias de búsqueda de texto completo** aparecen los documentos cuyo texto contiene las palabras clave escritas.
- Haciendo clic en el sector inferior, **Base del conocimiento de Microsoft**, se iniciará la conexión al sitio web de Microsoft donde puede encontrarse ayuda adicional.

Una vez elegido un tema, haciendo clic en él se mostrará, en el panel de la derecha, la ayuda requerida.

El botón Índice

También se puede obtener ayuda pulsando en el botón **Índice**, de la **Barra de herramientas** y, en el panel del mismo nombre que se ubicará a la izquierda de la pantalla, escribiendo una palabra clave sobre el tema a consultar.

A medida que se va escribiendo, en la ventana inferior van apareciendo los temas relacionados con lo escrito. Puede recorrer esa lista buscando el tema que más se ajuste a su necesidad, hacer clic en él para seleccionarlo y pulsar en el botón **Mostrar** o presionar **ENTER**.

En la ventana de la derecha aparecerá el desarrollo del tema elegido **(Figura 39)**. Más abajo, el enlace **Temas relacionados** permite ampliar la ayuda viendo otros temas afines con el que se está consultando.

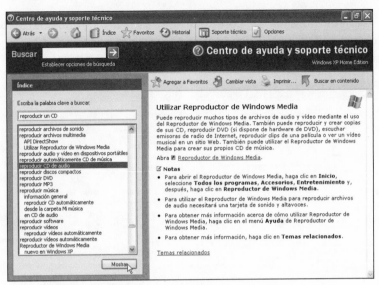

Figura 39. *El botón **Cambiar vista** quita de la pantalla el panel **Índice** para dejar más espacio libre.*

Propiedades de los archivos

Todos los archivos y carpetas de nuestra PC tienen propiedades tales como nombre, ubicación, tamaño, fecha de creación, etc., y atributos que permiten mantenerlos ocultos o sólo verlos pero no modificarlos (Sólo lectura). Esta información está disponible en el cuadro **Propiedades** de cada archivo.

Si hacemos clic, en la ventana del documento, en **Archivo/Propiedades** se presentará un cuadro que consta de varias fichas. Las más usadas son:

- **General**: Indica el nombre, tipo (en el ejemplo se ve que se trata de un documento de Word), ubicación y tamaño del archivo; la fecha en que fue creado y la última vez que fue abierto y modificado **(Figura 40)**.

Figura 40. *Las casillas de Atributos están inhabilitadas porque sólo pueden ser modificadas abriendo el cuadro **Propiedades** en el **Explorador de Windows**.*

- **Resumen**: Presenta detalles del contenido del archivo, algunos de cuyos datos son tomados directamente de nuestro sistema y otros son incorporados por el usuario para identificarlo más fácilmente y facilitar su búsqueda **(Figura 41)**.

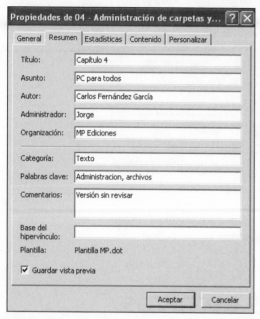

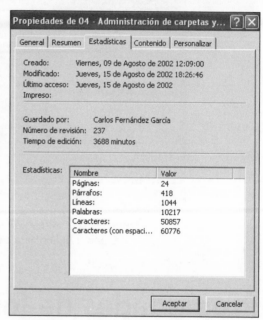

Figura 41. *Activando la casilla **Guardar vista previa** podremos ver el documento en la vista previa del cuadro **Abrir**.*

Figura 42. *La ficha de Estadísticas ofrece información abundante y de gran interés sobre el archivo.*

- **Estadísticas**: Exhibe información tan interesante como el tiempo que demandó crear el archivo, la cantidad de páginas, las palabras que contiene y otros datos de interés **(Figura 42)**.

También podemos acceder a este cuadro seleccionando el archivo en la ventana del **Explorador** o en **Mi PC** y haciendo clic en **Archivo/Propiedades**.

Asociación de archivos con programas

Normalmente, al hacer doble clic sobre el icono de un archivo, Windows se encarga de localizar con qué programa está asociado y abre ambos elementos juntos, la aplicación y el archivo.

Pero a veces podemos preferir abrir un archivo con otro programa, por ejemplo, que un archivo gráfico se abra en un programa en el que podamos editarlo y no solamente verlo.

Para establecer esta opción, haremos clic derecho en el archivo, en el **Explorador** o en **Mi PC**, y luego en **Abrir con**. Se presentará un menú **(Figura 43)** donde podemos elegir con qué programa abrirlo.

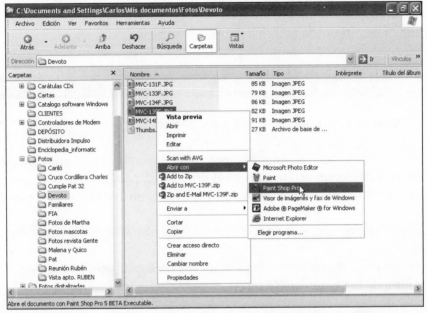

Figura 43. En el menú se presentan prácticamente todos los programas para tratamiento de gráficos que hay en nuestra computadora.

Si lo que deseamos es establecer que todos los archivos de ese tipo se abran con un programa específico, escogeremos la opción **Elegir programa...** Se presentará el cuadro **Abrir con** que vemos en la **Figura 44**. Recorriendo la lista de programas, podemos seleccionar con cuál de ellos abriremos los archivos que tienen esa extensión.

Figura 44. En este cuadro hay una casilla de verificación para establecer especialmente que todos los archivos de ese tipo se abran con el programa seleccionado.

Administración de carpetas y archivos 4

Iniciar Windows con una aplicación abierta

Supongamos que usted, todas las mañanas, al comenzar a trabajar utiliza el programa Word. Seguramente le resultará cómodo que, al iniciar Windows XP, se presente la pantalla con este programa ya abierto.
Para conseguir esto proceda de la siguiente forma:

Iniciar Windows con una aplicación abierta   PASO A PASO

1 Haga clic en el botón **Inicio/Todos los programas**.

2 Busque en la lista de programas **Microsoft Word**. Coloque el puntero sobre ese nombre (en realidad es un acceso directo al programa), presione el botón derecho del mouse y arrástrelo hasta el nombre **Inicio**, que está en la misma lista de programas.

3 Al llegar allí espere a que se abra el submenú y suelte a **Microsoft Word** dentro de él.

4 Se presentará el menú contextual. Haga clic en **Copiar aquí** y luego en cualquier lugar libre de la ventana para cerrar el menú **Todos los programas**.

La próxima vez que encienda su computadora Word aparecerá en su pantalla.
Cuando quiera que Windows no abra más el programa, proceda a la inversa:

Dejar de iniciar Windows con una aplicación abierta   PASO A PASO

1 Haga clic en el botón **Inicio/Todos los programas**.

2 Vaya hasta la opción **Inicio** y espere a que se abra el submenú.

3 Haga clic derecho sobre **Microsoft Word** y pulse en **Eliminar**.

4 En el cuadro que aparece, confirme que desea eliminar ese acceso directo.

ACTUALIZAR LA VENTANA

Muchas veces, después de efectuar cambios, moviendo, copiando o eliminando carpetas y archivos, éstos no se reflejan de inmediato en la ventana del Explorador. En estos casos, pulsando la tecla F5, la pantalla se actualizará de inmediato.

ELIMINAR DIRECTAMENTE

Para eliminar directamente un objeto sin que pase por la Papelera de reciclaje debemos presionar simultáneamente, al eliminarlo, la tecla Mayús. No obstante, hay que ser muy prudente con esta operación porque no tiene retorno.

Resumen

- Hay dos programas de nombre parecido: el Explorador de Windows e Internet Explorer. El primero es más indicado para administrar los datos de la PC y el segundo, para navegar por Internet.
- Recuerde que en el panel de la izquierda del Explorador de Windows esta la estructura de discos y carpetas, y en el panel de la derecha puede verse el contenido de la carpeta abierta.
- Expandir un disco o una carpeta permite ver, en el panel de la izquierda, las carpetas que contiene.
- Abrir una carpeta permite ver, en el panel de la derecha, las carpetas y archivos que contiene.
- Hay varias formas de presentar los archivos en el panel de la derecha; generalmente, la más útil es **Detalles**.
- Para expandir un disco o una carpeta hay que hacer clic en la casilla con el signo + al lado de su icono. Para abrirla hay que hacer clic sobre su icono o su nombre.
- Para mover una carpeta o un archivo a otra, puede arrastrarlos con el botón izquierdo del mouse presionado. Para copiarlos debe mantener presionada también la tecla **CTRL**.
- Asegúrese de ver resaltado en azul el nombre de la carpeta de destino, antes de soltar el objeto arrastrado.
- Recuerde que cuando mueve un objeto, lo quita del lugar donde estaba, y cuando lo copia, queda en ese lugar, y además en todos los lugares donde lo ha copiado.
- Cuando cambia el nombre de un archivo, debe incluir nuevamente la extensión de tres letras.
- Para actualizar el contenido de una ventana del Explorador, pulse en la tecla **F5**.
- Puede incluir un programa en **Inicio**, para que aparezca directamente en la pantalla, al iniciar Windows.

Cuestionario

Preguntas

1. Haciendo doble clic sobre una carpeta en el panel de la derecha, ¿se puede ver su contenido?
2. Al expandir una carpeta, ¿vemos su contenido en el panel de la derecha?
3. Pulsando sobre el icono o el nombre de una carpeta en el panel de la izquierda, ¿se expande o se abre?

4. ¿Se puede copiar una carpeta usando el teclado?
5. Al seleccionar un objeto, ¿qué cambios se producen en él?
6. ¿Se puede arrastrar un objeto con el botón derecho del mouse?
7. ¿Es posible pegar en varios lugares un archivo o carpeta que se ha cortado?
8. ¿Se pueden seleccionar varios archivos al mismo tiempo?
9. ¿Es posible formatear un disquete sin revisar al mismo tiempo toda la superficie del disco duro?

Respuestas

1. Sí. Puede verse su contenido en el mismo panel de la derecha.
2. No. Para eso tenemos que abrirla.
3. Se abre, mostrando hacia abajo las carpetas que presenta, y en el panel de la derecha, su contenido, incluyendo los archivos.
4. Sí. Tiene que seleccionarla y pulsar **CTRL+C** y luego pegarla en la carpeta de destino usando **CTRL+V**.
5. Ninguno. Sólo se le indica a la computadora sobre qué objetos debe actuar al recibir los próximos comandos.
6. Sí. Incluso es más seguro, porque en el menú contextual que aparece puede elegirse la opción a aplicar.
7. No. Será preciso seleccionarlos y cortarlos nuevamente.
8. Sí. Hay que utilizar las teclas **MAYÚS** o **CTRL**.
9. Sí. Activando la casilla de verificación **Formato rápido** en el cuadro de diálogo **Dar formato**, se borrarán todos los archivos pero no se revisará el disco.

DATOS ÚTILES

SIN TECLA

Cuando se trata de un disquete, no es necesario presionar la tecla **CTRL** para copiar desde el icono de la disquetera hasta una carpeta en el panel de la izquierda, ya que el programa hace la copia automáticamente.

Impresión y accesorios

En este capítulo vamos a explicar otras tareas que pueden realizarse con la computadora, como la impresión de los documentos y las hojas de cálculo creados, y de qué manera utilizar algunos programas que Windows XP incluye entre sus accesorios estándar, unos de utilidad para trabajar y otros de esparcimiento.

Imprimir los documentos

Si bien cada día se difunde más la creación de documentos y archivos para ser vistos únicamente en la pantalla o para ser transmitidos por medio de redes, por transferencia de archivos o por medio del correo electrónico, la impresión en papel sigue siendo una de las funciones prácticamente indispensables de un equipo de computación. Para cumplir esta tarea Windows XP es muy eficiente, ya que permite enviar los documentos a la impresora y realizar la impresión, incluso en segundo plano, mientras se sigue trabajando en otra aplicación.

Configurar la página

Antes de enviar a imprimir un documento es conveniente revisarlo para evitar que contenga errores en su presentación. Haciendo clic en el menú **Archivo/Configurar página...** se presenta un cuadro **(Figura 1)** donde se pueden establecer los márgenes, la orientación del papel y otros aspectos, para que el documento quede bien distribuido en la página.

Figura 1. En la vista previa de la parte superior, se puede ver el resultado de los cambios que se están haciendo.

EN SEGUNDO PLANO

Si bien la impresión en segundo plano significa un ahorro considerable de tiempo, tenga en cuenta que cuando el equipo no dispone de recursos abundantes, es posible que se presenten problemas o el trabajo se haga muy lento.

Vista preliminar

Luego de haber verificado la configuración de la página, tenemos la opción de ver cómo quedará efectivamente el documento una vez impreso, haciendo clic en el menú **Archivo/Vista preliminar** o pulsando en el botón del mismo nombre que existe prácticamente en todos los programas.

Se presentará entonces una ventana como la que vemos en la **Figura 2**, que mostrará una o más páginas completas del documento, con los márgenes marcados, los títulos, los textos, las imágenes y todos los demás detalles.

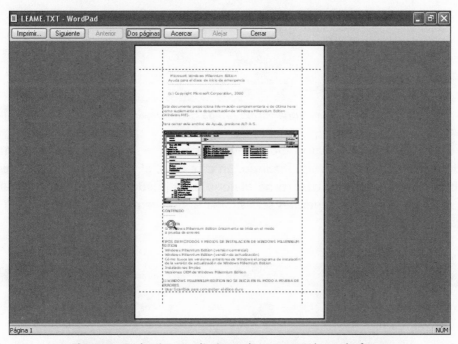

Figura 2. En la vista preliminar el puntero adopta la forma de una lupa, y haciendo clic en cualquier lugar del documento, amplía ese sector para verlo con más detalles.

Imprimir

Es posible imprimir un archivo directamente, seleccionándolo en la ventana de **Mi PC** o del Explorador, y haciendo clic en **Archivo/Imprimir (Figura 3)**, o utilizar la misma opción del menú contextual del archivo. La impresión se efectuará en la impresora predeterminada y con las opciones de calidad de impresión, cantidad de copias, etc., que estaban preestablecidas.

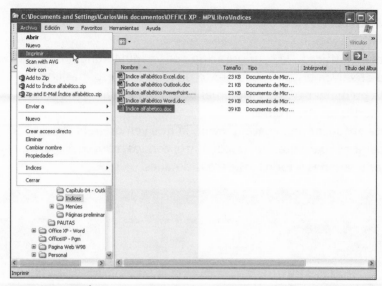

Figura 3. *Ésta es una forma rápida de imprimir un archivo.*

Otra forma de imprimir un documento es hacerlo desde la ventana donde lo hemos creado o donde lo estamos visualizando. En este caso, al pulsar en el menú **Archivo/Imprimir** se presentará un cuadro de diálogo, que puede variar de un programa a otro, pero que en líneas generales será similar al que vemos en la **Guía visual 1**, que corresponde a Word XP.

El cuadro Imprimir

GUÍA VISUAL 1

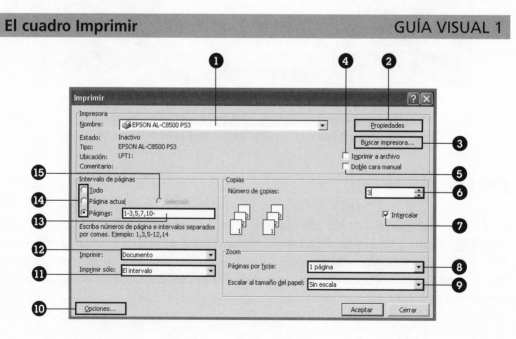

USERS

❶ Lista desplegable para definir la impresora a utilizar, cuando hay más de una.

❷ Botón para acceder al cuadro **Propiedades**, de la impresora, donde se deben definir la calidad de impresión, el tamaño de papel, la orientación, etc.

❸ Botón para abrir el cuadro de diálogo donde es posible cambiar o buscar la ubicación de una impresora.

❹ Casilla para guardar el documento en un archivo de impresión, en lugar de imprimirlo en papel.

❺ Casilla para imprimir a ambos lados del papel, dando vuelta las hojas manualmente.

❻ Cuadro para indicar la cantidad de copias a imprimir.

❼ Casilla para indicar cómo deben intercalarse las copias cuando se trata de varias páginas. Al marcar y desmarcar la casilla, el dibujo, a la izquierda, muestra cómo se intercalarán las copias.

❽ Lista desplegable para elegir la cantidad de páginas a imprimir en cada hoja.

❾ Lista desplegable para indicar en qué tamaño de papel se imprimirá el documento, de manera que el programa lo amplíe o reduzca para adecuarlo a ese tamaño.

❿ Botón que da paso al cuadro de configuración **Imprimir** de Word XP.

⓫ Lista desplegable para definir si debe imprimirse el intervalo de páginas especificado o solamente las páginas pares o impares.

⓬ Lista desplegable para indicar si debe imprimirse el documento o algunos de sus elementos accesorios.

⓭ Cuadro para ingresar los números de página a imprimir.

⓮ Botones de opción para indicar las páginas que se deben imprimir.

⓯ Botón para indicar que se desea imprimir sólo la parte seleccionada del documento.

Detallar las páginas que se imprimirán

Las opciones del sector **Intervalo de páginas** se utilizan en la siguiente forma:

• **Todo**: Se imprimirá el documento completo.

• **Página actual**: Se imprimirá únicamente la página donde se encuentra el punto de inserción.

• **Selección**: Este botón se activa si una parte del texto está seleccionada. Al marcarlo, sólo se imprimirá ese texto.

• **Páginas**: Se utiliza para detallar las páginas que deben imprimirse, escribiendo en el cuadro de la siguiente manera:

  ▪ Para especificar un intervalo de páginas colocaremos un guión entre el número de página inicial y el de página final (**1–4**).

  ▪ Las páginas sueltas las separaremos con comas (**6,8,10**).

  ▪ Para imprimir desde una página determinada hasta el final del documento colocaremos la página inicial seguida de un guión (**10-**).

  Por ejemplo, para imprimir las páginas 1 a 4 inclusive, la 6, la 8 y desde la 10 hasta el final escribiremos **1–4,6,8,10–**

Impresión y accesorios

5

Cola de impresión

Al pulsar en el botón **Aceptar** o **Imprimir**, el archivo del documento pasa a un sector de memoria, llamado Cola de impresión, cuya ventana **(Figura 4)** se puede ver haciendo doble clic en el icono con un dibujo de computadora que se ubica, cuando la impresora está activa, en el área de notificación, al lado del reloj.

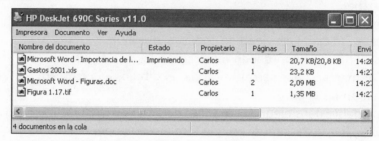

Figura 4. *Si existen otros archivos para imprimir en la lista, el documento enviado se colocará al final hasta que llegue su turno de impresión.*

En la ventana de la Cola de impresión, abriendo el menú **Impresora (Figura 5)** hay varias opciones, entre ellas: cancelar la impresión de todos los archivos, poner en pausa a la impresora, establecerla como predeterminada, acceder al cuadro **Propiedades** de la impresora donde se pueden configurar todos sus parámetros de trabajo, etc.

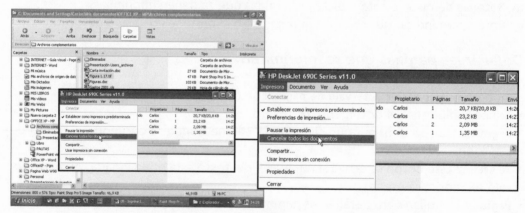

Figura 5. *En el menú* **Documento** *también hay opciones para pausar o cancelar la impresión del documento seleccionado.*

La impresora

La impresora que aparece en el cuadro **Nombre:**, de la ventana **Imprimir**, es la impresora predeterminada. Puede ser la única que está instalada, o la que se utiliza para los trabajos comunes, en los lugares donde existen varias. En este último caso se puede abrir la lista desplegable y elegir la que se quiere utilizar.

El botón **Propiedades**, en el cuadro **Imprimir**, da paso a la ventana de configuración de la impresora. Cada marca y modelo presenta un cuadro **Propiedades** distinto, pero en general tienen opciones parecidas para cada categoría de impresora.

En la **Figura 6** se muestra, como ejemplo, el cuadro **Propiedades** de una impresora a chorro de tinta. En la ficha **Papel/Calidad** hay sectores para definir la bandeja de origen del papel, la calidad de éste, la calidad de la impresión, y para determinar si se desea imprimir en Color o en Blanco y negro. Otras impresoras presentan cuadros con algunas opciones diferentes.

*Figura 6. En la ficha **Presentación** hay unas pocas opciones para establecer la orientación vertical u horizontal del papel, el orden de impresión ascendente o descendente y la cantidad de páginas por hoja.*

WordPad

Al hacer clic en el botón **Inicio/Todos los programas/Accesorios** se presenta un menú de acceso a las utilidades incluidas como accesorios estándar en Windows XP (ver **Figura 6** del **Capítulo 2**). Una de ellas es WordPad.

A este programa ya lo hemos conocido brevemente en el **Capítulo 2**. Se trata de un editor de textos que, sin tener las prestaciones y recursos de otros procesadores más completos, como por ejemplo Word XP, permite crear documentos con muy buena presentación. Al iniciar el programa se presentará una ventana como la que vemos en la **Guía visual 2**.

La ventana de WordPad

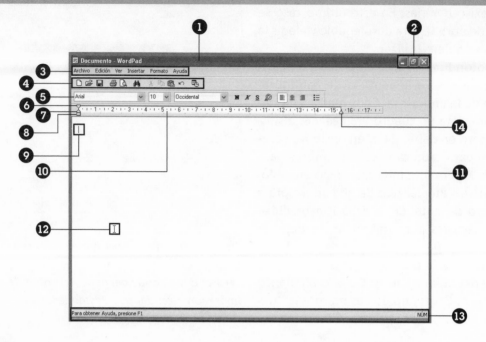

- ❶ Barra de título.
- ❷ Botones para minimizar, maximizar/restaurar y cerrar la ventana.
- ❸ Barra de menús.
- ❹ Barra de herramientas.
- ❺ Barra de formato.
- ❻ Marcador de sangría de primera línea.
- ❼ Marcador de sangría francesa.
- ❽ Marcador de sangría izquierda.
- ❾ Punto de inserción.
- ❿ Regla.
- ⓫ Área de trabajo.
- ⓬ Puntero del mouse.
- ⓭ Barra de estado.
- ⓮ Marcador de sangría derecha.

IMPRIMIR A ARCHIVO

Al activar esta casilla, se creará un archivo con la configuración de la impresora que se utilizará luego para imprimirlo en papel, aunque el equipo al que esté conectada ésta no tenga el programa utilizado para crear el documento.

CANCELAR LA IMPRESIÓN

La cancelación de los trabajos de impresión puede demorar bastante tiempo, por lo que, si apagamos la impresora y la encendemos nuevamente enseguida, tal vez comience a imprimir algún archivo todavía pendiente de eliminación.

Escribir un texto

Le propongo ahora escribir un documento algo más extenso que la **Carta estreno.rtf** que habíamos escrito en el **Capítulo 2**. Escriba, si lo desea, el texto que se ve en la **Figura 7**, para utilizarlo como ejemplo en los temas que veremos a continuación.
Al terminar, guárdelo en la carpeta **Mis documentos**, con el nombre **Arte del siglo XX.rtf**

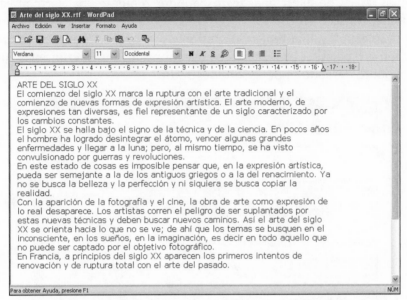

Figura 7. *Recuerde que sólo debe presionar la tecla **ENTER** para pasar a otro párrafo o para agregar líneas en blanco entre ellos.*

Edición del documento

Normalmente, después de escribir un documento se le realizan cambios para mejorarlo, redistribuyendo los textos, destacando los títulos, agregando imágenes y todo lo que pueda hacerlo más legible y mejor presentado. A esta tarea se la denomina "editar" el documento, y requiere mover, copiar, agregar o eliminar parte de los textos que lo componen, e insertar o eliminar imágenes, tablas, gráficos y otros elementos.

Para hacerlo, ante todo, tendrá que indicarle a la PC sobre qué elementos debe ejecutar las órdenes que le dará al pulsar los comandos. Este primer paso consiste en "seleccionar" los objetos correspondientes.

Seleccionar textos con el mouse

La forma más rápida de seleccionar textos, aunque requiere una cierta práctica en el uso del mouse, consiste en colocar el puntero exactamente en el lugar donde debe comenzar la selección y, manteniendo presionado el botón izquierdo, arrastrarlo sobre tantas letras o palabras como se desee seleccionar, como "pintándolas" **(Figura 8)**. Al llegar al punto deseado se debe soltar el botón.

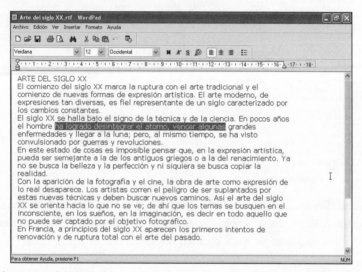

Figura 8. *El sector seleccionado se ve en color negro con las letras resaltadas en blanco.*

Seleccionar textos con teclado y mouse

Existen otras formas de seleccionar textos utilizando el teclado y el mouse combinados. Vea la lista siguiente:

- Colocando el punto de inserción donde quiera comenzar una selección, manteniendo presionada la tecla **MAYUS** y pulsando las teclas de dirección, puede extender la selección hasta donde necesite. Si presiona, además, la tecla **CTRL**, seleccionará palabras completas.
- La combinación **MAYUS+CTRL+FIN** selecciona desde el punto de inserción hasta el final del documento y **MAYUS+CTRL+INICIO**, hasta el principio.
- Haciendo doble clic sobre una palabra, ésta queda seleccionada.
- Con un triple clic (pulsar rápidamente tres veces consecutivas el botón del mouse), se seleccionará un párrafo completo.
- Llevando el puntero hasta el borde izquierdo de la página, cambiará la inclinación

de la flecha hacia la derecha, y haciendo clic, seleccionará la línea a la que está apuntando, como puede verse en la **Figura 9**.

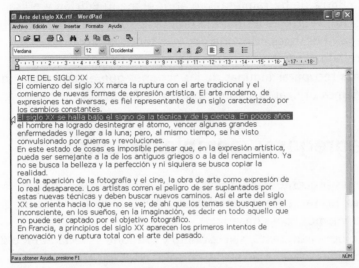

Figura 9. Luego de seleccionar una línea, moviendo el puntero hacia arriba o hacia abajo, mientras mantiene el botón del mouse presionado, se seguirán seleccionando las siguientes.

- Colocando el puntero sobre el borde izquierdo y haciendo un doble clic, seleccionará el párrafo completo. Haciendo triple clic, o con un solo clic mientras presiona la tecla **CTRL**, seleccionará todo el documento.
- Otra forma de seleccionar el documento completo consiste en pulsar **Edición/Seleccionar todo** o presionar las teclas **CTRL+E**.

Cancelar una selección

Cuando desistimos de efectuar alguna operación sobre un texto u objeto que se encuentra seleccionado, no debemos apretar cualquier tecla, ni siquiera la barra espaciadora, ya que de esa forma desaparecería ese objeto o texto y el carácter correspondiente a la tecla pulsada pasaría a ocupar ese lugar. Esto se debe a que WordPad reemplaza los textos u objetos seleccionados con el nuevo texto que se escriba. La forma correcta de hacerlo es presionar alguna de las teclas de dirección o, simplemente, hacer clic en cualquier lugar libre de la página.

Deshacer errores

Nadie está libre de equivocarse; tal vez borramos un párrafo que, en realidad, estaba bien, o movimos un objeto que estaba mejor ubicado antes y, después de cometido el error, nos sería muy útil poder volver las cosas al estado anterior.

Esa posibilidad en WordPad existe, igual que en Windows XP (ver **Capítulo 4**), y es muy fácil de llevar a cabo: basta con pulsar las teclas **CTRL+Z**, o hacer clic en el botón **Deshacer**, en la Barra de herramientas, o abrir el menú **Edición** y pulsar en **Deshacer**. En todos los casos, WordPad anulará la última acción realizada. Volviendo a utilizar esa opción, seguirá deshaciendo, una por vez, todas las acciones efectuadas durante la sesión de trabajo.

Si necesitáramos recuperar algunas de las acciones que eliminamos con el comando **Deshacer** podríamos utilizar la combinación de teclas **CTRL+Y**.

Quitar, agregar y reemplazar texto

En los programas procesadores de texto, se pueden efectuar toda clase de arreglos: corregir errores; borrar; agregar; intercalar o cambiar de lugar letras, palabras o párrafos enteros. Veamos cómo hacerlo:

- Para borrar o quitar un texto, selecciónelo y presione la tecla **SUPR** o **RETR**. Si piensa que puede necesitarlo más tarde, córtelo, en lugar de eliminarlo, utilizando el botón **Cortar** de la Barra de herramientas, o el menú **Edición/Cortar**.
- Si lo que desea es repetir el elemento seleccionado, en el mismo o en otro documento, sin quitarlo de donde está, en lugar del botón **Cortar** utilice **Copiar** o el menú **Edición/Copiar**.
- Cuando deba agregar un texto, haga clic exactamente en el lugar donde debe comenzar ese texto, para colocar el punto de inserción, y empiece a escribir. WordPad irá desplazando el texto existente hacia la derecha y luego hacia abajo a medida que escriba.
- En cambio, si necesita insertar un texto que cortó o copió en una operación previa, haga clic en el lugar exacto donde éste debe comenzar y utilice el botón **Pegar** o el menú **Edición/Pegar**.
- Si debe reemplazar un texto por otro, seleccione el que va a reemplazar y pegue el nuevo sobre la parte "pintada"; WordPad elimina el texto anterior automáticamente.
- Si quiere mover un texto a otro lugar cercano, puede arrastrarlo como se indica a continuación:

¿QUÉ ES UN PÁRRAFO?

En WordPad, un párrafo es la sucesión de caracteres comprendida entre dos pulsaciones de la tecla **ENTER**. Puede abarcar desde un solo carácter, una palabra o una línea; hasta un gráfico, una frase o un conjunto de frases sin punto y aparte.

Arrastrar texto PASO A PASO

1 Seleccione el texto que va a desplazar **(Figura 10)**.

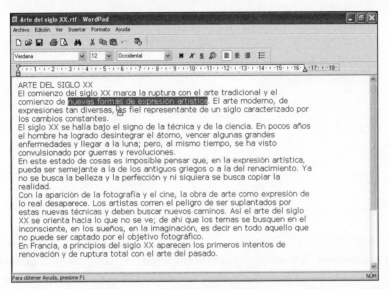

Figura 10. *Fíjese que hemos tomado el texto en cualquier lugar de la parte seleccionada, y que antes de comenzar a arrastrarlo, se ha agregado al puntero un pequeño rectángulo.*

2 Cuando el puntero cambie de forma, arrastre la selección sin soltar el botón **(Figura 11)**.

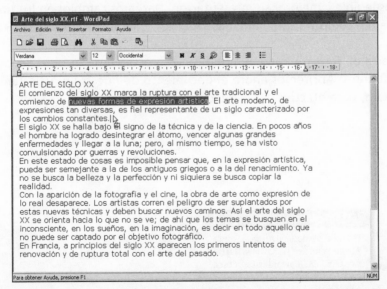

Figura 11. *Antes de soltar el botón, debemos ver el punto de inserción exactamente en el lugar donde deseamos insertar el comienzo de la parte seleccionada.*

3 Suelte el botón al llegar a destino. El texto se ubicará en ese lugar **(Figura 12)**.

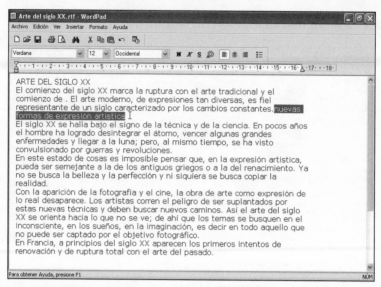

*Figura 12. Si hubiésemos deseado agregar el texto como un nuevo párrafo, deberíamos haber preparado una línea en blanco pulsando la tecla **ENTER** al final del párrafo anterior.*

Fuentes

Utilizaremos algunas herramientas que nos permitirán mejorar el documento para hacerlo más legible y mejorar su presentación. Haremos cambios en los tipos y tamaños de letra (en computación, llamadas "fuentes"), en los colores y en los párrafos.

Desde la barra de **Formato** pueden modificarse directamente muchas de las propiedades de las fuentes. Abriremos ahora el documento de nuestra práctica anterior: **Arte del siglo XX.rtf**, para efectuar los cambios correspondientes.

EL TEXTO DEL DOCUMENTO

El archivo del documento de la **Figura 7** se encuentra en el sitio onweb.tectimes.com, en: Computación desde cero/Archivos relacionados/Arte del siglo XX.rtf.

Dar formato a textos existentes — PASO A PASO

1 Seleccione todo el documento.

2 Pulse en la flecha descendente del cuadro **Fuente** y haga clic en el tipo de letra que le agrade, por ejemplo: **Tahoma (Figura 13)**. Luego quite la selección.

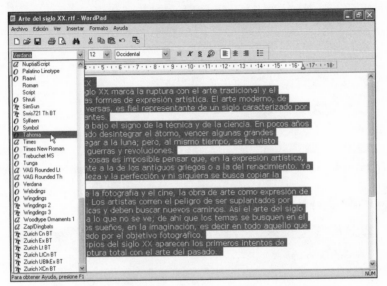

Figura 13. *La lista del cuadro **Fuente** permite utilizar incluso caracteres de otros idiomas.*

3 Seleccione solamente el título y, en el cuadro **Tamaño de fuente**, elija, por ejemplo: **18**.

4 Haga clic en los botones **Negrita, Cursiva** y **Subrayado**.

5 Presione el botón **Color de fuente** y, en la paleta que se despliega, elija el color que más le agrade. Por ejemplo: **Azul (Figura 14)**.

RECURSO ÚTIL

Si hace clic con el botón derecho del mouse sobre un texto, aparecerá un menú contextual en el que figuran las opciones para cortar y copiar ese texto y también para pegar el último elemento enviado al Portapapeles, además de otras posibilidades.

TAL VEZ SEA MÁS CÓMODO

Si no quiere buscar las opciones de menú y los botones Cortar, Copiar y Pegar, puede utilizar los siguientes métodos abreviados de teclado: CTRL+X para cortar, CTRL+C para copiar y CTRL+V para pegar.

Impresión y accesorios

5

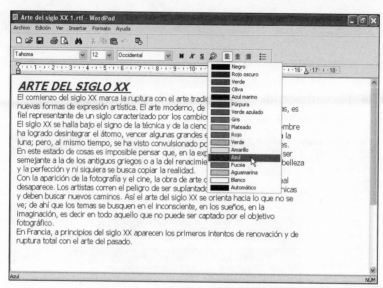

Figura 14. La paleta de colores que se despliega es bastante completa.

6 Quite la selección y vea el resultado en la **Figura 15**.

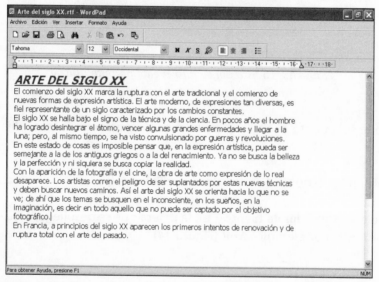

*Figura 15. El resultado del ejercicio sirve para mostrar cómo usar todos los botones para atributos de fuentes existentes en la barra **Formato**.*

Habrá notado que los cambios se realizaron primero a todo el documento y, luego, solamente al título, o sea, a las partes que estaban seleccionadas en cada momento. Veamos ahora otra manera de dar formato a textos.

Dar formato a textos antes de escribir   PASO A PASO

1 Coloque el punto de inserción al final del documento y, en el cuadro **Tamaño de fuente**, elija: **14**.

2 Marque las mismas opciones que en los pasos 4 y 5 del ejercicio anterior.

3 Comience a escribir, y verá que todo lo que redacte a partir de donde estaba el punto de inserción adoptará los nuevos atributos de fuente **(Figura 16)**.

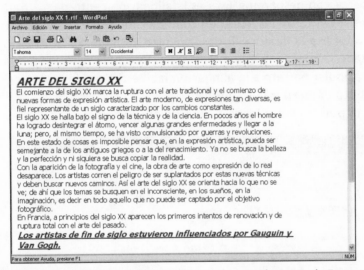

Figura 16. Cuando se efectuaron los cambios en la Barra de *Formato* el punto de inserción estaba colocado al final de "... arte del pasado", y a partir de allí se produjeron las modificaciones.

El cuadro de diálogo Fuente

Haciendo clic en el menú **Formato/Fuen-te...** se presenta un cuadro **(Figura 17)** donde se encuentran prácticamente las mismas opciones que en la barra **Formato**, pero que ofrece la posibilidad, en la ventana **Ejemplo**, de ver las fuentes en su diseño real.

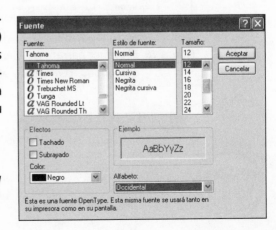

Figura 17. La única opción adicional en este cuadro es la posibilidad de presentar un texto tachado.

Alineación

Para ver con más claridad lo referente a los temas Alineación y Sangrías, en el documento **Arte del siglo XX**, coloque el punto de inserción exactamente delante de la primera letra de cada párrafo y pulse **ENTER** para separarlos.

Todos los párrafos tienen alineación a la izquierda, y terminan de forma despareja en el costado derecho. Dejaremos el primer párrafo con esta alineación.

Coloque el punto de inserción en cualquier lugar del segundo párrafo y haga clic en el botón **Centrar**. Todas las líneas del párrafo se centrarán entre ambos márgenes y los dos costados se verán desparejos. Ésta es la alineación centrada.

Ahora ubique el punto de inserción en cualquier lugar del tercer párrafo y haga clic en el botón **Alinear a la derecha**. Todas las líneas terminarán contra el margen derecho, y el costado izquierdo quedará desparejo. Ésta es la alineación a la derecha.

Para volver cualquier párrafo a la alineación izquierda, desde cualquier otra, hay que pulsar en el botón **Alinear a la izquierda**.

En la **Figura 18** pueden verse los tres tipos de alineación.

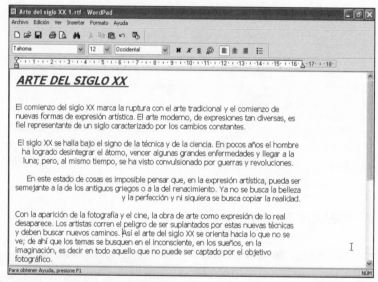

Figura 18. *El primer párrafo ha mantenido alineación a la izquierda; el segundo, centrada, y el tercero, a la derecha.*

CAMBIOS HACIA ADELANTE

Todos los cambios que realice en las fuentes, párrafos, alineación, sangrías y tabulaciones, ya sea en los cuadros de diálogo, en las barras, o en la regla, si no existe texto seleccionado, se aplicarán a lo que usted escriba desde ese punto en adelante.

Sangrías

Para aplicar sangrías utilizaremos los botones de la regla. Vuelva a aplicar a todos los párrafos la alineación a la izquierda.

• Coloque el punto de inserción en el primer párrafo y arrastre el marcador de sangría izquierda hasta la marca de 1 cm.

• Coloque el punto de inserción en el segundo párrafo y arrastre el marcador de sangría francesa hasta la marca de 1 cm.

• Seleccione los párrafos tercero y cuarto y arrastre el marcador de sangría de primera línea hasta la marca de 1 cm.

Vea en la **Figura 19** el efecto de estos cambios.

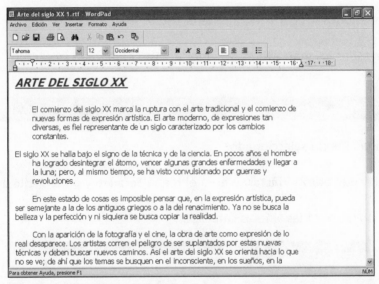

Figura 19. El primer párrafo muestra la sangría izquierda; el segundo, la sangría francesa; y el tercero y cuarto, la sangría de primera línea.

El cuadro de diálogo Párrafo

Haciendo clic en el menú **Formato/Párrafo** se presenta el cuadro que vemos en la **Figura 20,** donde es posible definir las sangrías izquierda, derecha y de primera línea y también la alineación de los párrafos seleccionados, o del que tiene el punto de inserción.

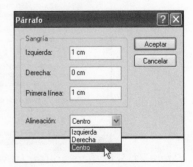

Figura 20. Colocando un valor negativo para la sangría de primera línea, se obtiene una sangría francesa.

Viñetas

Vamos a colocar viñetas a un texto ya escrito. Seguiremos utilizando el mismo documento, pero lo volveremos a su forma original, realizando el siguiente ejercicio.

Reorganizar el documento   PASO A PASO

1 Coloque el punto de inserción y luego presione la tecla **SUPR** al principio de cada línea en blanco que habíamos agregado para separar los párrafos, de manera de volver a juntarlos.

2 Seleccione todos los párrafos, menos el título.

3 Arrastre todos los marcadores de sangría hasta el margen izquierdo.

Aplicar viñetas a un texto   PASO A PASO

1 Mantenga el texto seleccionado.

2 Haga clic en el botón **Viñetas**, o abra el menú **Formato** y pulse **Estilo de viñeta**.

3 Vea en la **Figura 21** las viñetas colocadas.

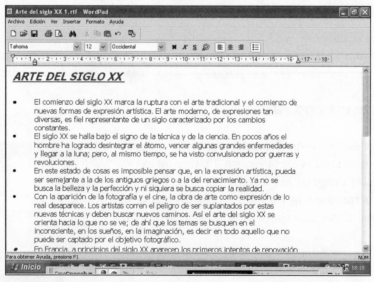

Figura 21. *Si prefiere acercar las viñetas al texto, vuelva a seleccionarlo y arrastre el marcador de sangría de primera línea o el de sangría francesa hasta donde le agrade.*

4 Si desea quitar las viñetas, vuelva a seleccionar el texto y haga clic en el botón **Viñetas**.

Tabulaciones

Las tabulaciones permiten encolumnar listas haciendo saltar el punto de inserción hasta la columna siguiente al pulsar la tecla **TAB**. Vamos a escribir una lista como la que se ve a continuación, utilizando las tabulaciones.

CLIENTE	DIRECCIÓN	CIUDAD
Rodríguez y Cía.	Pontevedra 14	Madrid
Pérez y González	Orense 26	Madrid
Martínez e hijos	Lugo 17	Barcelona
Ramos y Cía.	Málaga 32	Valencia

Aplicar tabulaciones en una lista PASO A PASO

1 Haga clic en la regla en la marca de 6 cm y luego en la de 11 cm. Quedarán colocadas dos tabulaciones que se verán como dos letras **L**.

2 Haga clic en el inicio del documento y escriba **Cliente**.

3 Pulse la tecla **TAB** y escriba **Dirección**.

4 Pulse la tecla **TAB** y escriba **Ciudad**.

5 Pulse **ENTER** dos veces y escriba **Rodríguez y Cía**.

6 Pulse la tecla **TAB** y escriba **Pontevedra 14**.

7 Pulse la tecla **TAB** y escriba **Madrid**.

8 Pulse **ENTER** y continúe copiando la lista hasta el final.

9 Compare su lista con la de la **Figura 22**.

Impresión y accesorios 5

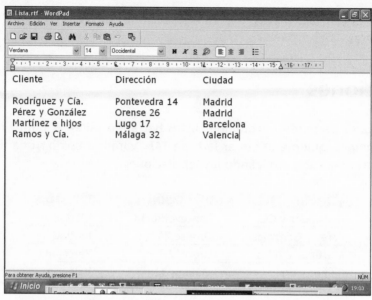

Figura 22. *Para eliminar una tabulación simplemente tómela con el mouse y arrástrela fuera de la regla.*

MSPaint

Otro de los accesorios de Windows es MSPaint, un programa para crear o modificar dibujos relativamente sencillos, con formas geométricas o libres, y también para ver y modificar imágenes y fotografías digitalizadas. Los dibujos creados se pueden pegar en otros documentos, e incluso utilizarlos como fondo del Escritorio.

Para abrir MSPaint haga clic en el botón **Inicio/Todos los programas/Accesorios/MSPaint**. Se presentará la ventana que vemos en la **Guía visual 3**.

VIÑETAS AL PASO

Si prefiere insertar las viñetas a medida que escribe, coloque el punto de inserción donde va a comenzar la lista y haga clic en el botón Viñetas. Escriba el texto, y al pulsar ENTER para pasar a la próxima línea, se colocará en ésta una nueva viñeta.

La ventana de MSPaint   GUÍA VISUAL 3

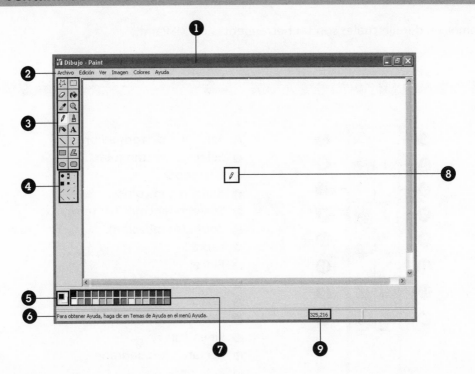

① **Barra de título**.

② **Barra de menús**.

③ **Cuadro de herramientas**: Pulsando en cada botón se activa la herramienta que se va a utilizar.

④ **Cuadro de control de opciones**: Permite elegir, según los casos, el tamaño y la forma de las herramientas, el grosor de las líneas a trazar y las características de las figuras a dibujar.

⑤ **Cuadro de colores activos**: Muestra en primer plano el color que aplicará el botón izquierdo del mouse y en segundo plano, el botón derecho. También indica en primer plano el que corresponde a las líneas y en el segundo, a los rellenos de las figuras, cuando se utiliza el botón izquierdo del mouse. Con el botón derecho se invierten las opciones.

⑥ **Barra de estado**: Exhibe información sobre la herramienta seleccionada.

⑦ **Cuadro de colores**: Haciendo clic en un color con el botón izquierdo, se lo establecerá como el de primer plano, y con el botón derecho, como el de segundo plano.

⑧ **Puntero del mouse**: Adopta distintas formas y ejecuta diferentes tareas de acuerdo con la herramienta a utilizar.

⑨ **Posición del puntero del mouse**: Indica la distancia en pixeles desde la parte izquierda de la ventana y, seguido de una coma, desde la parte superior, hasta el puntero, o hasta el punto donde se ha comenzado a trazar una figura.

Cuadro de herramientas

Veamos en detalle cuáles son las herramientas de MSPaint.

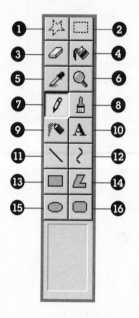

1. Selección de forma libre.
2. Selección rectangular.
3. Borrador.
4. Relleno con color.
5. Seleccionar color (Gotero).
6. Zoom (Ampliación).
7. Lápiz.
8. Pincel.
9. Aerógrafo.
10. Texto.
11. Línea recta.
12. Línea curva.
13. Rectángulo/Cuadrado.
14. Polígono.
15. Elipse/Círculo.
16. Rectángulo/Cuadrado redondeado.

Trabajar con MSPaint

Veamos ahora, paso a paso, cómo utilizar estas herramientas.

1 Haga clic en la herramienta **Lápiz**.

2 En el **Cuadro de colores** haga clic, con el botón izquierdo del mouse, en el tono que le agrade.

3 Lleve el puntero al área de trabajo, presione el botón izquierdo del mouse, desplácelo como le agrade y, cuando termine, suelte el botón (**Figura 23**).

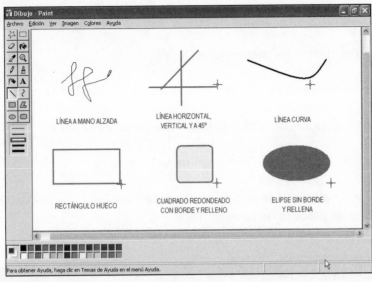

Figura 23. En esta muestra hemos utilizado las herramientas para trazar líneas y figuras.

4 Puede elegir otro color con el botón derecho y repetir la operación presionando ese mismo botón.

Dibujar una línea recta   PASO A PASO

1 Haga clic en el botón **Línea recta**.

2 En el **Cuadro de control de opciones**, haga clic en el grosor que necesite.

3 En el **Cuadro de colores** haga clic, con el botón izquierdo del mouse, en el tono que le agrade.

4 Lleve el puntero al área de trabajo y ubíquelo donde desea empezar la línea; presione el botón izquierdo del mouse, llévelo hasta donde debe terminar ésta y suelte el botón.

5 Si lo desea, elija otro color con el botón derecho y repita la operación. Para dibujar líneas verticales, horizontales o inclinadas a 45 grados, mantenga presionada la tecla **MAYÚS** mientras las dibuja.

Dibujar una línea curva   PASO A PASO

Esta operación se realiza en cuatro pasos:

1 Dibuje una línea recta cuyos extremos serán los que tendrá la curva.

2 Haga clic en el lugar hacia el cual desea que se curve la línea.

3 Repita la operación dando forma definitiva a la curva.

4 Haga clic en cualquier herramienta para desactivar la herramienta **Línea curva**. Si omite el tercer paso, la curva se borrará.

Dibujar figuras   PASO A PASO

1 Haga clic en la herramienta **Línea**.

2 En el **Cuadro de control de opciones** elija el grosor.

3 En el **Cuadro de colores** haga clic, con el botón izquierdo, en el que prefiera.

4 Haga clic en la herramienta **Rectángulo**.

5 En el **Cuadro de control de opciones** elija la opción superior.

6 Arrastre el puntero, con el botón izquierdo del mouse presionado, en forma diagonal desde donde debe comenzar el rectángulo hasta donde debe terminar y suelte el botón. Si elige otro color con el botón derecho, podrá dibujar rectángulos de ese color, usando el mismo botón.

En la misma forma puede dibujar un rectángulo redondeado o una elipse. Si mantiene presionada la tecla **MAYUS** podrá dibujar un cuadrado, un cuadrado redondeado o una circunferencia.

Si en el **Cuadro de control de opciones** elige el dibujo de la posición central, dibujará las mismas figuras, con un relleno en su interior del color que aparece como color de fondo. Si usa el botón derecho los colores se invierten.

Si en el **Cuadro de control de opciones** elige la de la posición inferior, dibujará las mismas figuras, pero sin borde y con el color correspondiente al botón que utilice.

Dibujar un polígono

1 Seleccione todas las opciones igual que si quisiera dibujar un rectángulo.

2 Haga clic en la herramienta **Polígono**.

3 Haga clic donde quiere empezar el polígono y arrastre para dibujar el primer lado.

4 Suelte el botón del mouse y luego haga clic en el vértice donde desea que termine el segundo lado.

5 Repita la operación con cada lado y finalice haciendo clic en el lugar donde comenzó a dibujar el polígono. Éste se cerrará y mostrará, o no, relleno o borde, según las opciones elegidas (**Figura 24**).

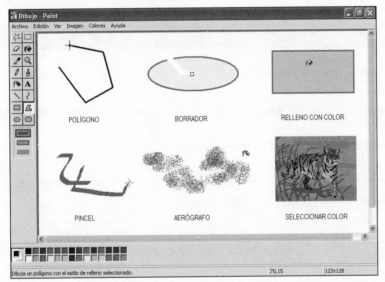

Figura 24. En la figura puede verse el trazado de un polígono y el uso de las herramientas *Borrador, Relleno con color, Pincel, Aerógrafo* y para *Seleccionar color*.

Usar el borrador

1 Haga clic en la herramienta **Borrador**.

2 Elija el tamaño de **Borrador** adecuado en el **Cuadro de control de opciones**.

3 Haga clic, con el botón derecho del mouse, sobre el mismo color que tiene como fondo la ventana.

Impresión y accesorios 5

4 Arrastre el **Borrador**, con el botón izquierdo del mouse presionado, sobre el área a borrar.

El **Borrador** es la única herramienta que aplica, con el botón izquierdo del mouse, el color de fondo, o sea, el que se ha seleccionado con el botón derecho.

Rellenar una figura hueca   PASO A PASO

1 Haga clic en la herramienta **Relleno con color**.

2 Coloque el puntero dentro de la figura y presione el botón izquierdo si desea aplicar el color de primer plano, o derecho para el de segundo plano.
Si la figura no está totalmente cerrada, el color se extenderá a toda la pantalla.

Pintar con pincel   PASO A PASO

1 Seleccione la herramienta **Pincel**.

2 En el **Cuadro de control de opciones** elija la forma y el tamaño de pincel.

3 En el **Cuadro de colores** seleccione el color.

4 Aplique el color presionando el botón del mouse que corresponda a primero o segundo plano.

Pintar con aerógrafo   PASO A PASO

1 Seleccione la herramienta **Aerógrafo**.

2 En el **Cuadro de control de opciones** seleccione la densidad del trazo.

3 Aplique el color sobre la figura presionando el botón del mouse que corresponda.

Seleccionar color (Gotero)   PASO A PASO

Esta herramienta toma una muestra de color en un lugar de la imagen para volver a aplicar ese tono con la herramienta seleccionada previamente, en otro lugar de la pantalla.

1 Haga clic en la herramienta **Seleccionar color**.

2 Lleve el puntero hasta el lugar de la imagen donde desee tomar la muestra de color y haga clic con un botón del mouse. Puede tomar y aplicar muestras distintas con cada botón.

3 Utilice el color cuya muestra ha tomado con cualquiera de las herramientas disponibles, utilizando el botón del mouse que corresponda.

Selección rectangular   PASO A PASO

1 Haga clic en la herramienta **Selección**.

2 Arrastre diagonalmente el puntero con el botón izquierdo del mouse presionado, para seleccionar, dentro del rectángulo, uno o más objetos (**Figura 25**).

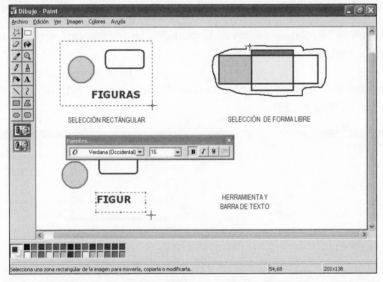

***Figura 25**. Aquí se puede ver cómo se realiza la selección rectangular, de forma libre, y la herramienta para escribir textos.*

Selección de forma libre   PASO A PASO

1 Haga clic en la herramienta **Selección de forma libre**.

2 Para seleccionar un objeto de forma irregular, siga su contorno con el botón izquierdo del mouse presionado.

Impresión y accesorios

Texto PASO A PASO

1 Pulse sobre la herramienta **Texto**.

2 Arrastre diagonalmente el puntero sobre la pantalla formando una caja de texto rectangular.

3 Escriba el texto, que adoptará el color que aparece en primer plano, y el tipo de fuente, tamaño y atributos que muestra la barra **Fuentes**.

4 Antes de hacer clic fuera del cuadro para fijarlo, se puede seleccionar el texto, tal como en un procesador de textos y, utilizando la barra **Fuentes**, modificarlo o aplicarle negrita, cursiva y subrayado. También puede arrastrarlo con el mouse a cualquier otro lugar.

Zoom (Ampliación) PASO A PASO

1 Haga clic en la herramienta **Zoom**. El puntero se transforma en una lupa con un rectángulo a su alrededor.

2 Enfoque con ese rectángulo la zona que desea ampliar. Ésta pasará a ocupar toda la pantalla (**Figura 26**).

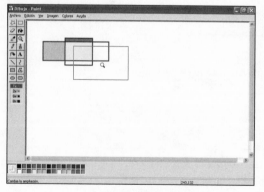 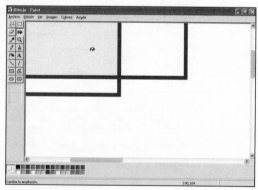

Figura 26. La zona demarcada por el rectángulo será la que se ampliará y pasará a ocupar toda la pantalla.

3 Para volver al tamaño real pulse **CTRL+REPAG**, o en el **Cuadro de control de opciones** en **x1**. En este mismo cuadro puede elegir otros valores de **Zoom**.

El Reproductor de Windows Media

El Reproductor de Windows Media se utiliza para reproducir archivos de sonido y de video, escuchar emisoras de radio por Internet, reproducir y copiar CDs, y acceder a información en la Web sobre los temas, autores e intérpretes de éstos.

Para abrir el Reproductor de Windows Media hay que pulsar en el botón **Inicio/Todos los programas/Reproductor de Windows Media**.

Se presentará entonces la ventana que vemos en la **Guía visual 5**.

Reproductor de Windows Media	GUÍA VISUAL 5

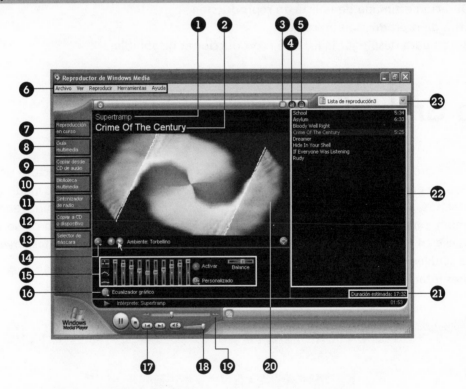

1. Nombre del intérprete.
2. Nombre del tema.
3. Reproducir los temas fuera de orden.
4. Ocultar el Ecualizador y otros elementos.
5. Ocultar la lista de reproducción en curso.
6. Barra de menús.
7. Ver elementos de la reproducción en curso.
8. Inicia la conexión a Internet para ver la Guía multimedia.

⑨ Copiar y reproducir pistas de un CD de música.

⑩ Crear listas de reproducción.

⑪ Inicia la conexión con Internet para buscar emisoras de radio.

⑫ Copia los archivos seleccionados a un CD grabable o a un dispositivo portátil.

⑬ Da acceso a otras formas de presentación del reproductor.

⑭ Seleccionar la forma de presentación de los efectos visuales.

⑮ Sector de control de reproducción.

⑯ Selector de control de reproducción.

⑰ Botones de control del Reproductor.

⑱ Control de volumen de reproducción.

⑲ Cursor de progreso de reproducción. Permite avanzar y retroceder en la misma.

⑳ Efectos visuales del sonido.

㉑ Duración estimada de la lista en reproducción.

㉒ Lista de reproducción en curso.

㉓ Botón para desplegar la lista de reproducciones disponibles.

La Grabadora de sonidos

Con este programa es posible grabar sonidos, ya sea desde micrófono, lectora de CD, equipo de audio exterior, instrumento musical, etc., y luego reproducirlos y editarlos, eliminando partes, agregándoles efectos especiales, aumentando y disminuyendo el volumen y muchas otras posibilidades más. Para acceder a la Grabadora de sonidos haga clic en el botón **Inicio/Todos los programas/Accesorios/Entretenimientos/Grabadora de sonidos**.

Se presentará la que vemos en la **Guía visual 6**.

La Grabadora de sonidos	GUÍA VISUAL 6

① Tiempo transcurrido desde el inicio de la grabación.

② Visualización de la onda de sonido.

③ Duración total de la grabación.

④ Saltar al inicio.

⑤ Saltar al final.

⑥ Reproducir.

⑦ Detener.

⑧ Grabar.

Veamos ahora cómo se debe proceder para grabar un sonido:

Grabar un sonido	PASO A PASO

1 Conecte la fuente de señal a grabar: un micrófono, un CD de audio, etc.

2 Haga doble clic en el icono del altavoz, de la **Barra de tareas**.

3 En el cuadro que se presenta haga clic en **Opciones/Propiedades** y haga clic en el botón **Grabación**.

4 Marque la casilla correspondiente a la fuente de sonido a grabar y pulse en **Aceptar**.

5 En el Control de grabación que se presenta active la casilla **Seleccionar** correspondiente a la fuente de sonido a grabar.

6 Comience a hablar o active la fuente de sonido y simultáneamente pulse el botón **Grabar**, al comienzo de la grabación.

7 Al concluir la grabación pulse en el botón **Detener**.

8 Haga clic en **Saltar al inicio** y luego en **Reproducir**.

9 Si desea guardar la grabación haga clic en **Archivo/Guardar como** y proceda como en cualquier otra aplicación.

Resumen

- Antes de enviar un documento a imprimir es conveniente verificar si la configuración es la correcta y verlo en la **Vista preliminar**.
- Se puede imprimir un documento, tanto desde su propia ventana, como seleccionando el archivo en el Explorador de Windows o en **Mi PC** y utilizando el comando **Archivo/Imprimir**.

- Es posible imprimir solamente un sector seleccionado del documento, la página actual, sólo determinadas páginas o todo el documento.
- Si se cancelan archivos que esperan para ser impresos en la Cola de impresión, demoran bastante en eliminarse.
- Recuerde que para ejecutar un comando sobre un objeto, antes debe seleccionarlo.
- Un texto seleccionado se ve resaltado en blanco sobre negro.
- Para cancelar una selección nunca utilice cualquier tecla. Pulse las teclas de dirección o haga clic fuera del texto u objeto seleccionado.
- Cualquier acción equivocada se soluciona con el comando **Deshacer**.
- Si cambia los formatos de un texto, selecciónelo antes, ya que en caso contrario, las modificaciones sólo harán efecto en lo que escriba después del cambio.

Cuestionario

Preguntas

1. Después de terminar un documento, ¿puedo cambiarle los márgenes?
2. Si guardo el documento en un archivo de impresión, ¿puedo después imprimirlo en otra impresora?
3. ¿Solamente se pueden seleccionar textos utilizando el mouse?
4. Para cancelar la selección de un texto o un objeto, ¿se puede usar la tecla **ENTER**?
5. Si copio un texto, ¿se elimina de donde estaba?
6. Para definir la alineación de un párrafo, ¿hay que seleccionarlo?
7. ¿En MSPaint, para dibujar un rectángulo relleno, el color del borde es el que se elige pulsando con el botón izquierdo del mouse?
8. Tomando una muestra de un color con el gotero, ¿se puede usar exactamente el mismo tono con cualquier herramienta de dibujo de MSPaint?

Respuestas

1. Sí. Debe utilizar el cuadro **Configurar página** y hacer los cambios allí.
2. Sí. Precisamente para eso se crea un archivo de impresión.
3. No. Muchas veces puede utilizar el teclado o una combinación de éste con el mouse.
4. No. Perderá el texto seleccionado y enviará el que lo continúa a la línea siguiente.
5. No. Quedará donde estaba y se repetirá en el lugar donde lo pegue.
6. No. Basta colocar el punto de inserción en él.
7. Sí. Es el color de primer plano. Los rellenos toman el color de segundo plano. Pero si los dibuja con el botón derecho presionado, los colores se invertirán.
8. Sí. La herramienta **Seleccionar color** (gotero) tiene precisamente esa finalidad.

Configuración de Windows XP

Windows XP tiene una configuración básica, establecida durante su instalación, que lo habilita para funcionar satisfactoriamente con cualquier aplicación compatible. No obstante, es posible ajustar muchos aspectos a las preferencias personales, agregar dispositivos de hardware y programas de software, y realizar tareas de mantenimiento y optimización, para que siempre rinda el máximo.

El Panel de control

La mayor parte de las operaciones de configuración las realizaremos utilizando el **Panel de control**, una ventana donde se centralizan todas las opciones de funcionamiento del sistema.

Existen varias formas de abrir el **Panel de control**. Una de ellas consiste en hacer clic en el icono **Mi PC/Panel de control**.

Como en Windows XP existen dos formas de ver el **Panel de control**, adoptaremos, para simplificar, la forma clásica; de modo que si su equipo muestra la forma "por categorías", pulse, a la izquierda, en el vínculo **Cambiar a vista clásica**. Se presentará la ventana que vemos en la **Figura 1**.

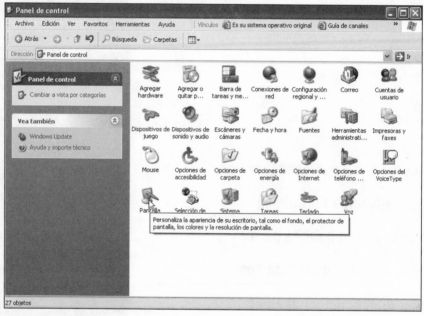

Figura 1. La figura corresponde a la presentación
que se obtiene pulsando en **Ver/Iconos**.

MUCHOS ICONOS

La ventana **Panel de control** contiene una gran cantidad de iconos, pero usted sólo utilizará unos pocos, ya que los otros están reservados a usuarios avanzados o a los servicios de asistencia técnica.

Configurar la pantalla

La pantalla es el componente de la PC con el que se está más en contacto y será, probablemente, el primero que cada usuario deseará personalizar a su gusto.

Para lograrlo, haga clic en el icono **Pantalla**, del **Panel de control**, y se presentará la ventana **Propiedades de Pantalla (Figura 2)**.

En la ventana existen cinco fichas que permiten el acceso a otras tantas opciones de configuración; después de cambiar las opciones en cada una, pulse en **Aplicar** y, al finalizar, en **Aceptar**.

Temas

La ficha **Temas**, que aparece en primer término de forma predeterminada, hace posible, desplegando la lista **Tema:**, elegir alguna de las combinaciones preelaboradas de Windows XP, que incluye la presentación general de la pantalla en cuanto a la forma de mostrar el fondo, los iconos, las ventanas y otros elementos. Haciendo clic en cada opción, podrá apreciar en la ventana **Muestra:** una vista previa de cada combinación.

Escritorio

En la ficha **Escritorio (Figura 3)**, haciendo clic en cada una de las opciones de la lista **Fondo:** se puede ver, en la parte superior, la presentación que tendrá el Escritorio eligiendo cada uno de esos ítems.

Protector de pantalla

Para evitar que la pantalla se deteriore si permanece mucho tiempo mostrando una misma imagen, por ejemplo, si usted

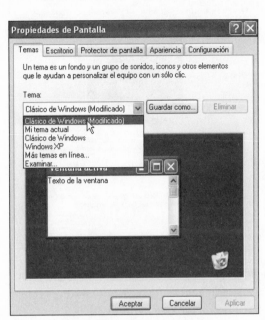

Figura 2. Si hace clic derecho sobre el Escritorio y elige Propiedades también llegará a esta misma ventana.

Figura 3. Pulsando en Examinar puede elegir otra imagen como fondo del Escritorio.

Configuración de Windows XP

6

Figura 4. Presionando el botón *Configuración* se accede a un cuadro, distinto para cada protector, que permite definir en detalle su funcionamiento.

Figura 5. El botón *Efectos* posibilita establecer efectos visuales para los menús, los iconos y las fuentes.

se fue por un rato largo y dejó la computadora encendida, se utilizan los protectores de pantalla, que consisten en una imagen en movimiento, que reemplaza a la pantalla estática que muestra el monitor cuando no se trabaja en la PC.

Existen infinidad de fondos de pantalla para elegir. En la ficha **Protector de pantalla (Figura 4)** Windows XP ofrece, abriendo la lista desplegable, la posibilidad de observarlos en movimiento y optar por el que se prefiera. Una casilla de control permite establecer después de cuánto tiempo de inactividad entrará en funciones el protector.

Apariencia

Haciendo clic en la solapa **Apariencia** se presenta una ficha **(Figura 5)** donde es posible establecer, de una manera general, el estilo y la combinación de colores que mostrarán las ventanas y los botones en Windows XP, como así también el tamaño de las fuentes.

Para acceder a una configuración mucho más detallada de la pantalla, es necesario presionar el botón **Opciones avanzadas**, con lo que se presentará un cuadro **(Figura 6)** en el que es posible personalizar por separado cada uno de sus componentes.

Configuración

De acuerdo con el tipo de monitor y la tarjeta de video existentes en el equipo, es posible cambiar, utilizando la ficha **Configuración (Figura 7)**, la **Resolución de pantalla** y la **Calidad del color** con que éste trabajará.

Figura 6. *Haga clic en cualquiera de los elementos que se ven en la ventana de la parte superior, y en la parte inferior se mostrarán las opciones de configuración para cada uno de ellos.*

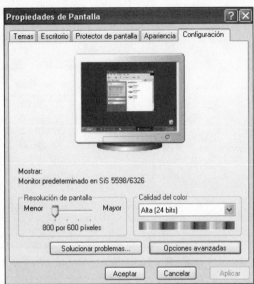

Figura 7. *Para modificar la resolución de pantalla (que en la figura es de 800 por 600) bastará con arrastrar el cursor deslizante hasta llegar a la cantidad de pixeles deseada, y pulsar luego en* **Aplicar.**

La resolución más normal para monitores de 14 ó 15 pulgadas es de **800x600** pixeles, muy adecuada incluso para Internet; también se usa **640x480** (muestra los objetos en tamaño grande) ó **1024x768** (se ven muchos objetos de tamaño más chico). Existen resoluciones más altas pero se usan mayormente en monitores más grandes y para tareas profesionales.

En la misma ficha **Configuración** puede establecerse también la **Calidad de color**. Un valor muy alto para este parámetro ocasionará un mayor consumo de recursos y una demora en la carga de los gráficos. Los valores normales oscilan entre 16 y 24 bits.

Ajuste de la fecha y la hora

Para ajustar la fecha y la hora que muestra la computadora, existe en Office XP un cuadro, al que se accede haciendo doble clic en el **Reloj** ubicado en el Área de notificación de la **Barra de tareas**, o pulsando en el icono **Fecha y hora** del **Panel de control (Figura 8).**

Configuración de Windows XP

6

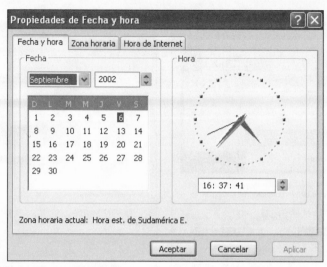

Figura 8. *En el cuadro hay dos fichas más; una, para establecer la zona horaria de la ciudad en que vivimos, y otra, para la hora internacional de Internet.*

Para establecer la fecha abriremos, en la ficha **Fecha y hora,** la lista desplegable y seleccionaremos allí el mes que corresponde. Al lado, en la casilla de control numérico, accionaremos sobre las flechas para determinar el año, y luego haremos clic, en el calendario mensual, en la fecha que corresponda.

Para ajustar la hora utilizaremos el cuadro de control numérico de ese sector, haciendo clic sobre los dígitos que muestran la hora, los minutos o los segundos (según lo que deseemos cambiar), pulsando luego sobre las flechas hasta el valor que corresponda y después en **Aplicar.**

Mouse

Haciendo clic, en la ventana del **Panel de control,** en el icono **Mouse,** se presenta un cuadro con varias fichas, donde es posible ajustar el comportamiento de este dispositivo y elegir otros punteros para ver en pantalla.

AHORRAR ENERGÍA

En la mayoría de los equipos actuales aparece también, en la ficha **Protector de pantalla,** el botón **Energía...** que posibilita establecer después de cuánto tiempo se apagarán el monitor y los discos duros con el fin de ahorrar energía.

En la ficha **Botones (Figura 9)** se encuentra la opción para invertir el uso de éstos para las personas zurdas, como habíamos visto anteriormente, otra para regular la velocidad del doble clic, y más abajo una opción para evitar mantener presionado el botón del mouse al arrastrar objetos.

Figura 9. La opción **Bloqueo de clic** puede resultarle práctica.

Figura 10. Haga clic en **Dinosaurio** y verá qué ágilmente camina.

Si está aburrido de ver siempre los mismos punteros moviéndose por la pantalla, abra la ficha **Punteros**, despliegue la lista **Esquema (Figura 10)** y recorra las posibilidades que le ofrece. Elija la combinación que le agrade y haga clic en **Aplicar**.

En la ficha **Opciones de puntero (Figura 11)** hay varias alternativas que tendrá que experimentar personalmente para graduar y probar si le agradan. Si no es así, vuelva a las opciones predeterminadas.

La ficha **Rueda (Figura 12)** le será útil si tiene un mouse con esas características. Puede definir cuánto avanzará o retrocederá la página al girar la ruedita.

Configuración de Windows XP — 6

RESOLUCIÓN EN PANTALLA

En los monitores, la resolución indica el número de pixeles y líneas que forman la pantalla. Una resolución de 800x600 indica la existencia de 800 pixeles en sentido horizontal y 600 líneas en sentido vertical.

RESOLUCIÓN EN GRÁFICOS

La resolución, en los gráficos, se mide en DPI (puntos por pulgada) e indica la cantidad de puntos que forman la imagen. Cuanto mayor sea esa cantidad, mejor será la calidad de la misma.

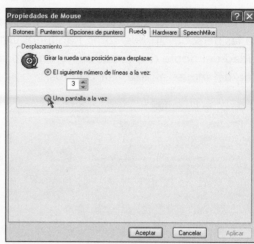

Figura 11. *Si usted trabaja con una pantalla de cristal líquido (LCD), habilitar el rastro del puntero le ayudará a seguirlo más fácilmente.*

Figura 12. *La opción Una pantalla a la vez equivale a utilizar las teclas RE PÁG y AV PÁG.*

Teclado

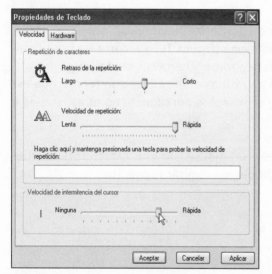

Figura 13. *En este cuadro los ajustes se hacen moviendo los cursores deslizantes.*

Pulsando, en la ventana del **Panel de control**, en el icono **Teclado**, se presenta el cuadro **Propiedades de teclado (Figura 13)** donde, en la ficha **Velocidad**, se pueden configurar tres aspectos interesantes con relación al funcionamiento de este dispositivo.

En el sector superior se puede ajustar la cantidad de tiempo que transcurrirá antes de que empiece a repetirse un carácter mientras se mantenga presionada una tecla, y con qué velocidad se repetirá.

En el inferior se puede ajustar la velocidad con que parpadea el punto de inserción, arrastrando el cursor deslizante mientras se observa, a la izquierda, cómo cambia la velocidad de intermitencia.

Sonidos

Windows XP dispone de una cantidad de sonidos asociados con distintos eventos como, por ejemplo, abrir o cerrar programas, ingresar o salir de Windows, cometer un error, etc., que hacen que, al ocurrir cualquiera de estos sucesos, se escuche el sonido asociado.

Todos los sonidos de la PC están regidos por un control general de volumen al que podemos acceder haciendo clic sobre el icono que representa un altavoz, ubicado al lado del reloj **(Figura 14)**.

*Figura 14. Marcando la casilla **Silencio** desaparecen todos los sonidos de la PC.*

Si hacemos doble clic sobre ese mismo icono, se presentará el cuadro de la **Figura 15**, donde es posible controlar el volumen de cada dispositivo por separado.

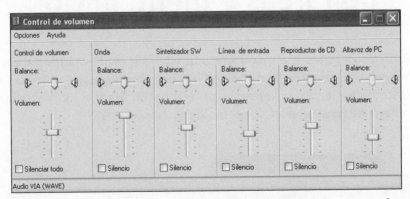

*Figura 15. Haciendo clic en **Opciones/Propiedades** se accede a un cuadro donde es posible ajustar los controles para **Reproducción** y **Grabación**.*

Asociar sonidos a eventos

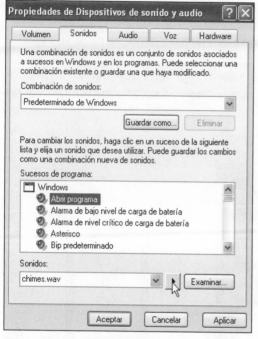

Figura 16. *Presionando el botón* **Reproducir** *sonido* puede escuchar el que ha seleccionado en la lista desplegable **Sonidos**.

Para agregar sonidos que se produzcan ante ciertos eventos o desactivar alguno de los predeterminados hay que hacer doble clic –en el **Panel de control**– en **Dispositivos de sonido y audio**/Ficha **Sonidos**.

En el cuadro que se presentará **(Figura 16)**, si despliega la lista **Combinación de sonidos:** podrá optar entre escuchar –haciendo clic en la opción correspondiente– los sonidos predeterminados de Windows, no escuchar sonidos, o escuchar alguna combinación que usted haya creado y guardado anteriormente.

Un poco más abajo, si recorre la lista **Sucesos de programa:** podrá saber cuáles son los eventos que tienen sonidos asociados porque muestran a su lado el dibujo de un altavoz. Si desea asociar un sonido a un suceso que no lo tiene, haga clic en el suceso, abra la lista **Sonidos:** y seleccione uno. Para quitar un sonido, selecciónelo y, en la lista desplegable, haga clic en **Ninguno**.

Barra de tareas y menú Inicio

También la **Barra de tareas** y el menú **Inicio** pueden ser configurados para responder a las preferencias del usuario. Windows XP dispone de un cuadro para ese fin, al que se puede acceder haciendo clic derecho sobre el botón **Inicio** o sobre cualquier lugar libre de la **Barra de tareas** y seleccionando luego **Propiedades**.

FECHA Y HORA

El mantenimiento de la fecha y la hora que muestra la computadora, en el Área de notificación de la Barra de tareas, se realiza por medio de una batería que continúa suministrando la energía necesaria cuando se apaga el equipo.

El cuadro presenta dos fichas. Las opciones que pueden activarse marcando las casillas de verificación en la ficha **Barra de tareas (Figura 17)** son sumamente explícitas. La única que podría requerir una explicación adicional es **Ocultar automáticamente la barra de tareas**, que quitará a ésta de la pantalla y la mantendrá oculta hasta que acerquemos el puntero al lugar donde se encontraba, haciéndola reaparecer. Al alejar el puntero, después de utilizarla, volverá a ocultarse.

La ficha **Menú Inicio (Figura 18)** admite optar entre el estilo de menú que muestra, de forma predeterminada, Windows XP o utilizar el **Clásico** de versiones anteriores de Windows. El botón **Personalizar...** abre un cuadro para determinar el tamaño de los iconos, la cantidad de programas que exhibirá el **Menú Inicio**, y también cuáles mostrará para Internet y para el correo electrónico.

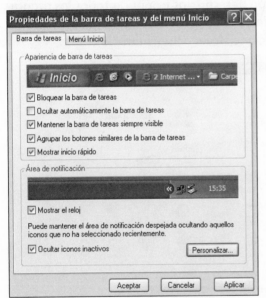

Figura 17. La opción Agrupar los botones similares de la barra de tareas se refiere a que cuando hay muchos botones en la barra, reúna todos los de cada aplicación en uno solo.

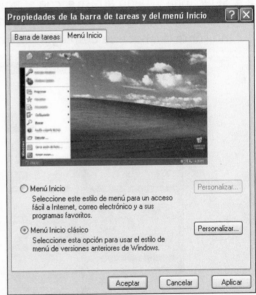

Figura 18. Al activar cada opción, en la ventana superior puede verse la diferencia entre ambas.

Reorganizar el menú Inicio

Cuando la lista **Todos los programas**, que muestra el menú **Inicio**, se hace excesivamente larga, es posible reorganizarla agrupando en carpetas los programas más afines. Por ejemplo, es posible agrupar en una carpeta a la que denominaremos **Grabación**, todos los programas relacionados con ese tema. Procederemos como se indica a continuación.

6

Configuración de Windows XP

Reorganizar el menú Inicio   PASO A PASO

1 Haga clic derecho sobre el botón **Inicio/Abrir**. Se desplegará una ventana mostrando el contenido de la carpeta **Menú Inicio**.

2 Haga doble clic en la carpeta **Programas**. Se abrirá otra ventana que mostrará los iconos de las aplicaciones que habitualmente vemos en la lista, cuando pulsamos en el botón **Inicio/Todos los programas**.

3 Dentro de la carpeta **Programas** cree una nueva carpeta con el nombre **Grabación**.

4 Seleccione y luego arrastre, con el botón derecho, los iconos de todos los programas relacionados con ese tema y suéltelos en la carpeta recién creada. En el menú contextual que se desplegará seleccione **Mover aquí (Figura 19)**.

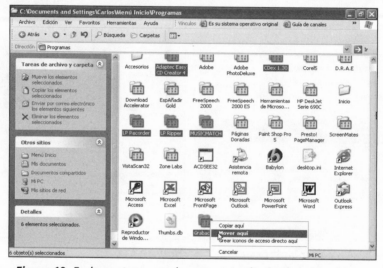

Figura 19. *En la ventana pueden verse resaltados los cinco iconos que hemos arrastrado a la carpeta Programas.*

5 Haga clic en el botón **Inicio/Todos los programas** y vea cómo aparecen agrupados los accesos de los programas para grabar **(Figura 20)**.

DOBLE CLIC

La velocidad del doble clic y la respuesta del equipo a veces son difíciles de sincronizar. En la ficha **Botones** del cuadro **Propiedades de Mouse**, vaya moviendo el cursor y haciendo doble clic en la carpeta hasta que encuentre la velocidad justa.

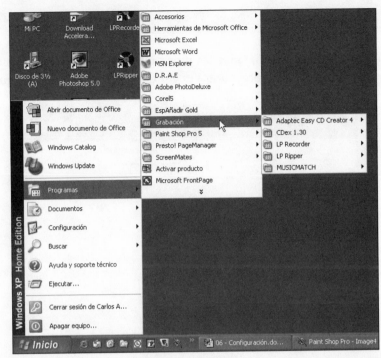

*Figura 20. Procediendo en la misma forma podemos agrupar todos los programas de dibujo
y gráficos en la carpeta **Diseño**, los de traducir en la carpeta **Traducción**, etc.*

Herramientas del sistema

Windows XP dispone de diversas herramientas para mejorar y preservar el rendimiento del equipo ejecutando tareas de mantenimiento periódicas o cuando las circunstancias lo hagan necesario.

Restaurar sistema

Ésta es una de las herramientas más útiles de Windows XP, ya que posibilita, ante un mal funcionamiento del equipo, volver todo el sistema a una fecha anterior, en la que estaba funcionando bien, sin afectar ni eliminar los archivos creados por el usuario.

Pongamos un ejemplo: usted ha instalado un nuevo programa o ha hecho modificaciones en la configuración y el equipo comienza a funcionar mal; entonces usted quisiera volver al estado anterior. Esto es lo que puede lograr utilizando esta funcionalidad de Windows.

Para hacerlo proceda en la siguiente forma:

Restaurar sistema   PASO A PASO

1 Haga clic en el botón **Inicio/Todos los programas/Accesorios/Herramientas del sistema/Restaurar sistema**. Se presentará la ventana que vemos en la **Figura 21**.

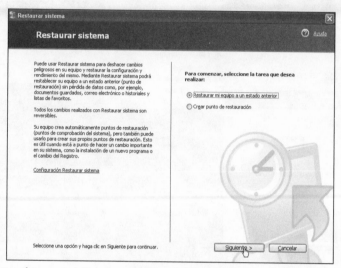

Figura 21. Ésta es la primera ventana del Asistente para restaurar el sistema.

2 Pulse en **Siguiente**, y en la próxima ventana haga clic en una de las fechas en que Windows estableció un punto de restauración **(Figura 22)**.

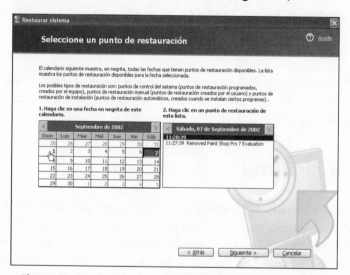

Figura 22. Las fechas en que Windows ha tomado puntos de restauración están destacadas en negrita.

3 Vuelva a pulsar en **Siguiente**, y después de confirmar en la nueva ventana el punto de restauración elegido, Windows comenzará la tarea, que demorará sólo unos minutos y, seguramente, le devolverá su equipo libre de problemas.

Liberador de espacio en disco

Esta utilidad le permite eliminar archivos, tal vez innecesarios, que están ocupando lugar en su disco duro inútilmente. Hágalo en la siguiente forma:

Utilizar el Liberador de espacio en disco   PASO A PASO

1 Haga clic en el botón **Inicio/Todos los programas/Accesorios/Herramientas del sistema/Liberador de espacio en disco**.

2 En la lista desplegable del cuadro que se presenta elija qué disco desea considerar y haga clic en **Aceptar**. Después de efectuar una verificación Windows le presentará una ventana **(Figura 23)** con la lista de archivos que se pueden eliminar sin afectar los programas ni la información, y el espacio que se puede ganar al hacerlo.

3 Active las casillas de los que desea eliminar (tal vez usted no desee vaciar todavía la **Papelera de reciclaje** o desprenderse de páginas web visitadas, por ejemplo) y pulse en **Aceptar**.

Figura 23. Seleccionando cada opción, encontrará, más abajo, una descripción de la utilidad de esos archivos.

6 — Configuración de Windows XP

POR LAS DUDAS

IDEAS

En la primera ventana, Restaurar sistema, puede optar por crear usted mismo un punto de restauración, antes de instalar un nuevo programa o de encarar alguna tarea peligrosa para el equipo, y tenerlo preparado por si algo sale mal.

Desfragmentador de discos

Cada vez usted elimina archivos, va dejando en su disco duro sectores vacíos que luego, al guardar otros, son ocupados por éstos. Pero tal vez los nuevos archivos son más grandes que el espacio que dejó el eliminado, por lo que Windows deberá guardar una parte allí y continuar en otro lugar libre con el resto del archivo.

Esto hace que en el disco duro queden lugares vacíos y archivos fragmentados en varias ubicaciones, lo que ocasiona un funcionamiento más lento de la máquina ya que, para guardar o recuperar un archivo, necesita recorrer varios lugares.

Este problema es el que soluciona el desfragmentador de discos, que reúne los archivos completos en un sector y los espacios libres en otro.

Para utilizarlo haga clic en el botón **Inicio/Todos los programas/Accesorios/Herramientas del sistema/Desfragmentador de disco**.

En la ventana que se presenta **(Figura 24)** elija el disco que desea desfragmentar y pulse en **Analizar**. Después de unos momentos Windows le indicará el porcentaje de archivos y carpetas fragmentados y si es necesario que los desfragmente o no.

*Figura 24. Si pulsa directamente en **Desfragmentar**, Windows, seguramente, analizará el disco antes de hacerlo.*

Agregar dispositivos al equipo

Instalar dispositivos nuevos, externos o internos, no se limita simplemente a enchufarlos, aunque sean plug & play (enchúfelo y úselo), sino que es necesario instalar también los programas controladores (drivers) –generalmente provistos por el fabricante– que permitirán que el nuevo dispositivo se comunique debidamente y sin conflictos con la máquina. Esto a veces ocasiona problemas que sólo podrán ser solucionados por usuarios muy expertos o por el servicio técnico.

No obstante, hay algunos dispositivos que, seguramente, podrán ser instalados por cualquier usuario sin mayores problemas.

Instalar una impresora

Si su impresora es plug & play y puede ser conectada a un puerto USB, quizá se instale automáticamente al enchufarla y pueda comenzar a utilizarla de inmediato.
Es posible, también, que la impresora no sea plug & play o que su equipo no disponga de este tipo de puerto y haya que conectarla a un puerto paralelo, por lo que nos referiremos aquí a la instalación de una impresora en esas condiciones.

Instalar una impresora	PASO A PASO

1 Conecte la impresora al puerto paralelo del equipo, utilizando el cable apropiado y siguiendo las instrucciones del fabricante.

2 Conecte el cable de alimentación de la impresora a una toma de corriente eléctrica (verifique que sea del voltaje correcto) y encienda la impresora.

3 Encienda la computadora y espere a que se cargue el sistema. Seguramente, al finalizar, aparecerá un mensaje de Windows informándole que ha encontrado nuevo hardware, y luego de unos instantes se abrirá el **Asistente para hardware nuevo encontrado (Figura 25),** solicitándole que inserte el CD de instalación del fabricante.

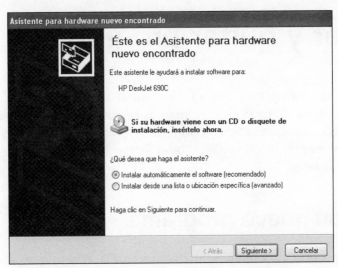

*Figura 25. Si no dispone del CD, tendrá que activar la casilla de verificación **Instalar automáticamente el software (recomendado)** para de Windows busque un controlador en su base de datos.*

Configuración de Windows XP 6

4 Coloque el CD y pulse en **Siguiente**. El Asistente buscará el dispositivo en el CD y, probablemente, le mostrará una lista de opciones para que seleccione el suyo **(Figura 26)**.

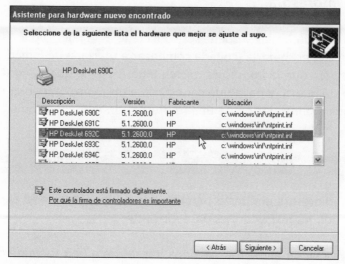

Figura 26. Después de seleccionar la opción adecuada, haga clic en Siguiente.

5 Windows le mostrará una ventana donde estará copiando los archivos y finalmente, le informará que la instalación se ha completado. Pulse en **Finalizar** y ya puede comenzar a utilizar la impresora.

Agregar y quitar programas

Es muy común que, a medida que va pasando el tiempo, vayamos instalando en nuestra PC nuevos programas que estimamos pueden sernos de utilidad. También necesitamos, otras veces, instalar componentes de Windows XP que no han sido instalados en su momento. Veamos cómo hacer ambas tareas y cómo quitar programas que ya no necesitamos.

Instalar un nuevo programa

Casi todos los programas vienen actualmente en CD, con lo que, al insertarlos en la lectora, arrancan automáticamente. Pero antes de hacerlo, debemos tener la precaución de cerrar todas las aplicaciones abiertas, para evitar que interfieran en el proceso de instalación.

En muchos casos, durante este proceso, tendremos que completar algunos datos personales e ingresar números clave y también algunas opciones de instalación, pero luego ésta correrá automáticamente hasta el final con sólo pulsar en **Siguiente (Next)**, en las ventanas que se presenten.

Pero hay otros casos en que el CD no arrancará automáticamente y usted tendrá que buscar el archivo del programa de instalación. Entonces proceda de la siguiente forma:

Instalar un programa   PASO A PASO

1 Haga clic en el botón **Inicio/Ejecutar** y se presentará el cuadro de diálogo que vemos en la **Figura 27**.

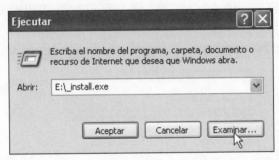

Figura 27. Desplegando la lista, aparecen los nombres de los últimos archivos utilizados.

2 Pulse en el botón **Examinar** y, en la ventana que se presenta, sitúese en la unidad de disco correspondiente a su lectora de CD **(Figura 28)**.

Figura 28. Esta ventana se abre mostrando solamente archivos de programa.

Configuración de Windows XP

3 Busque un archivo de nombre **Instalar.exe** ó **Setup.exe** o **Install.exe** (éstos son, generalmente, los nombres de los archivos de instalación) o que muestre un icono distintivo y la extensión **.exe**. Cuando lo encuentre, selecciónelo, haga clic en **Abrir** y luego –en el cuadro **Ejecutar**– en **Aceptar** para que se inicie el proceso de instalación.

Windows XP dispone también de un asistente para instalar programas, que podemos utilizar de la siguiente manera:

Instalar programas usando el Asistente — PASO A PASO

1 Haga clic en el botón **Inicio/Panel de control/Agregar o quitar programas** y, en la ventana que se presenta, en el botón **Agregar nuevos programas**. Aparecerá el cuadro que vemos en la **Figura 29**.

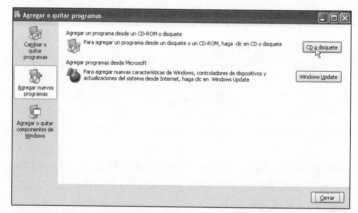

*Figura 29. El botón **Windows Update** es un vínculo al sitio de Microsoft Corp.
en la Web para actualizar sus programas.*

2 Haga clic en el botón **CD o disquete** y se presentará un cuadro indicando que coloque el disco de instalación. Después de hacerlo, pulse en **Siguiente**.

3 En el nuevo cuadro **(Figura 30)** aparece detectado el archivo instalador. Si es el correcto, pulse en **Finalizar**.

DESFRAGMENTAR

Ejecute el **Desfragmentador** de discos con cierta frecuencia, especialmente si ha quitado e instalado nuevos programas o archivos con gran cantidad de información. Esto permitirá que los programas se carguen más rápidamente y funcionen mejor.

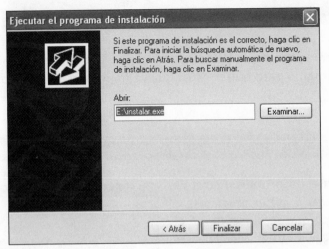

Figura 30. Si el archivo detectado por Windows no es el correcto
habrá que pulsar en **Examinar** para buscarlo manualmente.

Quitar un programa

Para quitar un programa de la PC no basta con borrar la carpeta o carpetas que lo contienen, porque seguramente quedarán en el disco archivos dispersos y entradas de registro.
Muchos programas traen sus desinstaladores, pero si así no fuera, Windows XP dispone
de una utilidad para hacerlo. En el mismo cuadro **Agregar o quitar programas**, haciendo clic
en el botón **Cambiar o quitar programas**, se presentará en la ventana la lista de todas las
aplicaciones instaladas en la PC **(Figura 31)**. Seleccionando la que vamos a eliminar y haciendo clic luego en el botón **Cambiar o quitar**, Windows se ocupará de hacerlo.

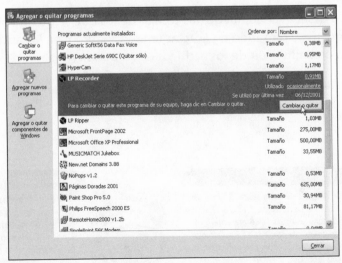

Figura 31. Utilizando la lista, **Ordenar por:** examinaremos la ventana de diferentes maneras.

Configuración de Windows XP

Instalar y quitar componentes de Windows

Para instalar componentes de Windows XP que se habían dejado pendientes en la instalación original, o para quitar otros que ya no interesan, proceda en la siguiente forma:

1 Haga clic en el botón **Inicio/Panel de control/Agregar o quitar programas** y, en la ventana que se presenta, en el botón **Agregar o quitar componentes de Windows**. Aparecerá el cuadro que se ve en la **Figura 32**, donde los componentes activos muestran su casilla de verificación con una marca.

2 Seleccionando uno de los componentes y pulsando en **Detalles...** se presenta un nuevo cuadro con la lista de los subcomponentes que lo forman. Es posible que éstos, a su vez, tengan otros subcomponentes y haya que volver a pulsar en **Detalles...** para verlos.

Figura 32. Al seleccionar uno de los componentes, aparece debajo de la ventana una descripción de su utilidad.

3 Activando o desactivando, luego, las casillas de los que se desea agregar o quitar, respectivamente, y pulsando en **Aceptar** (en ese cuadro y en los anteriores), se inicia la copia o eliminación de los archivos correspondientes.

CUIDE LOS DISCOS

Si hace clic derecho sobre el icono de un disco y selecciona Propiedades en el menú contextual, se presentará un cuadro donde, en la ficha Herramientas, hay un botón para efectuar la comprobación y reparación de errores en esa unidad.

EL ESCRITORIO A MANO

El menú contextual de la Barra de tareas permite agregar a ésta diversas barras de herramientas. La Barra Escritorio puede resultarle muy útil para acceder a los iconos ubicados en éste sin necesidad de minimizar todas las ventanas.

Resumen

- En la configuración de Windows pueden ajustarse muchos aspectos para adecuarlos a las preferencias del usuario.
- La mayor parte de las operaciones de configuración se realizan en el **Panel de control**.
- El **Panel de control** puede ser visto de dos maneras, la **Clásica** y la de **Windows XP**.
- Para personalizar el Escritorio haga clic derecho sobre éste y elija **Propiedades**.
- Eligiendo un **Tema** se configura en una sola vez toda la presentación del fondo del Escritorio, los iconos, las ventanas y los demás elementos.
- También es posible configurar por separado cada uno de los elementos utilizando las fichas del cuadro **Propiedades de pantalla**.
- Los protectores de pantalla evitan que ésta se deteriore al mantener una imagen fija durante mucho tiempo.
- Para ajustar la fecha y la hora, hay que hacer doble clic sobre el reloj en la **Barra de tareas**.
- Haciendo clic derecho en la **Barra de tareas** y pulsando en **Propiedades** se pueden configurar la barra y el menú **Inicio**, además de otras opciones.
- Usando **Restaurar sistema** se puede regresar, en caso de problemas, a la configuración que el equipo tenía días atrás cuando funcionaba bien.

Cuestionario

Preguntas

1. ¿El protector de pantalla comienza a actuar 30 minutos después de dejar la computadora inactiva?
2. ¿Es posible regular la velocidad con que se efectúa el doble clic con el mouse?
3. ¿Se puede ocultar la **Barra de títulos** para que no ocupe lugar en la pantalla?

DESINSTALAR UNA IMPRESORA

Si necesita desinstalar una impresora, pulse en Inicio/Panel de control/Impresoras y faxes y, en la ventana que aparece, haga clic derecho en el icono de la impresora a desinstalar y luego en Eliminar.

Configuración de Windows XP   6

4. ¿Es posible ocultar la **Barra de tareas** para que no ocupe lugar en la pantalla?
5. Los iconos del menú **Todos los programas**, ¿se pueden agrupar?
6. Si noto fallas en el funcionamiento de los programas, ¿debo llamar a un técnico antes de que la PC se deteriore?
7. ¿Existe alguna forma de que la computadora funcione más rápido?
8. Para quitar un programa que ya no uso, ¿borro la carpeta y listo?
9. Para agregar componentes de Windows que no fueron instalados, ¿es necesario volver a instalar todo el programa?

Respuestas

1. No. Ese tiempo lo establece el usuario en la ficha **Protector de pantalla**.
2. Sí. Hay que abrir el **Panel de control/Mouse** y utilizar la ficha **Botones**.
3. No. No puede ocultarse.
4. Sí. Hay que hacer clic derecho sobre ésta, pulsar en **Propiedades** y activar la casilla correspondiente.
5. Sí. Pueden ser agrupados los de características similares para, de esa manera, hacer más corta la lista.
6. No. Pruebe antes con el accesorio **Restaurar sistema**.
7. Sí. Use, cada tanto, el **Desfragmentador de disco**.
8. No. Utilice el desinstalador del mismo programa o la función **Agregar o quitar programas**.
9. No es necesario, se debe acceder al **Panel de control**, activar el icono **Agregar o quitar programas** y pulsar en el botón **Agregar o quitar componentes de Windows**.

INSERTAR SÍMBOLOS

DATOS ÚTILES

Cuando necesite insertar un símbolo en un documento, puede utilizar el Mapa de caracteres que se encuentra entre las Herramientas del sistema. Bastará que localice y seleccione el carácter a insertar, lo copie y luego lo pegue en el documento.

Word XP

Ha llegado el momento de conocer
Word XP, el procesador de textos
más utilizado universalmente.
Además, como es uno de los que
integran el paquete Office XP, su
conocimiento facilita el aprendizaje
y el uso de los demás programas.
De modo que no perdamos tiempo,
entremos ya en materia.

Conceptos básicos

Así como en el escritorio real donde trabajamos tenemos delante de nosotros un espacio libre en el cual depositamos los documentos, las carpetas y demás elementos; y alrededor de ese espacio tenemos al alcance de la mano todos los implementos necesarios para trabajar; así también en la ventana de Word XP disponemos de un sector central de visualización y creación de documentos, que ocupa la mayor parte de la ventana, y a su alrededor se ubican las herramientas que vamos a utilizar para hacer la tarea.

El manejo de todos estos elementos es, en Word XP, sumamente intuitivo y pronto aprenderá a dominarlo.

Hay algunos procedimientos básicos que se utilizan tanto en WordPad como en Word XP, que sería redundante repetir aquí; por eso le sugiero que, antes de comenzar, repase lo visto sobre ese programa en el **Capítulo 5**.

Abrir Word XP

Para abrir Word XP hay que hacer clic en el botón **Inicio/Todos los programas/Microsoft Word**. También puede hacer clic en algún acceso directo que haya creado en el Escritorio o en la **Barra de inicio rápido** o, si tiene activa la **Barra de acceso directo de Office XP,** en el icono que tiene una letra **W (Figura 1)**.

Figura 1. *La Barra de acceso directo de Office puede adoptar distintas formas y posiciones; pero el mejor lugar para colocarla es en la parte superior derecha de la ventana.*

La ventana de Word XP

Se presentará entonces en pantalla la ventana de Word XP que vemos con detalle en la **Guía visual 1**.

La ventana de Word XP   GUÍA VISUAL 1

- **Barra de título**: Muestra el nombre del documento, permite arrastrar la ventana y, haciendo doble clic, maximizarla y también restaurarla.
- **Barra de menús**: Contiene los menús que, al desplegarlos, muestran todos los comandos para trabajar con el programa.
- **Barra de herramientas Estándar**: Contiene los botones con los comandos que más se utilizan para trabajar.
- **Barra de herramientas Formato**: Contiene los botones más usuales para dar formato al documento, modificar el interlineado, insertar numeración, viñetas, sangrías, etc.
- **Cuadro para hacer preguntas a la Ayuda de Office XP**: Aclara dudas escribiendo preguntas en lenguaje directo, las que serán respondidas por el programa de Ayuda.
- **Botón para cerrar la aplicación**: Cierra la aplicación y todos los documentos abiertos, preguntando antes si es necesario guardarlos.
- **Botón para cerrar el documento**: Cierra el documento sin cerrar la aplicación ni los demás documentos.

⑧ **Panel de tareas**: Contiene los enlaces que dan acceso a las funciones más utilizadas.

⑨ **Barra de desplazamiento vertical**: Cuando el documento no puede verse completo en la ventana, permite desplazarlo hacia arriba y hacia abajo para verlo en su totalidad.

⑩ **Botones de búsqueda**: Haciendo clic en el botón central, despliega un menú que permite buscar páginas, títulos, gráficos, etc., contenidos en el documento, desplazándose luego hacia arriba y hacia abajo con los otros botones.

⑪ **Barra de estado**: Muestra información sobre los números de página, las secciones en que está dividido el documento, la posición del punto de inserción, y activa determinados comandos, o muestra la actividad de ciertas funciones.

⑫ **Barra de desplazamiento horizontal**: Igual que la barra de desplazamiento vertical, pero en sentido horizontal.

⑬ **Botones de forma de visualización**: Permiten modificar la forma de ver el documento para poder apreciar determinados aspectos según la necesidad del usuario.

⑭ **Regla vertical**: Muestra, en un color grisado, el espacio ocupado por los márgenes, y en color blanco, el espacio ocupado por el texto. Cuando el puntero se convierte en una doble flecha, permite arrastrar la línea entre ambos sectores y así modificar los márgenes.

⑮ **Puntero del mouse**: Permite colocar el punto de inserción en cualquier lugar de la página, llevándolo hasta allí con el mouse y haciendo clic o doble clic, según corresponda.

⑯ **Punto de inserción**: Es un pequeño trazo vertical titilante que indica dónde se colocarán los caracteres al pulsar en el teclado y también los objetos que se pegan o se insertan.

⑰ **Marcador de sangría derecha**: Arrastrándolo sobre la regla, establece la sangría en ese lado del texto.

⑱ **Regla horizontal**: Igual que la regla vertical; y además permite establecer sangrías y tabulaciones.

⑲ **Marcadores de sangría izquierda**: Arrastrándolos sobre la regla, permiten aplicar sangría izquierda, de primera línea y francesa.

Los paneles de tareas

Los paneles de tareas, ubicados en el costado derecho de la ventana, existen en todas las aplicaciones de Office XP, para facilitar el acceso a las funciones más utilizadas de cada programa. El panel **Nuevo documento** permite abrir e iniciar toda clase de documentos y plantillas para comenzar a trabajar. Para mostrarlo en la pantalla en cualquier momento, hay que pulsar en **Archivo/Nuevo...**

En Word existen ocho paneles distintos y se puede pasar de uno a otro haciendo clic en la pequeña flecha descendente, al lado del título del panel, y luego, en la lista que se despliega, en el nombre del que necesitamos **(Figura 2)**.

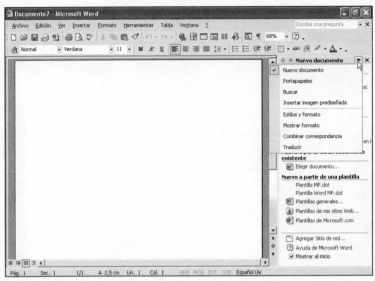

Figura 2. Al lado de la flecha está el botón con la *X* para cerrar el panel y en la parte inferior, una casilla permite establecer si éste se presentará cada vez que iniciemos Word XP.

 # Los menús y las barras "inteligentes"

Cuando se abre un menú en Office XP, éste no se despliega íntegramente –con el objeto de ocupar menos espacio en el área de trabajo– sino que muestra sólo una parte de las opciones disponibles y recién luego de unos segundos se abre por completo. Un doble clic en el nombre del menú al abrirlo, o un clic en la doble flecha de la parte inferior hacen que éste se despliegue totalmente.

Estos menús se comportan en forma "inteligente", de modo que si se utiliza una de las opciones que no estaban visibles cuando el menú apareció por primera vez, en la próxima ocasión en que lo abra, notará que esa opción ahora se encuentra en el menú abreviado, reemplazando a otra función menos usada.

Lo mismo ocurre con las barras de herramientas **Estándar** y **Formato** que, de forma predeterminada, en Word XP se disponen en una sola línea para ahorrar espacio. Por esa razón, parte de los botones quedan ocultos y para verlos es necesario pulsar en la

MENÚS COMPLETOS

Se puede establecer que los menús se abran completos directamente, haciendo clic en **Herramientas/Personalizar...**/ficha **Opciones** y activando la casilla **Mostrar siempre los menús completos**.

doble flecha del extremo derecho de cada barra **(Figura 3)**. Al usar estos botones, se intercambian de forma inteligente, tal como sucede con las opciones de los menús.

Figura 3. El panel contiene todos los botones de ambas barras y, además, una opción para mostrar los botones en dos filas.

Iniciar un documento nuevo

Teniendo Word abierto, podemos iniciar un documento nuevo en cualquier momento pulsando las teclas **CTRL+U** o haciendo clic en:

- El botón **Nuevo documento en blanco**, en la barra de herramientas **Estándar**.
- El menú **Archivo/Nuevo...** Aparecerá el panel de tareas **Nuevo documento** donde pulsaremos en **Nuevo documento en blanco**.

Plantillas y asistentes

Word XP dispone de Asistentes para ayuda y de una cantidad de plantillas con distintos tipos de diseño, para iniciar documentos tales como cartas, faxes, sobres, informes, memorandos, etc., en los que sólo hace falta completar los textos necesarios para tener el documento terminado.

Pulsando en **Plantillas generales...**, en el panel de tareas **Nuevo documento**, se accede a un cuadro **(Figura 4)** donde se puede elegir la plantilla o el asistente a utilizar, hacer clic en el adecuado y luego en **Aceptar**.

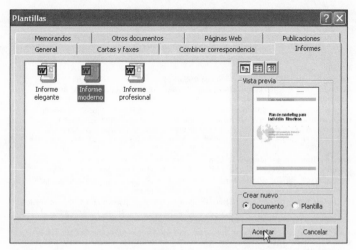

Figura 4. *En muchos casos se puede acceder a una vista previa del documento o plantilla antes de aceptarlo.*

Formas de comenzar

Se puede iniciar un documento de dos formas distintas:
- Definir sus características: tamaño de papel, orientación (vertical u horizontal), márgenes, tipos y tamaños de letra, y los demás detalles antes de empezar a escribir.
- Redactarlo directamente con los valores predeterminados existentes y establecer esos parámetros más tarde, cuando el documento esté terminado y sea posible ver la presentación final.

Tal vez, la mejor opción sea ajustar el documento al final, antes de imprimirlo.

Escribir el texto del documento

Le propongo ahora un nuevo ejercicio. Escriba, si lo desea, el texto que se ve en la **Figura 5** y repita los errores que hemos incluido a propósito en "De los muchas..." y en "havitación". Al terminar, guárdelo en la carpeta **Mis documentos**, con el nombre **Rossini.doc**.

ARCHIVO DEL EJEMPLO	BARRAS EN DOS FILAS
El archivo del documento de la **Figura 5** se encuentra en el sitio web de MP Ediciones, onweb.tectimes.com, en Computación desde cero/Archivos relacionados/Rossini.doc.	Se puede establecer que las barras de herramientas se ubiquen en dos filas, haciendo clic en **Herramientas/Personalizar.../ficha Opciones** y desactivando la casilla **Las barras estándar y formato comparten una fila**.

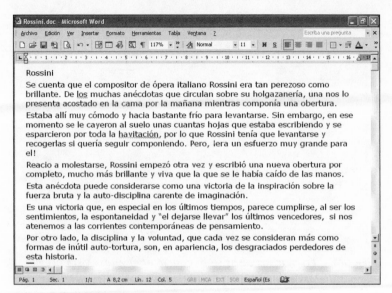

Figura 5. *En el texto hay dos errores, incluidos a propósito, que están marcados por subrayados ondulados en colores rojo uno y verde el otro.*

Corrección de errores

Cuando se comete algún error, la palabra se subraya con una línea ondulada de color rojo, si es ortográfico, o de color verde, si es gramatical **(Figura 5)**. Para corregir un error ortográfico, haga clic derecho sobre la palabra subrayada. Aparecerá un menú donde puede elegir el término correcto para reemplazar al erróneo **(Figura 6)**.

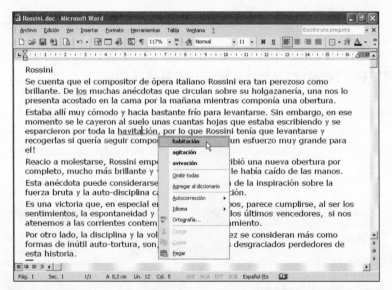

Figura 6. *Si el error no es tal, por tratarse, por ejemplo, de un apellido, agréguelo al diccionario o pulse en* **Omitir todas***.*

Si el subrayado es en color verde, puede ocurrir que Word le ofrezca directamente la corrección, o que lo remita a un cuadro donde le explicará cuál es la regla gramatical que ha infringido y cómo corregirla **(Figura 7)**.

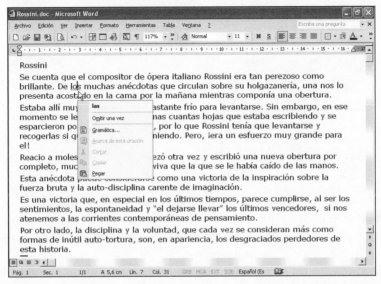

Figura 7. Si la palabra, en realidad, es correcta, pulse en Omitir una vez.

Cómo ver el documento

Existen diversas formas de ver los documentos. Las más utilizadas son las vistas **Normal** y **Diseño de impresión**. Además existen otras vistas, entre las que se puede alternar utilizando las opciones del menú **Ver** o los botones de la parte inferior izquierda de la ventana (ver **Guía visual 1**).

En la vista **Normal** se puede escribir de corrido todo un documento, sin ocuparse de los márgenes y otros detalles, y dar formato a los textos, marcando las negritas, cursivas, subrayados y demás propiedades. Pero si distribuye el texto en columnas, podrá ver sólo una, en el costado de la página. Tampoco verá las imágenes y otros objetos insertados **(Figura 8)**.

BARRAS DE HERRAMIENTAS

En Word XP existen muchas barras de herramientas. Para verlas haga clic derecho sobre cualquiera de ellas o pulse Ver/Barras de herramientas y haga clic en la que necesite. Algunas sólo aparecen al iniciar la función en que se las utiliza.

Word XP

7

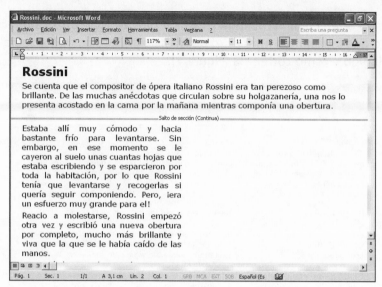

*Figura 8. El principal inconveniente de la vista **Normal** es que no permite ver la página en su conjunto, con todos los elementos que la integran.*

Para ver el documento tal como saldrá impreso hay que utilizar la vista **Diseño de impresión**. Por ejemplo, si está preparando un artículo y desea agregarle fotografías, o si desea presentar el texto en columnas, como en los diarios y revistas, utilice esta vista donde podrá diseñar la página moviendo las imágenes y ajustando el texto en torno a ellas, distribuir el texto en columnas, dar formato a los títulos, etc., mientras va viendo la diagramación de la página completa **(Figura 9)**.

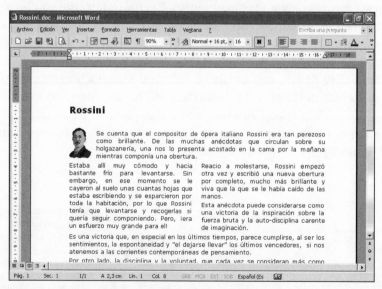

*Figura 9. Al pasar a la vista **Diseño de impresión** es posible ver la imagen que acompaña al texto y también la disposición de las columnas, cosa que no ocurría en la vista **Normal**.*

La vista **Diseño Web (Figura 10)** se utiliza para crear documentos para la Web o para ser vistos solamente en pantalla. Los fondos de color, texturas, degradados y otros ornamentos se ven en esta vista del mismo modo que en un explorador web.

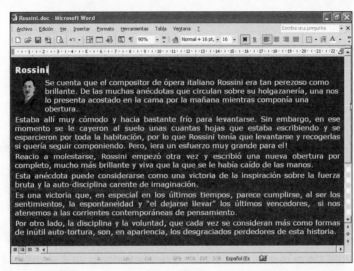

Figura 10. Esta vista permite ver los fondos, los gráficos y las imágenes pero no muestra saltos de página, columnas de estilo periodístico, ni ciertos detalles de diagramación.

Cuando se escriben documentos largos, como libros, informes, manuales, etc., con distintas jerarquías de títulos y subtítulos, se utiliza la vista **Esquema (Figura 11)** para dar a cada uno de ellos el estilo (fuentes, tamaños, negritas, etc.) que le corresponde de acuerdo con su nivel.

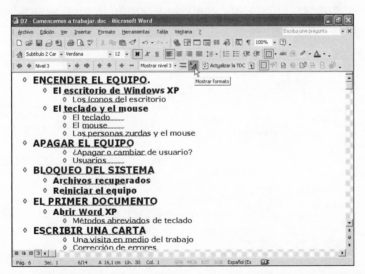

Figura 11. La vista Esquema presenta una barra con los comandos necesarios para ordenar los títulos, subtítulos y textos. El botón Mostrar formato permite ver los títulos en su aspecto real.

La vista **Pantalla completa** se activa únicamente desde el menú **Ver**. El documento pasa a ocupar toda la pantalla, y las barras de herramientas, las de desplazamiento y las reglas se ocultan **(Figura 12)**.

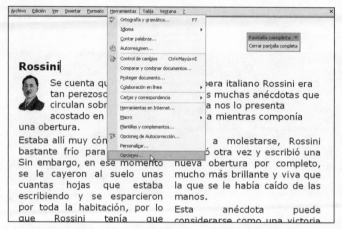

Figura 12. Si acerca el puntero al borde superior de la pantalla, verá la Barra de menús con sus opciones. Si abre Herramientas, podrá definir, desde Opciones, qué elementos desea ver.

Espacio en blanco entre las páginas

Si prefiere tener, en la vista **Diseño de impresión**, una lectura continuada del documento y ganar, además, espacio en la pantalla, una novedad de Word XP ahora lo permite. Acercando el puntero al espacio entre las páginas y haciendo clic cuando cambia de forma, los márgenes, inferior de una y superior de la otra, se ocultan y permiten ver los textos juntos **(Figura 13)**.

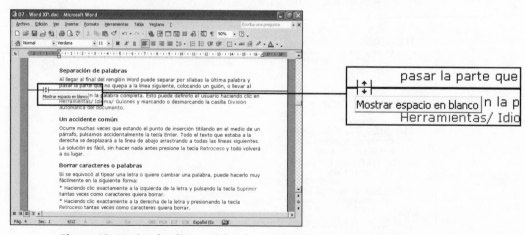

Figura 13. Haciendo clic, cuando el puntero del mouse presenta esta forma, se puede conmutar entre una y otra forma de ver las páginas.

Uso del Zoom

En la barra de herramientas **Estándar**, la casilla **Zoom** muestra en qué porcentaje del tamaño real se está viendo el documento **(Figura 14)**. Para cambiarlo por otro que le sea más cómodo, puede escribir un valor distinto en la casilla y pulsar **ENTER**, o presionar la flecha que está al lado y elegir el porcentaje que necesite.

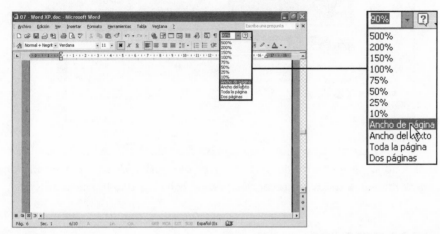

Figura 14. La lista ofrece muchos porcentajes de Zoom. Pero, con el tiempo, la mayoría de las veces seguramente trabajará con las cuatro opciones de la parte inferior.

Seleccionar textos

Habíamos visto en el **Capítulo 5** cómo seleccionar textos en un documento, pero Word XP facilita aún más las cosas, ya que dispone de una función adicional que veremos a continuación.

Seleccionar varios textos simultáneamente. En Word XP es posible seleccionar a la vez varios textos aunque no estén juntos, seleccionando el primero y, mientras se mantiene presionada la tecla **CTRL**, continuando con los siguientes **(Figura 15)**.

Word XP 7

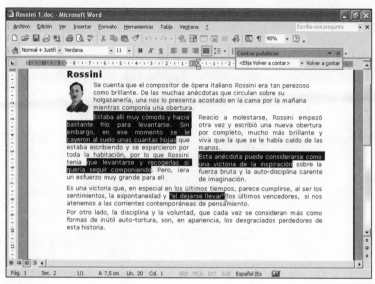

Figura 15. *Seleccionar varios textos permite, por ejemplo, aplicar de una sola vez un formato determinado a todos, sin tener que hacerlo con cada uno por separado.*

Deshacer errores

Usted ya sabe que en WordPad puede deshacer acciones utilizando el botón **Deshacer**. En Word XP, esta función trabaja aún mejor, ya que haciendo clic en la flecha descendente ubicada al lado del botón **Deshacer**, se desplegará una lista con las últimas acciones realizadas **(Figura16)**, y podrá seleccionar las que quiera cancelar de una sola vez.

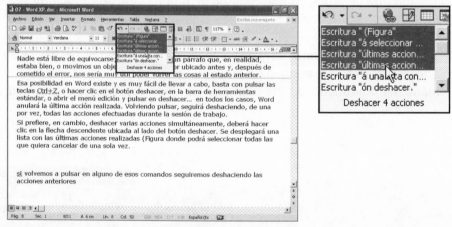

Figura 16. *Seleccione todas las acciones que quiere deshacer y haga clic. En la parte inferior de la lista aparece la cantidad de acciones que va a eliminar.*

El Portapapeles de Office XP

Habíamos visto en el **Capítulo 4** la importante función que cumple el **Portapapeles** para mover y copiar objetos. En Office XP se ha ampliado enormemente su utilidad ya que, mediante un panel de tareas adicional, pueden cortarse y copiarse hasta veinticuatro elementos. Luego se los puede pegar todos juntos, o separadamente, en cualquier orden, las veces que sean necesarias **(Figura 17)**.

Figura 17. *Los iconos correspondientes a los objetos que ha cortado o copiado están encolumnados, con el más reciente en la parte superior. Para pegar el elemento elegido, haga doble clic sobre él.*

Etiquetas inteligentes

Seguramente usted habrá notado que, si continuó escribiendo en minúsculas después de un punto, Word cambió automáticamente esa primera minúscula por una mayúscula. Pero, tal vez, usted había continuado escribiendo en esa forma porque el punto correspondía a una abreviatura.

En ese caso, si desliza lentamente el puntero sobre la letra en cuestión, aparecerá debajo un pequeño trazo azul que le permitirá corregir el error, mostrándole un botón y luego un menú con las opciones de corrección **(Figura 18)**.

Word XP 7

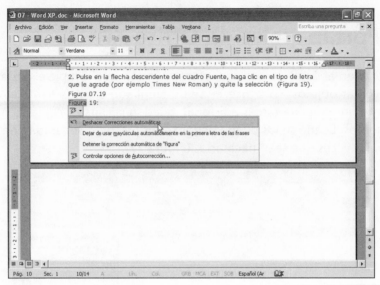

Figura 18. *Éstas son las etiquetas inteligentes que existen, para muchas funciones, en todos los programas de Office XP. Cuando necesite eliminarlas pulse la tecla **ESC**.*

El documento toma forma

Hemos visto ya, en WordPad, algunas herramientas que nos permitirán mejorar la presentación de los documentos. En Word XP se procede, en general, de la misma forma, pero se dispone de prestaciones adicionales. Veamos cuáles son.

Fuentes

En Word XP, la lista que despliega el botón con flecha del cuadro **Fuente**, en la barra de herramientas **Formato**, muestra a éstas en su diseño real **(Figura 19)**.

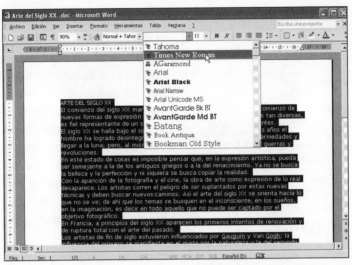

Figura 19. Ver cómo son las fuentes realmente, facilita su elección.

También hay mejoras en el botón que permite elegir color para las fuentes **(Figura 20)**.

Figura 20. Si quiere usar el color que muestra el botón con la "A", pulse directamente en él, sin necesidad de abrir la paleta.

SEPARAR PALABRAS

Al llegar al final del renglón, Word puede separar la última palabra o llevarla al siguiente en forma completa. Defínalo haciendo clic en Herramientas/Idioma/Guiones y marque/desmarque la casilla División automática del documento.

FECHA Y HORA

Cuando necesite incluir la fecha y/o la hora actual en un documento, coloque el punto de inserción en ese lugar y pulse Insertar/Fecha; en el cuadro que aparece elija el formato que más le agrade y presione Aceptar.

Word XP 7

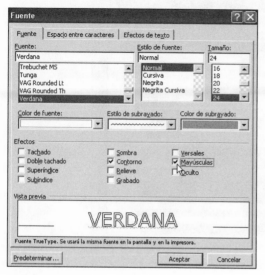

Haciendo clic en **Formato/Fuente** se presenta el cuadro de diálogo **Fuente**, donde existen algunas posibilidades adicionales. En la ficha **Fuente (Figura 21)**, por ejemplo, desplegando la lista **Estilo de subrayado**, se puede cambiar la simple línea que se suele usar, por otras más decorativas. Otro cuadro, al lado, permite modificar también el color del subrayado.

Más abajo, en el sector **Efectos**, puede activar y desactivar todas las casillas y ver el efecto producido por cada una, en el cuadro **Vista previa**.

Pruebe también los efectos animados que encontrará en la ficha **Efectos de texto**. Tenga en cuenta que éstos le servirán sólo para verlos en pantalla ya que, obviamente, no se pueden imprimir.

Figura 21. *Si desea aplicar los cambios hechos en las fuentes a los documentos que vaya a crear, haga clic en el botón* **Predeterminar.**

Párrafos

Para los párrafos, Word XP dispone de varias opciones muy interesantes que no existen en WordPad.

Por ejemplo, hay una alineación adicional, llamada **Justificada**, que hace que todos los renglones lleguen hasta ambos márgenes, dando un aspecto más prolijo al texto. Se aplica haciendo clic en el botón **Justificar** en la barra de herramientas **Estándar**.

También existe, en la misma barra, el botón **Interlineado**, que permite establecer la separación entre las líneas de los párrafos **(Figura 22)**.

FORMAS DE VER

Al cambiar de forma de visualización, se tiene una visión, a veces, totalmente distinta del documento, pero tenga en cuenta que lo que ha cambiado no es el documento, sino la forma de verlo.

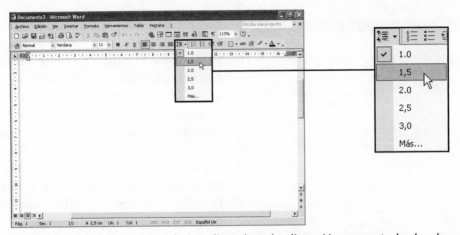

Figura 22. *Tanto los valores de interlineado y de alineación, como todos los de fuentes y párrafos en general, se pueden establecer antes de empezar a escribir.*

En la **Guía visual 2** podrá observar los distintos tipos de alineaciones e interlineados.

Opciones de alineación   GUÍA VISUAL 2

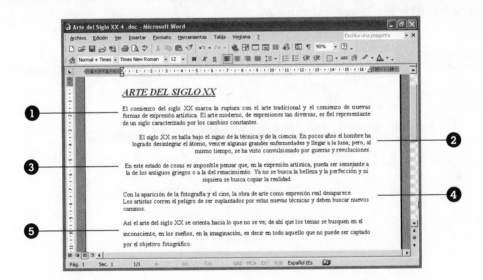

❶ Alineación justificada.
❷ Alineación derecha.
❸ Alineación centrada.
❹ Alineación izquierda.
❺ Interlineado: 1,5 (un espacio y medio).

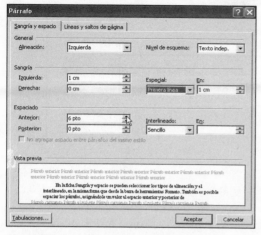

Figura 23. *Los párrafos se pueden espaciar de una forma más precisa que en WordPad.*

Existen, todavía, posibilidades adicionales para trabajar con párrafos. Haga clic en **Formato/Párrafo...** y utilice las opciones del cuadro del mismo nombre.

En las ficha **Sangría y espacio (Figura 23)**, se pueden seleccionar los tipos de alineación (izquierda, derecha, centrada o justificada) y el interlineado (sencillo, 1,5 líneas, doble, etc.), de la misma manera que en la barra de herramientas **Formato**. También es posible espaciar los párrafos, asignándoles un valor al espacio anterior y al posterior de los mismos, en el sector **Espaciado**, y también establecer las sangrías.

Sangrías

Las sangrías se pueden aplicar, igual que en WordPad, arrastrando los marcadores **(Guía visual 3)** sobre la regla **(Figura 24)**.

Marcadores de sangría	GUÍA VISUAL 3

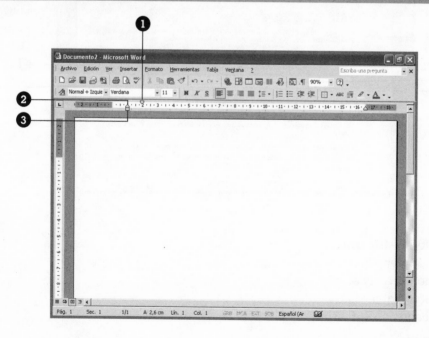

❶ **Sangría de primera línea**: Este marcador se puede arrastrar libremente.
❷ **Sangría francesa**: Este marcador también se puede arrastrar con libertad.
❸ **Sangría izquierda**: Este botón arrastra los otros dos marcadores juntos.

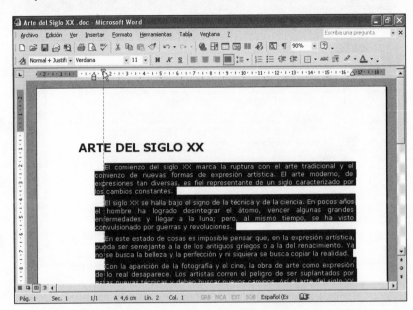

Figura 24. Observe cómo se ven gráficamente las sangrías;
al arrastrar el marcador, una línea vertical muestra dónde van a comenzar los textos.

También se pueden aplicar sangrías utilizando la ficha **Sangría y espacio** del cuadro **Párrafo**. En la **Guía visual 4** podemos ver las sangrías que se obtienen aplicando los valores indicados en las referencias. La sangría de primera línea, como su nombre lo indica, afecta exclusivamente la primera línea del párrafo, mientras que la llamada **sangría francesa**, por el contrario, ajusta todas las líneas a excepción de la primera. Es muy interesante observar el comportamiento, tanto individual de cada uno de los marcadores, como el conjunto. Usted puede ejercitarlo aplicando los mismos valores en su documento y viendo los resultados.

VÉALO TERMINADO

La **Vista preliminar**, a la que se accede desde el menú **Archivo**, muestra el documento exactamente como saldrá impreso. Esto le permitirá dar un último retoque a la diagramación y ver si algún objeto queda fuera del área de impresión.

Word XP   7

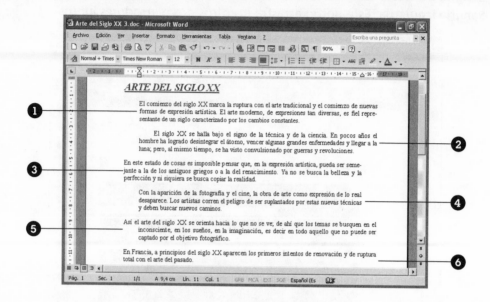

❶ Sangría izquierda 1 cm - Sangría derecha 0 cm

❷ Sangría izquierda 1 cm - Sangría Primera línea 1 cm - Sangría derecha 0 cm

❸ Sangría izquierda 0 cm - Sangría derecha 1 cm

❹ Sangría izquierda 1 cm - Sangría derecha 1 cm

❺ Sangría izquierda 0 cm - Sangría francesa 1 cm

❻ Párrafo sin sangrías.

Guardar los documentos

Como habíamos visto en el **Capítulo 2**, al terminar de trabajar en un documento, o antes de apagar la computadora, es necesario guardarlo para poder disponer de él la próxima vez que sea necesario. Los pasos a dar para hacerlo son similares a los de WordPad.

Puede pulsar en el botón **Guardar** de la barra de herramientas **Estándar**, en las teclas **CTRL+G** o abrir el menú **Archivo** y pulsar en **Guardar** o **Guardar como...**

Si el documento no había sido guardado antes, aparecerá, en todos los casos, la ventana **Guardar como**, que se presenta en la **Guía visual 5**.

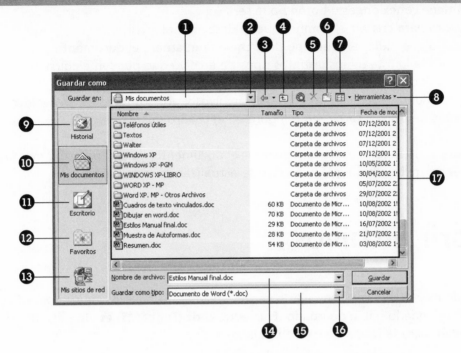

● Nombre de la carpeta donde se guardará el archivo.

● Botón que despliega la lista para elegir la unidad de disco y la carpeta donde deseamos ubicar el archivo.

● Volver a la carpeta recién examinada.

● Subir un nivel. Permite ver la carpeta donde está contenida la carpeta actual.

● Eliminar la carpeta o archivo seleccionado.

● Crear una carpeta nueva, dentro de la que figura en el cuadro **Guardar en:**, para guardar el documento.

● Lista desplegable para elegir la forma en que se desean ver, en la ventana, los iconos de las carpetas y archivos, y para acceder a la **Vista previa** de los mismos.

● Lista desplegable para definir distintas funciones y opciones de almacenamiento.

● Ver los accesos directos a las carpetas y archivos utilizados recientemente. Haciendo doble clic sobre uno de los iconos, la carpeta se ubica en el cuadro **Guardar en:** para almacenar allí el archivo.

● Acceder a la carpeta **Mis documentos**, donde habitualmente se guardan los archivos creados por el usuario.

● Guardar carpetas o archivos directamente en el Escritorio de Windows. Por lo general, es una ubicación temporaria hasta elegir otro destino.

● Abre la carpeta **Favoritos** con la lista de carpetas y accesos directos a los archivos y sitios web preferidos por el usuario para guardar el archivo allí.

⑬ Si está conectado a una red, permite guardar el archivo en una carpeta de ésta. Si no tiene conexión, este botón no le será útil.

⑭ Cuadro para escribir el nombre que se desea dar al archivo.

⑮ Cuadro que indica en qué tipo de archivo se guardará el documento.

⑯ Despliega la lista de los distintos tipos de archivo que pueden elegirse para guardar el documento.

⑰ Sector donde aparecen las carpetas, archivos y accesos directos contenidos en la unidad de disco o carpeta que figura en el cuadro **Guardar en:**

Cuando, en lo sucesivo, vuelva a guardar el documento, ya no aparecerá más la ventana **Guardar como**, sino que el archivo se actualizará directamente.

Abrir archivos

Cuando necesite volver a trabajar o ver un documento, tendrá que recuperarlo de la carpeta donde lo había guardado. El cuadro **Abrir (Figura 25)** es algo distinto del de WordPad, pero la forma de hacerlo es la misma.

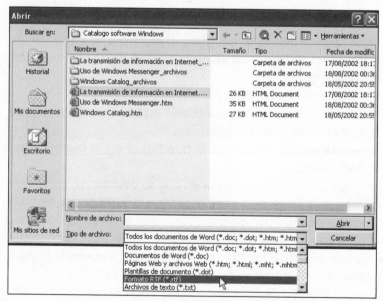

Figura 25. Si tiene que abrir un archivo que no es de Word o de página web, presione la flecha descendente del cuadro **Tipo de archivo:** y seleccione el que necesita.

Formas de ver la lista de archivos

Desplegando, tanto en el cuadro **Abrir** como en **Guardar como**, la lista del botón **Vistas**, se puede elegir, en ambas ventanas, la forma de ver los archivos:

- Las opciones **Iconos grandes** e **Iconos pequeños** son útiles sólo para ventanas con pocos iconos.
- La opción **Lista** permite ver una cantidad grande de carpetas y archivos, pero muestra sólo sus nombres.
- **Detalles** (la **Figura 25** está mostrando esta vista) es la opción que exhibe, además del nombre, el tamaño, la fecha de la última modificación, el tipo de archivo y otras características. Además, pulsando sobre los encabezados de cada columna, organiza los archivos en orden alfabético, por fecha y por tipo de archivo, con lo cual se facilita su búsqueda.
- La **Vista previa** también es muy útil, ya que ayuda a reconocer si el archivo seleccionado es el buscado.

Estilos y formato

Al trabajar en la edición de un documento, vamos utilizando distintos tipos de fuentes, tamaños y propiedades, que aplicamos a títulos, subtítulos y textos, conformando un estilo. Además creamos párrafos con distintas alineaciones, espaciados y otras características particulares que también constituyen estilos. En el primer caso, nos estamos refiriendo a los Estilos de carácter y en el segundo, a los Estilos de párrafo. Sin lugar a dudas, puede ser muy útil, en muchos casos, aplicar esos estilos a nuevos textos, con el objetivo de no tener que estar aplicando cada propiedad en forma individual, sino, y de una sola vez, hacerlo en su conjunto.

La forma más rápida y fácil de aplicar estilos a los textos seleccionados consiste en desplegar la lista del cuadro **Estilo**, en la barra de herramientas **Formato**, y hacer clic en una de las opciones **(Figura 26)**.

IDEAs

REHACER

Si necesita rehacer simultáneamente varias operaciones que había deshecho por error con la función Deshacer, puede utilizar el botón Rehacer, que se encuentra al lado del anterior, la misma opción en el menú Edición, o el atajo CTRL+Y.

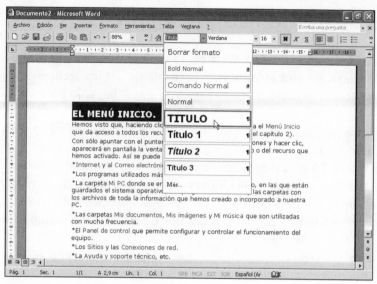

Figura 26. *En esta lista se puede tener una noción de cómo es cada estilo.*

En Office XP, se ha agregado un panel de tareas especialmente diseñado para trabajar con estilos **(Guía visual 6)**. Aparece al pulsar en el botón del mismo nombre en la barra de herramientas **Formato** o en la misma opción del menú **Formato**.

Panel de tareas Estilos y formato   GUÍA VISUAL 6

1 Estas flechas permiten ir al panel de tareas anterior o pasar al siguiente.
2 Despliega la lista de paneles de tareas.
3 Cierra el panel de tareas.
4 En este cuadro se muestra el estilo o formato del párrafo en el que se encuentra el punto de inserción.
5 Abre el cuadro de diálogo para crear un estilo nuevo.
6 Selecciona todos los párrafos que tienen el estilo que muestra el cuadro 4.
7 Ventana que muestra todos los estilos.
8 Despliega el menú para elegir qué estilos y formatos se desean ver.

Ortografía y gramática

Habíamos mencionado antes que si una palabra aparece subrayada en rojo, significa que está mal escrita, y que para corregirla hay que hacer clic en la opción correcta, que aparece en el menú contextual **(Figura 27)**.

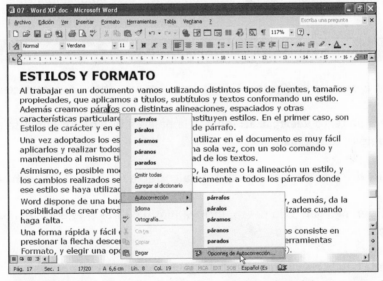

Figura 27. En el menú hay opciones para la corrección de palabras en otro idioma y para acceder al cuadro Ortografía, con más funciones de corrección.

Pulsando en **Autocorrección**, en este menú, se despliega un submenú que permite acceder al cuadro que se ve en la **Figura 28**, donde se establecen las opciones de **Autocorrección** de Word. En este cuadro se pueden agregar palabras para que Word las corrija automáticamente.

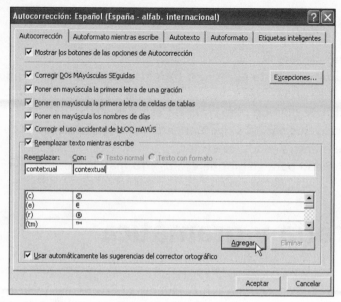

Figura 28. *Desmarcando alguna casilla se puede establecer que Word no efectúe determinada corrección. Más abajo hay una lista completa de las correcciones que realiza automáticamente.*

Agregar palabras para Autocorrección   PASO A PASO

1 Pulse en **Herramientas/Opciones de Autocorrección...**/ficha **Autocorrección.**

2 En la caja de texto **Reemplazar:** ingrese la palabra que habitualmente escribe mal (por ejemplo: **contetxual**).

3 En la caja de texto **Con:** escriba la forma correcta (en este caso: **contextual**).

4 Haga clic en **Agregar**. Si lo desea, incluya más palabras siguiendo el mismo procedimiento.

5 Marque la casilla de verificación **Reemplazar texto mientras escribe**.

6 Presione en **Aceptar**.

En lo sucesivo, cada vez que escriba mal esa palabra Word la corregirá automáticamente.

Sinónimos

El uso de los sinónimos es indispensable al redactar documentos, y Word XP permite encontrarlos de una forma fácil y rápida. Cuando necesite reemplazar una palabra por su sinónimo, haga clic derecho sobre ella y, en el menú contextual que aparece, en la opción **Sinónimos**.

Se desplegará un submenú con los términos propuestos **(Figura 29)**. Pulse en el que prefiera y éste se insertará en el documento reemplazando a la palabra anterior.

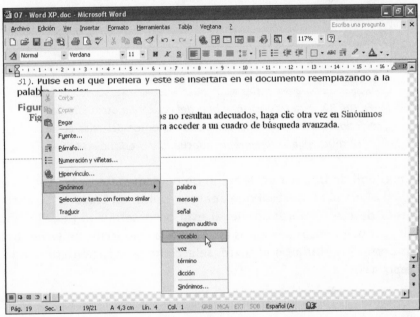

Figura 29. Si los términos ofrecidos no resultan adecuados, haga clic otra vez en Sinónimos dentro del submenú,1 para acceder a un cuadro de búsqueda avanzada.

Traducir

En el menú contextual de las palabras aparece una opción realmente muy útil, **Traducir**, que permite obtener el significado de las palabras de otros idiomas directamente en pantalla, o tener un acceso rápido, cuando se trata de traducir páginas o documentos completos, a los sistemas de traducción ofrecidos por Microsoft en la Web.

Para facilitar el uso de esta función, se le ha asignado el panel de tareas **Traducir**, que se observa en la **Figura 30**.

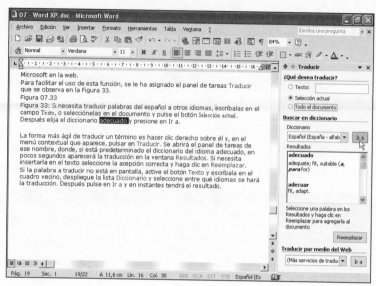

Figura 30. *Para traducir palabras del español a otros idiomas*
selecciónelas en el documento y pulse el botón **Selección actual.**
Después elija el diccionario adecuado y presione en **Ir a.**

La forma más ágil de traducir un término de un documento es hacer clic derecho
sobre él y, en el menú contextual que aparece, pulsar en **Traducir**. Se abrirá el panel de tareas de ese nombre, donde, si está predeterminado el diccionario del
idioma adecuado, en pocos segundos aparecerá la traducción en la ventana **Resultados**. Si necesita insertarla en el texto, seleccione la acepción apropiada y haga
clic en **Reemplazar**.

Tabulaciones

Ya hemos visto, en WordPad, cómo hacer una lista usando tabulaciones. En Word XP
se utilizan de la misma manera, con la diferencia de que existen cinco tipos de tabuladores **(Figura 31)**.

NUEVO PORTAPAPELES

Para acceder al panel de tareas Portapapeles hay que presionar CTRL+C
dos veces. Una vez activado, pueden
cortarse o copiarse los objetos y tener-
los disponibles para cuando sea necesario pegarlos.

EL DOCUMENTO

El archivo del documento de la **Figura 31** se encuentra en el sitio web de
MP Ediciones, en **Computación desde
cero/Archivos relacionados/Tabula-
dores.doc**.

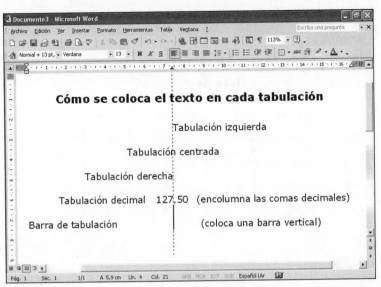

Figura 31. *La línea vertical corresponde a la posición del tabulador. Vea cómo se ubican los textos de acuerdo con ella, según el tabulador utilizado.*

Para cambiar de un tipo a otro, haga clic, las veces necesarias, en el botón ubicado en el extremo izquierdo de la regla horizontal. Si deja un instante el puntero sobre ese botón, una etiqueta le indicará de qué tipo de tabulador se trata.

La **Figura 32** muestra una lista de precios creada con tabulaciones. En la **Figura 33** se pulsó el botón **Mostrar u ocultar ¶** de manera que pueda verse cómo se usaron los tabuladores para llevar cada texto a la columna correspondiente.

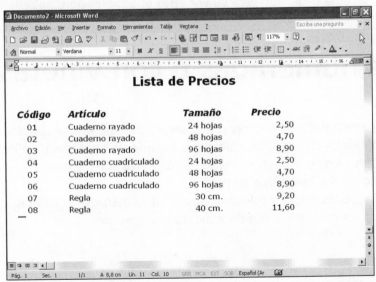

Figura 32. *En la regla, puede observar dónde están los tabuladores y de qué tipo son.*

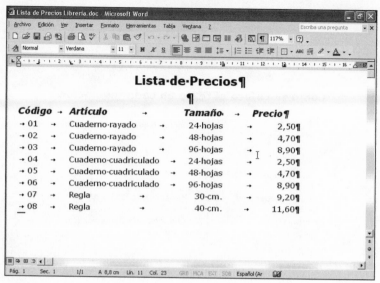

Figura 33. *En esta figura, las flechas muestran dónde se pulsó la tecla **TAB**, y la letra griega ¶, dónde fue pulsada la tecla **ENTER**.*

Cuando necesite usar tabuladores tenga en cuenta las siguientes consideraciones:

- Elija el tipo de tabulador que quiere colocar y haga clic, donde desee ubicarlo, en la parte blanca de la regla. Para incluir más tabuladores, repita la operación.
- Coloque los tabuladores antes de empezar a escribir la lista. Después, si hace falta, podrá arrastrarlos con el mouse, para ajustar el documento.
- Si quiere saltar una tabulación y avanzar horizontalmente dos espacios, debe presionar dos veces la tecla **TAB**. Para volver atrás una tabulación, pulse la tecla **RETR**.

Listas numeradas o con viñetas

Cuando tenga necesidad de enumerar una serie de elementos, probablemente lo hará encolumnándolos en una lista, colocando delante de cada uno de ellos una viñeta o, si responden a un orden determinado, los números correlativos.

Puede hacerlo de dos maneras distintas:

- Escribir primero los textos y colocar después los números o las viñetas.
- Ir colocando los números o viñetas a medida que escribe.

Colocar numeración o viñetas en un texto escrito   PASO A PASO

1 A modo de ejemplo, escriba el siguiente texto:

COLORES MÁS CONTRASTANTES
Negro sobre blanco
Rojo sobre blanco
Amarillo sobre negro
Blanco sobre azul

Para aplicar viñetas a esta lista, bastará con seleccionar todas las líneas (menos el título) y pulsar en el botón **Viñetas** de la barra de herramientas **Formato**. La lista se verá como en la **Figura 34**.

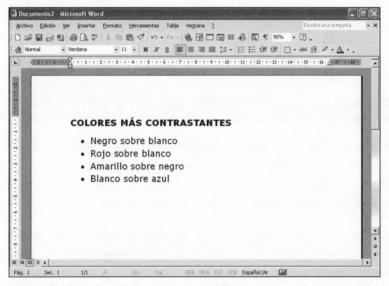

Figura 34. Al aplicar las viñetas, Word establece una sangría en esos párrafos.

En esta lista hubiera sido preferible numerar el orden de contraste de los colores. Para hacerlo, vuelva a seleccionar la lista y pulse el botón **Numeración** de la barra de herramientas **Formato**. De esa manera Word cambiará las viñetas por números **(Figura 35)**.

LA LISTA

El archivo de la lista de la **Figura 34** se encuentra en el sitio web de MP Ediciones, Computación desde cero/Archivos relacionados/Colores más contrastantes.doc.

TODO DE UNA VEZ

Si los textos tienen aplicado un estilo, al modificar, por ejemplo, la fuente o la alineación, los cambios realizados se aplicarán automáticamente a todos los párrafos donde se haya utilizado ese mismo estilo.

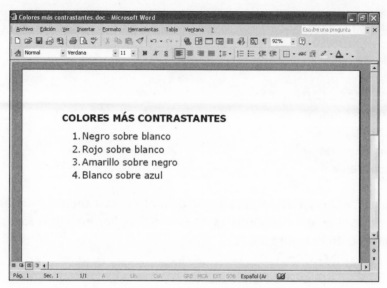

Figura 35. *Para cambiar entre números y viñetas, no es necesario eliminar previamente los existentes.*

Colocar numeración o viñetas a medida que escribe   PASO A PASO

1 Ubique el punto de inserción en el lugar donde irá la primera línea de la lista y presione el botón **Numeración** (o **Viñetas**). Aparecerá el número o la viñeta y podrá empezar a escribir. Cuando pulse **ENTER** para pasar a la próxima línea, el número o la viñeta siguiente se insertará de manera automática.

2 Cuando quiera terminar la lista, para eliminar el número (o viñeta) que se ha agregado al pulsar **ENTER**, haga clic en el botón **Numeración** (o **Viñeta** según corresponda), para desactivarlo.

En caso de que necesite agregar un nuevo ítem a una lista, coloque el punto de inserción al final de la línea anterior a la que quiere incorporar y pulse **ENTER**. Automáticamente se intercalará una nueva viñeta o número entre las líneas para que pueda escribir el texto.

CREE SU ESTILO

La forma más directa de crear un estilo es seleccionar el párrafo que le agrade para crearlo, escribir un nombre en el cuadro Estilo de la Barra de herramientas Formato y pulsar ENTER. En la lista Estilo empezará a aparecer ese nombre.

Si se trata de una lista numerada, Word corregirá la numeración de forma automática. También la corregirá cuando elimine un elemento de la lista **(Figura 36)**.

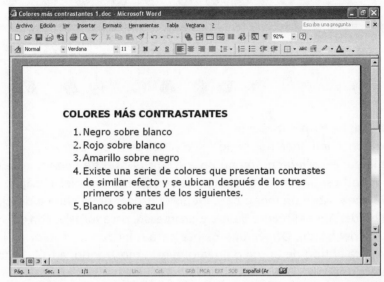

Figura 36. *Word ha establecido automáticamente una sangría francesa en el párrafo de varias líneas y ha corregido la numeración de toda la lista.*

Haciendo clic en el menú **Formato/Numeración y viñetas...** se presentará el cuadro que aparece en la **Figura 37**, donde existen distintos tipos de viñetas y formas de numeración para elegir. Hay que hacer clic en la que se prefiere y pulsar en **Aceptar**.

Tablas

Figura 37. *La ficha **Esquema numerado** se utiliza para listas que incluyen ítems y, dentro de ellos, otros subítems.*

Las tablas se presentan como una cuadrícula formada por columnas verticales y filas horizontales. La intersección entre una fila y una columna origina un rectángulo que se denomina celda.

Para trabajar con tablas se utiliza la barra **Tablas y bordes (Guía visual 7)**. Si desea mostrar u ocultar esta barra, puede usar el botón de ese nombre, de la barra de herramientas **Estándar**, o pulsar en el menú **Tabla/Dibujar tabla**.

Barra Tablas y bordes   GUÍA VISUAL 7

- ❶ **Dibujar tabla**: Herramienta **Lápiz**.
- ❷ **Borrador**: Borra una línea haciendo clic o pasando sobre ella.
- ❸ **Estilo de línea**: Despliega un menú para elegir el tipo de línea que se desea aplicar. Para modificar líneas ya dibujadas, debe volver a pasarles el **Lápiz**.
- ❹ **Grosor de línea**: Abre un menú para elegir el grosor de la línea a dibujar.
- ❺ **Color del borde**: Abre el cuadro **Bordes y sombreado**, para trabajar con esos elementos.
- ❻ **Flecha color del borde**: Ofrece una paleta para seleccionar el color de la línea.
- ❼ **Bordes**: Aplica el tipo de borde o línea que está mostrando, a toda la tabla o a las celdas seleccionadas.
- ❽ **Flecha bordes**: Habilita un menú para elegir el tipo de borde o línea que se aplicará a toda la tabla o a las celdas seleccionadas.
- ❾ **Color de sombreado**: Aplica el color que está mostrando, a toda la tabla o a las celdas seleccionadas.
- ❿ **Flecha color de sombreado**: Despliega una paleta para elegir el color de sombreado a aplicar a toda la tabla o a las celdas seleccionadas.
- ⓫ **Insertar tabla**: Abre el cuadro de diálogo para insertar una nueva tabla.
- ⓬ **Flecha insertar tabla**: Despliega un menú para insertar una nueva tabla o alguno de sus elementos, y definir otros aspectos.
- ⓭ **Combinar celdas**: Une dos o más celdas adyacentes seleccionadas.
- ⓮ **Dividir celdas**: Habilita un cuadro de diálogo para especificar en cuántas filas y columnas debe dividirse la celda seleccionada.
- ⓯ **Alinear**: Aplica la alineación que está mostrando, a los textos de toda la tabla o de las celdas seleccionadas.
- ⓰ **Flecha alinear**: Despliega un menú para definir la alineación horizontal y vertical de los textos, en toda la tabla o en las celdas seleccionadas.
- ⓱ **Distribuir filas uniformemente**: Iguala la altura de todas las filas de la tabla o del sector seleccionado.
- ⓲ **Distribuir columnas uniformemente**: Iguala el ancho de todas las columnas de la tabla o del sector seleccionado.
- ⓳ **Autoformato de tablas**: Permite aplicar formato automáticamente a toda la tabla en un solo paso, usando modelos preestablecidos.
- ⓴ **Cambiar dirección del texto**: Cambia un texto a vertical, para adecuarlo a una columna. Volviendo a pulsar este botón, cambia de sentido o vuelve a horizontal.

- ㉑ **Orden ascendente**: Ordena la tabla, de acuerdo con la columna seleccionada, desde la A a la Z, desde el 1 al..., o desde la fecha más antigua a la más reciente.
- ㉒ **Orden descendente**: Ordena en forma inversa a la opción anterior.
- ㉓ **Autosuma**: Suma todos los números de la columna ubicados hacia arriba o, en las filas, los que están a la izquierda.

Word XP permite diseñar tablas con las formas más dispares para poder organizar cualquier tipo de datos, no solamente textos y números. En la **Figura 38** se puede ver un ejemplo, en el que se ha insertado, incluso, una fotografía.

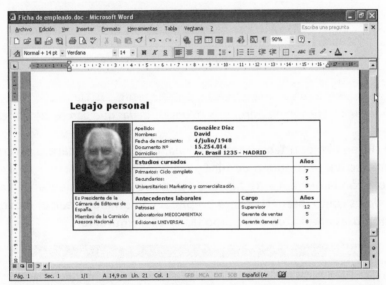

Figura 38. *Utilizando la herramienta* **Lápiz,** *de la barra de herramientas*
Tablas y bordes, *se ha podido crear esta tabla con divisiones nada convencionales.*

Existen diferentes maneras de insertar una tabla en un documento:
- Pulse sobre el botón **Insertar tabla** de la barra de herramientas **Estándar** y, sin soltar el botón, arrastre el mouse marcando la cantidad de filas y columnas que necesita **(Figura 39)**. Cuando lo suelte, aparecerá la tabla en el documento.

SI NO ESTÁ, ESCRÍBALA

Para traducir una palabra que no está en la pantalla, active el botón Texto, escríbala en el cuadro, despliegue la lista Diccionario y seleccione entre qué idiomas se hará la traducción. Después pulse en Ir a y obtendrá el resultado.

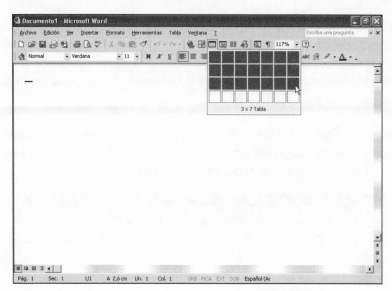

Figura 39. En el panel pueden marcarse más columnas de las que parece admitir en principio.

• Haciendo clic en el menú **Tabla/Insertar/Tabla**. En este caso aparece un cuadro en el que deberá escribir la cantidad de filas y columnas necesarias.
• Dibujándola con la herramienta **Lápiz**, de la barra de herramientas **Tablas y bordes**. Este método es como diseñarla sobre un papel con un lápiz real; al mover el mouse con el botón presionado, irá marcando las líneas **(Figura 40)**.

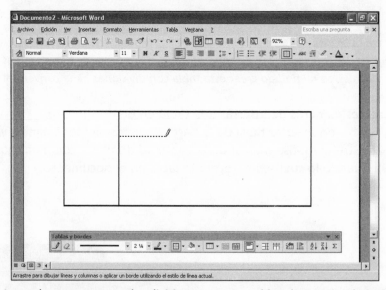

Figura 40. Antes de comenzar con las divisiones, marque el borde exterior, bajando el mouse diagonalmente hacia la derecha, mientras mantiene el botón presionado.

Veamos más en detalle cómo trabajar con tablas.

Crear una tabla

1 Utilizando cualquiera de los métodos disponibles, cree una tabla con cinco filas y cinco columnas **(Figura 41)**.

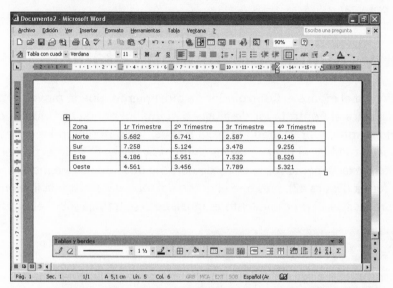

*Figura 41. En la parte superior izquierda puede verse el **Controlador de movimiento** y en el extremo inferior derecho, el **Controlador de ajuste de tamaño**.*

2 Haga clic en la celda de la izquierda, de la primera fila, y escriba "Zona".

3 Pulse la tecla **TAB**, para moverse a la próxima celda, y escriba "1r Trimestre".

4 Continúe pulsando **TAB** y copiando el texto de las demás celdas, como se ve en la **Figura 41**. Al llegar a la última columna y pulsar **TAB**, pasará a la primera celda de la segunda fila.

5 Continúe en la misma forma hasta completar la tabla.

Moverse por la tabla

- Para avanzar a la celda siguiente use la tecla **TAB**.
- Para retroceder a la celda anterior presione **MAYUS+TAB**.
- Al llegar al final de la tabla, si vuelve a pulsar **TAB**, se creará una nueva fila.
- Para colocar el punto de inserción para escribir en una celda, haga clic en ella con el mouse o utilice las teclas de dirección (menos en los textos, porque se mueven un carácter por vez).

Mover y cambiar de tamaño la tabla

Arrastrando con el mouse el Controlador de movimiento, puede mover la tabla a otro lugar, y si arrastra el Controlador de ajuste de tamaño, puede agrandarla o achicarla. Si al hacerlo mantiene presionada la tecla **MAYUS**, se conservarán las proporciones. También puede cambiar el tamaño de las columnas y de las filas. En el primer caso, coloque el puntero exactamente sobre el borde derecho de la que desea modificar, y cuando cambie de forma **(Figura 42)**, presione el botón del mouse y arrastre la línea hasta donde necesite. Para las filas el procedimiento es igual, pero se trabaja sobre el borde inferior.

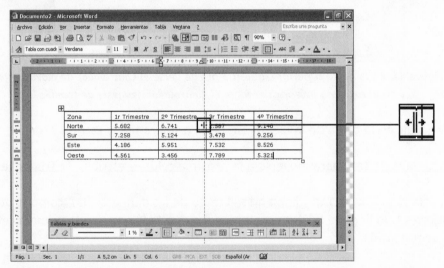

Figura 42. Si cuando aparece la doble flecha, en lugar de arrastrarla, hace doble clic, el ancho de la columna se ajustará automáticamente al del texto más largo.

Seleccionar elementos de la tabla

Para seleccionar una columna lleve el puntero hasta su borde superior y, cuando tome la forma de una flechita negra apuntando hacia abajo **(Figura 43)**, haga clic.

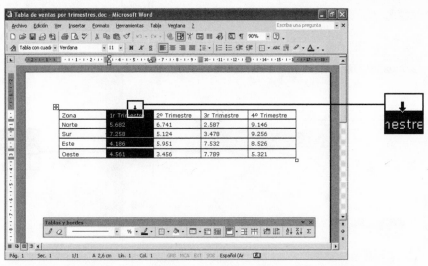

Figura 43. Si necesita seleccionar varias columnas, mueva el puntero hacia
el costado que corresponda, sin soltar el botón del mouse.

Si necesita seleccionar una fila, ubique el puntero a la izquierda de la misma y haga
clic **(Figura 44)**.

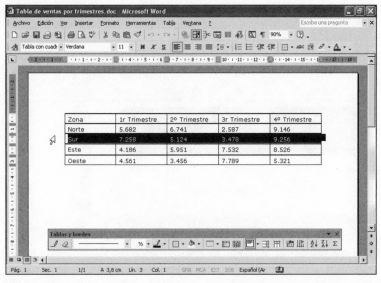

Figura 44. Para seleccionar varias filas mueva el puntero hacia arriba
o hacia abajo, sin soltar el botón del mouse.

Las celdas se seleccionan colocando el puntero en su esquina inferior izquierda, hasta
que toma la forma de una flechita negra inclinada **(Figura 45)**, y entonces se hace clic.

Word XP

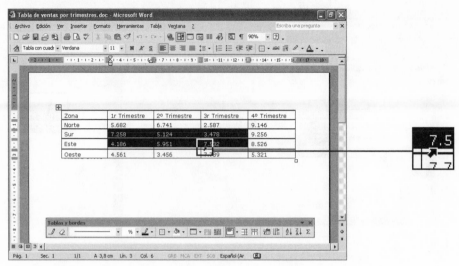

Figura 45. *Si mueve el puntero sobre varias celdas, sin soltar el botón del mouse, éstas quedarán seleccionadas.*

La forma más sencilla de seleccionar la tabla completa es hacer clic sobre su **Controlador de movimiento (Figura 46)**.

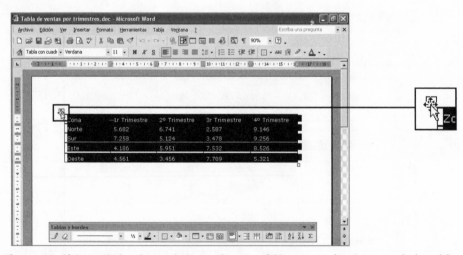

Figura 46. *El **Controlador de movimiento** sirve también para seleccionar toda la tabla.*

Insertar filas y columnas

Para agregar una columna en una tabla existente, seleccione alguna de las columnas entre las cuales la quiere incluir y, abriendo el menú **Tabla/Insertar (Figura 47)**, elija la ubicación. Siguiendo el mismo procedimiento puede insertar filas. Si coloca el punto de inserción en una celda, también podrá incorporar esos elementos usando este menú.

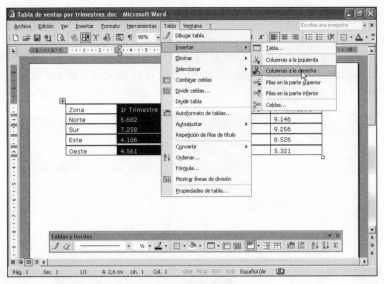

Figura 47. *En el submenú existen opciones para insertar columnas, filas y celdas, e incluso, una tabla dentro de una celda.*

Formato de textos

Para dar formato a los textos de la tabla, selecciónelos, como a cualquier otro texto, o seleccione las celdas y después modifique las propiedades que desee.

En el caso de la alineación dentro de las celdas, Word cuenta con un elemento realmente práctico, el botón **Alinear (Figura 48)**.

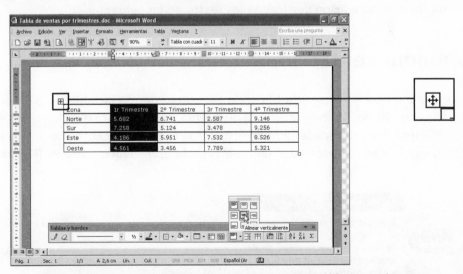

Figura 48. *Las opciones del botón **Alinear** presentan dibujos realmente muy claros y permiten hacerlo tanto en sentido horizontal como vertical.*

Seleccionando la tabla y haciendo clic en **Tabla/Propiedades de tabla**, se presenta un cuadro con cuatro fichas. En **Tabla** hay un sector para alinear la tabla completa con relación a los márgenes, como si se tratara de un párrafo, y otro sector para establecer cómo deben ajustarse los textos de la página con relación a la tabla. Eligiendo **Alrededor**, se activa el botón **Posición...**, que permite ajustar otros detalles **(Figura 49)**.

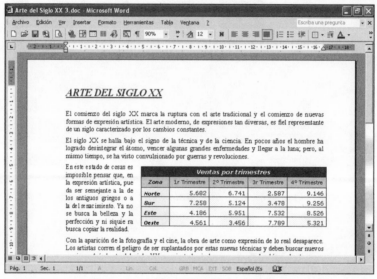

Figura 49. *Para ajustar el texto a la tabla en esta página, se eligió la opción* **Alrededor** *y la posición a la* **Derecha**.

En las otras fichas se puede determinar el tamaño de las columnas, filas y celdas, y en la última ficha, la alineación vertical de los textos en las celdas.

Combinar celdas

Suponga que quiere agregar una fila en la parte superior de la tabla de la **Figura 41**, para escribir un título. Cuando inserte la nueva fila, ésta quedará dividida también en cinco columnas. Para unificarlas y poder escribir el texto en el centro tiene que seleccionarlas y pulsar en el botón **Combinar celdas** de la barra **Tablas y bordes (Figura 50)**.

Figura 50. Las celdas en sentido vertical también pueden ser combinadas, por ejemplo, para ubicar un título que abarque varias filas.

Autoformato de tablas

Si quiere dar a la tabla una mejor presentación, utilizando colores, formatos de texto y resaltando, a la vez, las columnas y filas más importantes, puede utilizar **Autoformato de tablas**, una función de Word XP que le permitirá elegir, entre una serie de diseños predeterminados, el que más se adapte a su necesidad.

Para utilizarla seleccione la tabla completa y haga clic en el menú **Tabla/Autoformato de tablas**. Se presentará en pantalla un cuadro como el que se muestra en la **Figura 51**.

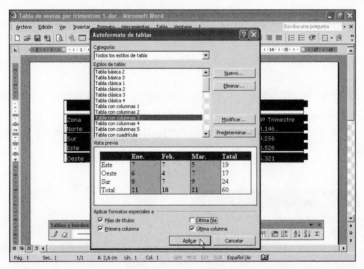

Figura 51. Si desmarca las casillas de la parte inferior, podrá dar un formato personalizado a algunas filas y columnas de la tabla.

Recorra la lista **Estilos de tabla:** y vea en la ventana **Vista previa** cómo se presenta cada uno. Después de seleccionar el estilo que le agrade, pulse en **Aplicar**. La tabla adoptará el formato de la **Figura 52**.

Figura 52. *La presentación de la tabla corresponde a las opciones marcadas en la* **Figura 51**.

Resumen

- Aprender a manejar correctamente Word facilita el aprendizaje de otros programas de Office XP.
- Word XP dispone de ocho paneles de tareas que dan acceso a las funciones más utilizadas.
- Si necesita conocer la utilidad de un botón, apoye el puntero sobre él y aparecerá una etiqueta explicándola.
- Para desplegar por completo un menú haga doble clic sobre su nombre o espere unos instantes.

EL BOTÓN ¶

Pulsando el botón ¶ aparecen o se ocultan en el documento los caracteres no imprimibles, que indican dónde se ha pulsado la tecla ENTER, la tecla TAB y otras, para detectar si se han usado incorrectamente y han provocado errores en el documento.

- Recuerde que existen plantillas y asistentes para iniciar casi todo tipo de documentos. Acuda a ellas fundamentalmente cuando esté por editar un documento no convencional.
- En Word XP puede colocar el punto de inserción en cualquier lugar del documento haciendo doble clic. En la parte ya escrita basta con hacer un solo clic.
- Para corregir errores ortográficos y gramaticales, buscar sinónimos y traducir, utilice el menú contextual de la palabra. Recuerde que esta acción se realiza haciendo clic con el botón derecho del mouse sobre la palabra deseada.
- Existen varias formas y porcentajes de **Zoom** para ver el documento en elaboración. Utilice, en cada oportunidad, la más adecuada.
- En Word XP es posible seleccionar varios textos no contiguos simultáneamente. Esta posibilidad, largamente esperada por los usuarios de las anteriores ediciones, se constituye en una importante novedad.
- Si comete algún error, o bien si no está conforme con el resultado de una operación que ha realizado, recuerde que se pueden deshacer acciones pulsando las teclas **CTRL+Z** y, si fuera necesario, luego rehacerlas con **CTRL+Y**.
- El **Portapapeles** de Office puede retener hasta veinticuatro elementos.
- Antes de imprimir un documento, ajústelo en **Configurar página** y véalo en la **Vista preliminar**. Esta opción le dará una clara idea de cómo se verá el documento en la hoja de impresión.

Word XP 7

Cuestionario

Preguntas

1. Para cambiar de un panel de tareas a otro, en Word, ¿se utiliza el Panel de control?
2. Llevando el puntero a cualquier lugar de la pantalla, ¿todo lo que escribamos comenzará en ese lugar?
3. Si Word cambia automáticamente una minúscula por mayúscula, ¿tengo que borrarla y escribir de nuevo correctamente?
4. Antes de empezar a escribir un documento, ¿debo configurar los márgenes, fuentes y todos los demás elementos?
5. Para aplicar una sangría, ¿únicamente es posible hacerlo abriendo el menú **Formato** y usando el cuadro **Párrafo**?
6. Para guardar un documento por primera vez, ¿puedo pulsar en el botón **Guardar**?
7. Si modifico las fuentes de un estilo, ¿se modificarán en todo el documento?
8. ¿Sólo es posible aplicar viñetas o numeración a un texto terminado?

Respuestas

1. No. Pulsando en la flecha descendente, al lado del nombre, aparece un menú para cambiar.
2. No. Antes hay que hacer clic para colocar el punto de inserción.
3. No. Busque el pequeño trazo azul debajo de la letra, haga clic en la etiqueta inteligente y elija la opción correcta.
4. No es necesario. Puede utilizar las opciones predeterminadas y ajustarlo al finalizar.
5. No. Puede aplicarlas directamente sobre la regla.
6. Sí. De todas formas se abrirá el cuadro **Guardar como**, ya que por no haber sido grabado con anterioridad, debemos indicar dónde lo queremos guardar (unidad de disco y carpeta), y qué nombre va a tener.
7. Sí. Cualquier propiedad qué modifique en el estilo se aplicará a todo el documento y a los futuros que cree con él.
8. No. Puede establecerlas primero y luego comenzar a escribir.

TEXTOS Y NÚMEROS

Para escribir textos y números en una tabla, trate, si es posible, de seleccionar las columnas o las celdas que llevarán texto y deles alineación izquierda, y a las que llevarán números, alineación derecha. Así quedarán más prolijas.

INSERCIÓN MÚLTIPLE

Si necesita insertar varias filas o columnas en una tabla, puede hacerlo de una sola vez, seleccionando la misma cantidad que las que desea insertar. Después pulse en el menú Tabla/Insertar y seleccione la opción que corresponda.

Excel XP

Seguramente usted ha visto libros de contabilidad, que tienen una cantidad de hojas llenas de planillas con anotaciones y cálculos. Excel funciona de manera más o menos similar, pero en forma electrónica. Además, el mismo programa se ocupa de hacer las cuentas, pasar valores de unas hojas a otras y actualizar los resultados cuando algún dato cambia. El ayudante ideal, ¿verdad?

Conceptos básicos

Así como en Word XP se crean documentos que pueden abarcar muchas páginas constituyendo un único archivo, en Excel XP se trabaja con libros, que pueden contener muchas hojas y también conforman un solo archivo.

Al abrir el programa, Excel presenta en pantalla una ventana bastante similar a la de Word y esto no debería causarle sorpresa, porque ya dijimos que todos los programas de la suite Office XP tienen un manejo bastante parecido, y comparten muchas herramientas y procedimientos.

Los cambios más notables son el agregado de una barra adicional, llamada de **Fórmulas**, y el área de trabajo, que en lugar de ser una superficie en blanco, presenta una cuadrícula formada por filas y columnas que dan lugar, en su intersección, a las celdas, como en las tablas de Word.

Abrir Excel

Podemos abrir Excel de la misma forma en que lo hacíamos con Word. Vamos a recordarlo y a aplicarlo ahora:

- Pulsando en el botón **Inicio/Todos los programas/Microsoft Excel**.
- Haciendo clic en algún acceso directo que hayamos creado en el **Escritorio** o en la **Barra de inicio rápido**.
- Presionando, si está activa la **Barra de acceso directo de Office XP**, en el icono que tiene una letra **X**.

Al abrir el programa, Excel presenta una ventana **(Guía visual 1)** con un libro nuevo en blanco, al que denomina **Libro 1**. Ese nombre puede ser cambiado, en cualquier momento, por otro más descriptivo.

LÍMITES

En la ventana de Excel sólo se ve una pequeña parte de la hoja. Si en el cuadro **Escriba una pregunta** ingresa: **Especificaciones y límites de Excel**, se enterará de que dispone de 256 columnas y 65536 filas para usar, y de muchas otras cosas más.

La ventana de Excel

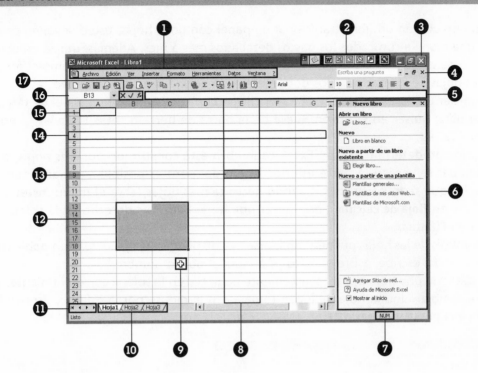

● Barra de título.

● Barra de acceso directo de Office.

● Botón para cerrar la aplicación.

● Botón para cerrar la ventana del libro activo.

● Barra de fórmulas: aquí se pueden ingresar datos y fórmulas; y también se muestra el contenido real de la celda que está activa (un texto, un número o una fórmula).

● Panel de tareas **Nuevo libro**: permite iniciar libros nuevos o abrir otros existentes.

● Indicador de teclado numérico activado.

● Columna **E**: se extiende hacia abajo hasta el final de la hoja.

● Puntero del mouse.

● Solapas para activar cada hoja.

● Botones para ver las hojas ocultas: los de los extremos conducen a la primera y a la última hoja. Los del medio avanzan o retroceden una hoja por vez.

● Rango de celdas **B13:C18**: así es como se ve cuando está seleccionado.

● Celda **E9**: cuando está activa, se ve recuadrada.

● Fila 4: se extiende hacia la derecha hasta el final de la hoja.

● Celda **A1**: a partir de aquí comienzan todas las columnas y filas.

● Cuadro de nombres: aquí aparece siempre el nombre de la celda activa o el de la función que se está utilizando.

● Botones para aceptar o cancelar ingresos de datos y fórmulas, e insertar funciones.

Excel XP

8

Trabajar con libros y hojas

Imagínese que en un libro tradicional de papel con doce hojas, usted lleva, en cada una, una planilla con todos los gastos detallados mes a mes. Además, utiliza un libro distinto para cada año. Excel permite llevar registros de ese tipo; por ejemplo, agregar las hojas necesarias para los doce meses y crear un libro para cada año.

Para iniciar un libro nuevo puede hacer clic en **Libro en blanco**, en el panel de tareas **Nuevo libro**; pulsar en el botón **Nuevo** de la barra de herramientas **Estándar;** o presionar **CTRL+U**.

De forma predeterminada, en Excel, cada libro está constituido por tres hojas, cuyas solapas se ven en la parte inferior izquierda, pero es posible agregar o quitar todas las que sean necesarias. Cuando necesite más hojas, abra el menú **Insertar** y haga clic en **Hoja de cálculo**. Para quitar una hoja, haga clic derecho en la solapa y luego en **Eliminar**.

Los nombres de las hojas pueden cambiarse por otros más apropiados. Haga doble clic en la solapa y escriba, sobre el texto resaltado, el nuevo nombre.

Para pasar de una hoja a otra, simplemente haga clic en la solapa correspondiente. Si quiere cambiar alguna hoja de lugar, tómela con el mouse por la solapa y arrástrela a la nueva posición **(Figura 1)**.

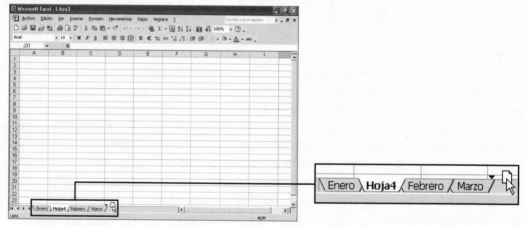

*Figura 1. En la figura estamos moviendo la **Hoja** 4, que habíamos insertado, para dejarla detrás de la hoja **Marzo**. La flecha negra indica dónde quedará ubicada.*

En Excel XP se ha agregado la posibilidad de dar a las solapas distintos colores para cada hoja. De esta manera, podrá tener, por ejemplo, los meses de enero de todos los años con el mismo color, los de febrero con otro, etc. Para asignar los colores, haga clic derecho sobre la etiqueta y utilice el menú contextual que aparece **(Figura 2)**.

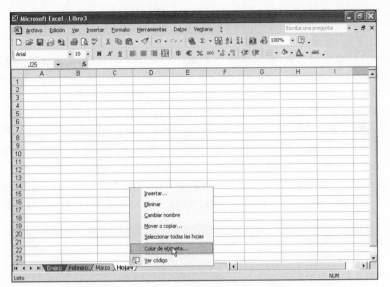

Figura 2. Al pulsar en *Color de etiqueta...*, se presentará
una paleta con una cantidad de colores para elegir.

Columnas, filas, celdas y rangos

Para poder hacer referencia en las fórmulas, a las columnas, filas, celdas y rangos de
celdas, se les asignan nombres a estos elementos en la siguiente forma:

- Las filas se numeran de arriba hacia abajo en orden correlativo (fila **1**, fila **2**, etc.)
como se puede ver en la **Guía visual 1**.
- Las columnas se designan con las letras del abecedario de izquierda a derecha (columna **A**, columna **B**, etc.).
- Las celdas se designan con la letra de la columna y el número de la fila a las que pertenecen (**A1**, **B1**, **C2**, **E9**, etc.).
- Los rangos son grupos de celdas adyacentes, que pueden ocupar varias filas y columnas, y se designan utilizando el nombre de la primera celda y el de la última que
abarcan, separados por "**:**"(dos puntos): por ejemplo, rango **B2:B7**, rango **C3:H9**, etc.

TIPOS DE DATOS

En las celdas se pueden ingresar tres tipos de datos: textos, números y fórmulas o funciones. El programa alinea los
textos a la izquierda y los números a la
derecha. Luego es posible cambiar la
alineación, según sea necesario.

Ingresar datos

Para escribir en una celda, antes tiene que activarla, llevando el puntero hasta ella y haciendo clic, o trasladándose hasta allí con las teclas de dirección. Cuando la celda muestre un recuadro negro, querrá decir que está activa, y entonces podrá comenzar a escribir.

El nombre de esa celda aparecerá en el cuadro de nombres. Mientras escriba, el punto de inserción estará en la celda, de modo que podrá borrar y agregar texto, como si estuviera trabajando en Word. Al desplazarse a otra celda, el texto anterior quedará fijado.

Para poner en práctica lo visto, comience una hoja de cálculo, copiando la que se ve en la **Figura 3**. Si se equivoca en una entrada y quiere anularla, pulse la tecla **ESC**. En caso de que ya haya pasado a otra celda, tendrá que usar el comando **Deshacer**.

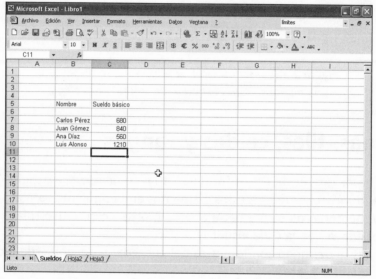

Figura 3. *En Excel no es necesario comenzar a escribir en la celda **A1**; se acostumbra dejar algunas filas y columnas libres arriba y a la izquierda para visualizar mejor los datos.*

Cuando termine de escribir la tabla, haga doble clic en la solapa de la parte inferior y escriba **Sueldos**.

Para volver a escribir en una celda, ya sea para corregir un error o agregar texto, haga doble clic en ella, o actívela y luego pulse en **F2** o escriba en la barra de **Fórmulas**.

¿EL TEXTO SE OCULTÓ?

Si lo que escribe es más largo que el ancho de la columna, el texto continuará en la siguiente, pero si ésta tiene algo escrito o lo escribe después, se ocultará y sólo podrá verlo en la barra de **Fórmulas** cuando haga clic en esa celda.

LA HOJA DE CÁLCULO

El archivo de la hoja de cálculo de la **Figura 3** se encuentra en el sitio web de MP Ediciones, en **Computación desde cero/Archivos relacionados/Sueldos1.xls**.

Autocompletar

Cuando termine de copiar la tabla, tal como está en la **Figura 3**, comience a agregar, en la celda **B11**, el nombre **Ariel Montes**. Verá que apenas ingrese la **A**, la celda se completará automáticamente con el nombre **Ana Díaz** que habíamos escrito más arriba **(Figura 4)**.

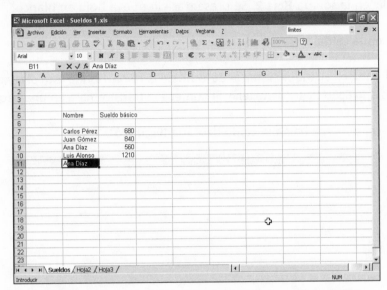

*Figura 4. Para aceptar la propuesta de Excel, presione **ENTER**;*
para rechazarla continúe escribiendo.

Esto se debe a que Excel ha utilizado la función **Autocompletar**, una de las que incluye el programa para facilitar el ingreso de texto, que recuerda los datos escritos antes en una columna y los repite cuando un nuevo registro comienza de la misma manera.
En este caso la función no le será de utilidad, ya que usted quería escribir otro nombre. Entonces, ignore la propuesta de Excel y continúe escribiendo lo que deseaba.
En otros casos, en cambio, le será muy útil. Suponga, por ejemplo, que está colocando en la lista el estado civil de los empleados. Después de haber ingresado por primera vez las palabras **Soltero**, **Casado**, **Viudo** y **Divorciado** en la misma columna, no necesitará volver a escribirlas, ya que al escribir la primera letra y pulsar **ENTER**, Excel completará el resto.

Series

Otra de las funciones que incluye Excel para facilitar el ingreso de texto es el llenado de series, que permite completar automáticamente datos tales como: los días de la semana, los meses del año, progresiones de números, etc., con sólo arrastrar el puntero. En la nueva versión XP, se ha agregado un botón de **Etiqueta inteligente** para definir exactamente cómo se desea llenar la serie.

Desarrollar series simples   PASO A PASO

1 Haga clic en la solapa **Hoja 2**. Se presentará la nueva hoja en blanco.

2 Escriba en la celda **B2** la palabra **Enero**.

3 Lleve el puntero al ángulo inferior derecho de la celda, donde está el cuadradito negro, llamado **Controlador de relleno**. El puntero se transformará en una pequeña cruz.

4 Arrastre el puntero hasta la celda deseada **(Figura 5)**.

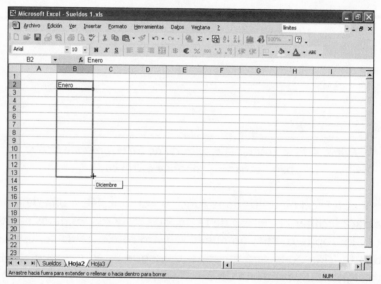

Figura 5. Al arrastrar el puntero, una pequeña etiqueta le mostrará en qué mes está.

5 Suelte el botón del mouse y verá que Excel ha completado todas las celdas con los nombres correlativos de los meses. Además aparecerá una etiqueta inteligente.

6 Haga clic en ella para desplegar el menú y, si es necesario, cambie a otra opción.

7 En la celda **C2** escriba un día de la semana, por ejemplo, **Lunes**. Asígnele un color de fuente y formato **Negrita**.

8 Arrastre el **Controlador de relleno** y complete la serie. Verá que se ha copiado también el formato **(Figura 6)**.

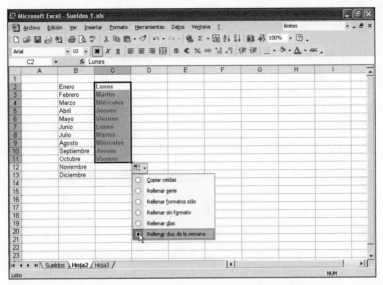

Figura 6. *En el menú de la etiqueta inteligente, la opción **Rellenar días de la semana** hará que se salteen los sábados y domingos.*

9 En **D2** escriba una fecha y repita la operación.

10 Vea los resultados en la **Figura 7**.

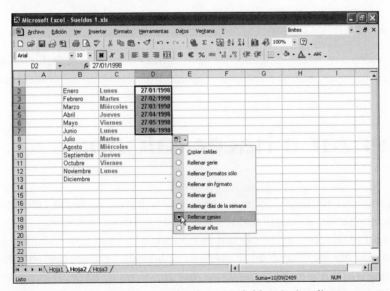

Figura 7. *En la serie de fechas, usando el menú del botón inteligente, se pueden incrementar los días, los meses (**12/09, 12/10...**) o los años (**2001, 2002, 2003...**).*

Excel XP

8

1 En la celda **E2** escriba el número **1** y en **E3** ingrese **3**.

2 Seleccione las dos celdas y arrastre el controlador hacia abajo. Al soltar el botón, podrá ver que se formó la serie de los números impares.

3 De la misma manera puede crear otras series, como se observa en la **Figura 8**.

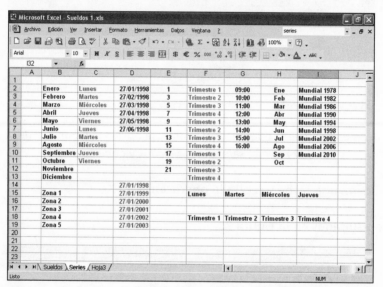

Figura 8. Pueden crearse series de muchos tipos, tanto en sentido vertical como horizontal. Cuando los datos no son correlativos, hay que seleccionar las dos primeras celdas.

Comenzar a hacer cálculos

La función esencial de Excel, además de registrar datos, es hacer cálculos con ellos, mostrar los resultados, y actualizarlos si éstos cambian.

Para que Excel realice cualquier cálculo es necesario utilizar una fórmula, y para indicarle que lo que hemos escrito en la celda es una fórmula, debemos ingresar primero el signo igual (=). Téngalo bien presente, porque si no lo hace, el programa tomará los valores como datos, y no efectuará ningún cálculo con ellos.

Comencemos haciendo una operación sencilla, sumemos los sueldos de la tabla:

Realizar una suma   PASO A PASO

1 Haga clic en cualquier celda, por ejemplo **C13** (no es necesario que sea una celda determinada).

2 Escriba la fórmula: **= 680+840+560+1210** como muestra la **Figura 9**.

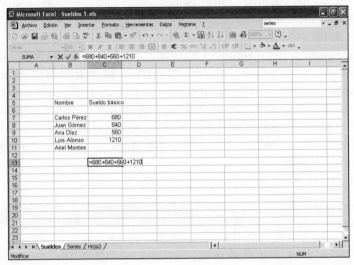

Figura 9. *Fíjese que la fórmula aparece también en la barra de **Fórmulas**.*

3 Al pulsar **ENTER** aparecerá el resultado y, simultáneamente, desaparecerá la fórmula de la barra **(Figura 10)**.

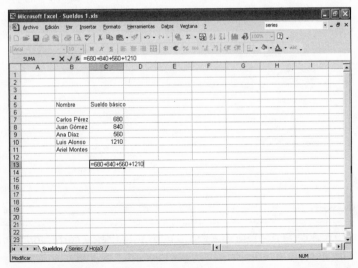

Figura 10. *La barra de **Fórmulas** no muestra ningún dato porque al pulsar **ENTER** hemos pasado a la celda inferior, donde no hay nada escrito.*

4 Haga clic nuevamente en la celda donde está el resultado. En la barra no aparecerá el valor obtenido, sino la fórmula. Esto significa que la barra de **Fórmulas** exhibe el contenido real de las celdas (que es la fórmula), y no lo que la celda muestra en un momento determinado (el resultado).

Si verifica el resultado del cálculo, verá que éste es correcto. Pero, ¿qué ocurriría si cambiara alguno de los sueldos? Por ejemplo, haga clic en la celda **C9** y escriba **650**, para aumentar el sueldo a Ana Díaz.

Cuando pulse **ENTER**, verá que el resultado no cambia; es decir que la fórmula no funciona. Para corregir este error también habría que cambiar en la fórmula el valor **560** por el nuevo de **650**. ¡Imagínese si tuviera que hacer la misma modificación para 500 empleados! Evidentemente, es necesario contar con una fórmula más adecuada, de modo que, al cambiar algún valor, el resultado se modifique en forma automática.

Para lograr este objetivo, en lugar de que la fórmula haga referencia a los números escritos en cada celda, deberá hacer referencia, directamente, a los nombres de las celdas. Veamos un ejemplo:

Utilizar una fórmula   PASO A PASO

1 Haga clic en la celda donde está el resultado (**C13**) y escriba **=C7+C8+C9+C10**, que son las celdas donde figuran los sueldos **(Figura 11)**.

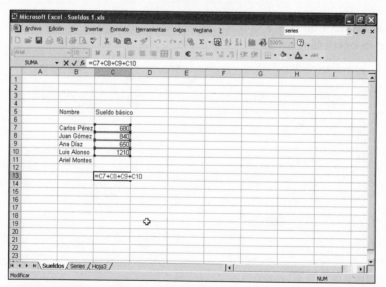

*Figura 11. A cada nombre que escribamos y a la celda correspondiente,
Excel les asignará un color distintivo, a fin de evitar errores.*

2 Al pulsar **ENTER**, ahora aparecerá el resultado correcto.

3 Cambie varias veces los valores, y verá que el resultado en la celda **C13** se actualiza inmediatamente.

En este simple ejemplo, ha comenzado a ver cómo trabaja Excel.

Manejo de filas y columnas

En Excel, igual que en Word y, en general, en todas las aplicaciones, es necesario seleccionar antes los elementos con los cuales se va a operar.
Veamos cómo seleccionar un rango de celdas:

- Coloque el puntero en la primera celda, presione el botón izquierdo del mouse y desplácelo hasta la última (como haciendo una diagonal hacia abajo y hacia la derecha).
- Otra forma de hacerlo es ubicarse en la primera celda y desplazarse hasta la última con las teclas de dirección, mientras se mantiene presionada la tecla **MAYUS**.
- Para seleccionar varios rangos al mismo tiempo, seleccione el primero y mantenga pulsada la tecla **CTRL**, mientras selecciona los otros **(Figura 12)**.

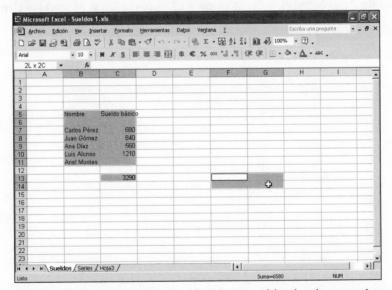

***Figura 12.** Al seleccionar un rango, la primera celda, donde se comienza, queda en blanco, pero de todas formas está seleccionada.*

Para seleccionar una columna completa, lleve el puntero hasta el sector gris del encabezado superior y, cuando cambie a una flechita negra, haga clic **(Figura 13)**. En la misma forma puede seleccionar filas haciendo clic en el sector gris de la izquierda.

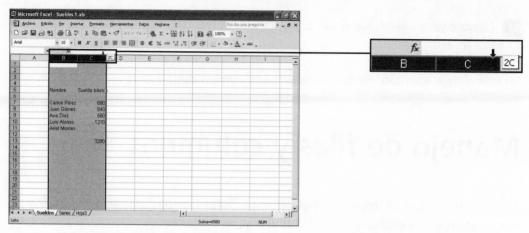

Figura 13. Para seleccionar varias columnas, arrastre el puntero hacia el lado correspondiente. La etiqueta indica cuántas columnas ha seleccionado.

Ancho de columnas

Continuando con la tabla, escriba ahora el número **500**, en la celda **C11**, que corresponde al sueldo de Ariel Montes, y en la celda **B13** el texto **Total de sueldos (Figura 14)**.

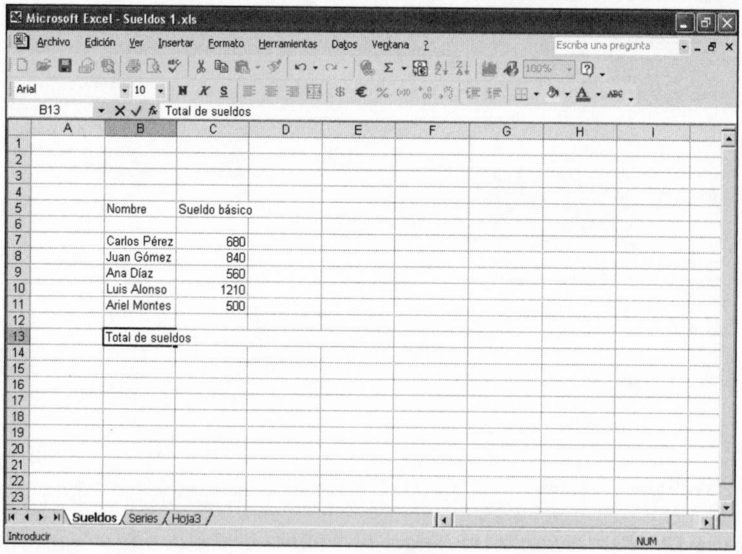

Figura 14. El texto de la celda **B13** ha ocultado la suma de sueldos de la celda **C13**.

Haga clic en la celda **C13** y podrá ver su contenido, pero el de la celda **B13** quedará oculto en parte. Haga clic ahora en esa celda **(Figura 15)** y comprobará en la barra de **Fórmulas** que el texto sigue estando completo aunque no se vea.

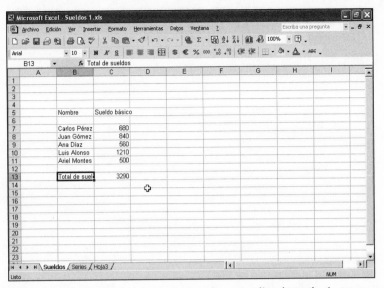

Figura 15. *Observe que la suma no se ha actualizado todavía, porque la celda C11 no fue agregada a la fórmula.*

Evidentemente, para ver el texto completo habrá que aumentar el ancho de esa columna. Proceda de la siguiente forma:

Lleve el puntero a la zona de encabezados y colóquelo en la línea que divide esa columna de la que está a su derecha. Cuando se transforme en una doble flecha **(Figura 16)**, arrástrelo (junto con la línea) hacia el lado que corresponda **(Figura 17)**.

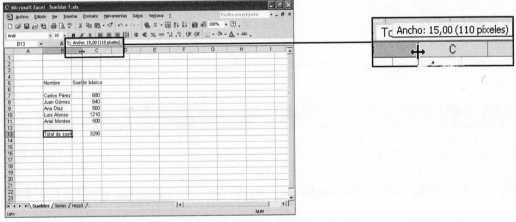

Figura 16. *Al presionar el botón del mouse, al lado del puntero aparecerá una etiqueta que muestra el tamaño de la columna.*

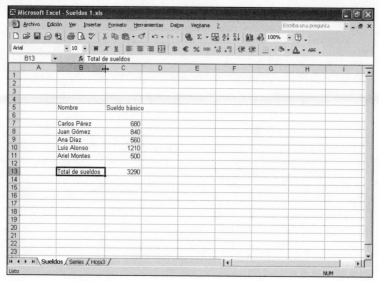

Figura 17. Cuando suelte el botón del mouse, el nuevo ancho de columna quedará fijado.

Una forma todavía más sencilla, y que ensanchará la columna al tamaño justo del texto más extenso, es hacer doble clic sobre esa misma línea de división.

También puede ajustar el ancho de varias columnas en un solo paso, aunque no sean contiguas, seleccionando todas y modificando el ancho de cualquiera de ellas.

De la misma forma, puede cambiar la altura de las filas, pero actuando sobre la línea inferior de las mismas.

Ajustar texto

Existen otras formas de ajustar el texto y las columnas. Veamos cuáles son:

Ajustar texto y columnas   PASO A PASO

1 Haga clic en la **Hoja 3**.

2 En la celda **B5** escriba: **Manuel Moreno**; en **B6**: **José Pérez González** y en **B7**: **Raúl Ríos**.

3 Seleccione la columna **B**.

4 Abra el menú **Formato/Columna**.

5 Haga clic en **Autoajustar a la selección**. Vea el resultado en la **Figura 18**.

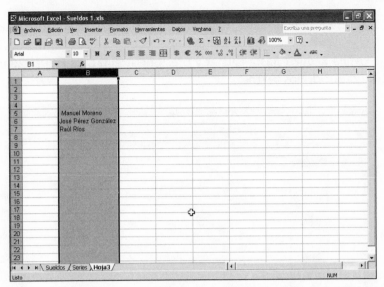

Figura 18. El ancho de la columna se ha ajustado al texto más largo.

6 Pulse en **Deshacer** para volver al estado anterior.

7 Con la columna **B** seleccionada, haga clic en **Formato/Celdas...**/ficha **Alineación**.

8 Active la casilla **Ajustar texto** y presione **Aceptar**. En la **Figura 19** verá el resultado.

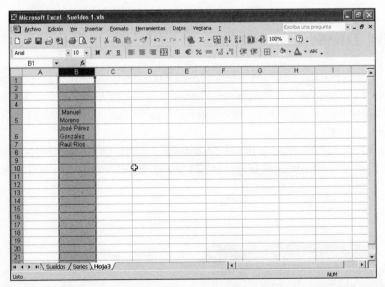

Figura 19. Excel ha enviado a las líneas siguientes el texto excedente.

9 Pulse nuevamente en **Deshacer**.

10 Con la columna **B** seleccionada, haga clic en **Formato/Celdas.../**ficha **Alineación**.

11 Active la casilla **Reducir hasta ajustar** y presione **Aceptar**. La **Figura 20** muestra cómo se han reducido los textos.

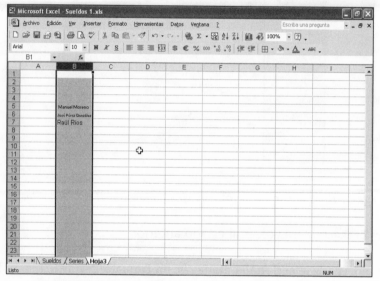

Figura 20. Excel ha reducido el tamaño de las fuentes para que todo el texto quepa dentro de la celda.

Insertar filas, columnas y celdas

A veces es necesario agregar información dentro de una planilla, para lo cual tendrá que insertar más filas o columnas. La manera más simple de hacerlo es seleccionar la columna que quedará a la derecha, o la fila que quedará debajo de la que va a insertar.

Luego, abra el menú **Insertar** y pulse **Columnas** o **Filas**, según corresponda. También puede usar el menú contextual **(Figuras 21 y 22)** del elemento seleccionado.

MOVERSE POR LAS CELDAS

Para avanzar hacia la celda de la derecha presione la tecla **TAB**; para volver hacia la izquierda pulse **MAYÚS+TAB**, y para bajar a la celda inferior, la tecla **ENTER**. También puede utilizar las teclas de dirección hacia los cuatro costados.

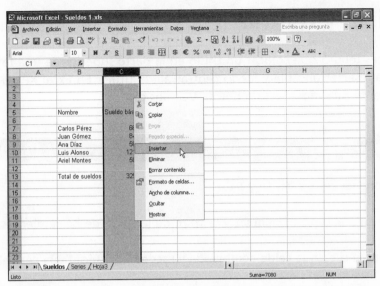

Figura 21. *Usando el menú contextual de la fila o columna seleccionada, pulse en **Insertar**.*

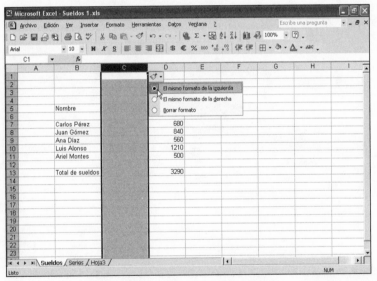

Figura 22. *La nueva columna se inserta entre las de los nombres y sueldos.*
Una etiqueta inteligente permite elegir el formato.

Para insertar una o más celdas, tiene que seleccionarlas y dirigirse a **Insertar/Celdas...**
o usar el menú contextual. Se presentará un cuadro preguntando hacia dónde quiere desplazar las celdas seleccionadas, que están ocupando el lugar donde se inserta-
rán las nuevas.

Excel XP

Combinar y centrar

Muchas veces tendrá que colocar un título en la parte superior de una tabla, para lo cual deberá insertar una fila y luego centrar allí el título. En Excel XP podrá hacerlo muy fácilmente pulsando un solo botón. Veamos cómo:

Combinar y centrar	PASO A PASO

1 Seleccione las celdas **B4**, **C4** y **D4**.

2 Haga clic en el botón **Combinar y centrar**, de la barra de herramientas **Formato**.

3 Haga doble clic en la celda combinada y escriba el título: **Tabla de sueldos**.

4 Aumente un poco la altura de la fila y vea el resultado en la **Figura 23**.

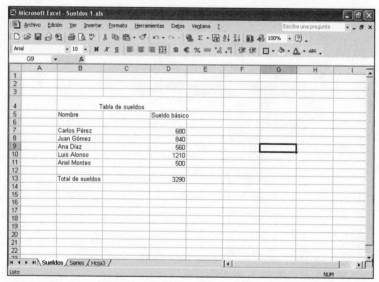

Figura 23. Al hacer doble clic en las celdas combinadas, el punto de inserción ha quedado titilando en el centro, para que el título se ubique allí.

Alineación

Viendo la **Figura 23**, notamos que el título quedaría mejor si estuviera centrado también en la altura de la celda. Veamos cómo hacerlo y también cómo realizar otros cambios:

Alinear texto en las celdas

1 Seleccione la celda combinada.

2 Abra el menú **Formato/Celdas...**/ficha **Alineación** y, en la lista desplegable **Vertical:** elija **Centrar (Figura 24)**.

3 El cuadro **Orientación** permite girar los textos en cualquier sentido. Para hacerlo, seleccione las celdas **B5** y **D5** para inclinar esos títulos.

4 Tome el punto rojo que marca la posición horizontal y arrástrelo hasta la inclinación deseada **(Figura 25)**.

Figura 24. Esta ficha permite alinear los textos horizontal o verticalmente, y también girarlos.

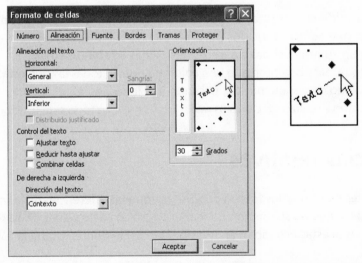

Figura 25. También puede hacer clic directamente en el lugar adecuado del semicírculo o escribir un valor en la casilla **Grados**.

5 Haga clic en **Aceptar** y luego aumente la altura de la fila adecuándola a los títulos. Debería quedar como se ve en la **Figura 26**.

Excel XP

8

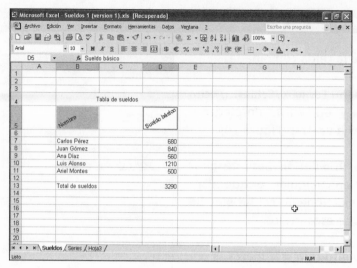

Figura 26. *Generalmente, los textos se inclinan para reducir el ancho de las filas.*

Fórmulas

Si selecciona la celda con el total de sueldos, verá que en la barra de **Fórmulas** sigue apareciendo la que se ha utilizado, pero en ella ya no figuran las celdas **C7+C8+C9 +C10**, sino que en su lugar ahora aparecen las celdas **D7+D8+D9+D10**.

Esto ocurre porque, al haber insertado una columna nueva, todas las que estaban a la derecha han cambiado de denominación, pasando a la letra siguiente. Excel tomó en cuenta esta modificación y realizó los cambios necesarios para que todo siga funcionando bien.

Referencias relativas

Los cambios antes mencionados fueron posibles porque las referencias de la fórmula eran "relativas"; es decir que no se referían de manera absoluta a las celdas **C7**, **C8**, **C9** y **C10**, sino a la posición que éstas ocupaban en relación a la celda donde estaba la fórmula.

LA HOJA DE CÁLCULO

El archivo de la hoja de cálculo de la **Figura 28** se encuentra en el sitio web de MP Ediciones, en **Computación desde cero/Archivos relacionados/ Uso de los operadores.xls**.

LA TABLA

El archivo de la tabla de la **Figura 36** se encuentra en el sitio web de MP Ediciones, en **Computación desde cero/Archivos relacionados/Tabla Clientes.xls**.

Para que esta idea se entienda mejor, observe la **Figura 11**. Donde en la fórmula dice **C7**, Excel entiende que no se refiere estrictamente a esa celda, sino a la que está seis lugares más arriba, en la misma columna. Del mismo modo, **C8** se refiere a la celda que está cinco lugares más arriba y así sucesivamente.

Si copiara esta fórmula, por ejemplo, a la celda **F13**, el resultado sería **0** (cero), ya que las celdas que están seis, cinco, cuatro y tres lugares más arriba están vacías **(Figura 27)**. Observe en la barra de **Fórmulas** a qué celdas hacen referencia. Para copiar la fórmula seleccione la celda con la suma y pulse **CTRL+C**. Seleccione luego la celda de destino **F13** y pulse **CTRL+V**.

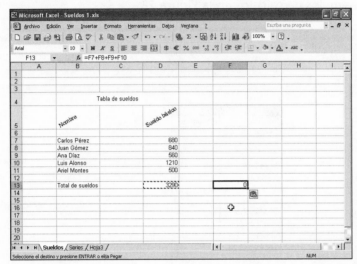

Figura 27. La etiqueta inteligente permite elegir qué es lo que queremos copiar.

Este concepto de "referencias relativas" no es válido sólo para la misma columna. Un término de una fórmula podría hacer referencia, por ejemplo, al valor de la celda que está dos filas más arriba y tres hacia la derecha. Cuando copie la fórmula en otro lugar, ésta seguirá haciendo referencia a la celda que esté, en ese momento, dos filas más arriba y tres hacia la derecha.

Referencias absolutas

En las fórmulas también es posible establecer "referencias absolutas", es decir, a una celda determinada, que será siempre la misma, aunque la posición de la fórmula se modifique. Para hacerlo, después de escribir el nombre de la celda a la que se hace referencia en la fórmula, debe pulsar la tecla **F4**, y se agregarán dos signos **$** delante de cada carácter. Suponga que se trata de la celda **D3**; entonces, al presionar **F4** para fijarla como referencia absoluta, el nombre de la celda se verá en la fórmula como **D3**.

Operadores

Los operadores aritméticos que se utilizan en Excel para indicar las operaciones a realizar son: "+" (sumar); "-" (restar); "*" (multiplicar); "/" (dividir); "^" (elevar a potencia) y "%" (porcentaje).

El orden en que Excel efectuará las operaciones es el siguiente: en primer término calculará los porcentajes y las potencias, luego efectuará las divisiones y las multiplicaciones, y finalmente calculará las sumas y las restas. Para modificar este orden pueden utilizarse los paréntesis, como en cualquier fórmula matemática.

Vea algunos ejemplos de cálculos en la **Figura 28**.

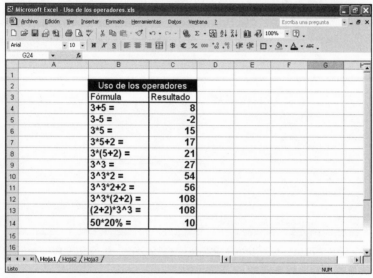

***Figura 28.** Ésta es la forma correcta de escribir las fórmulas y de utilizar los paréntesis.*

Copiar y trabajar con fórmulas

Veamos ahora cómo copiar fórmulas, reafirmando, al mismo tiempo, el concepto de "referencias absolutas" y "relativas".

Copiar fórmulas	PASO A PASO

1 Inserte una nueva hoja haciendo clic en **Insertar/Hoja de cálculo**.

2 Copie la tabla que se ve en la **Figura 29**, escribiendo la fórmula tal como aparece en la celda **D6**. El valor de **D5** es fijo, de modo que, después de escribirlo, pulse **F4**.

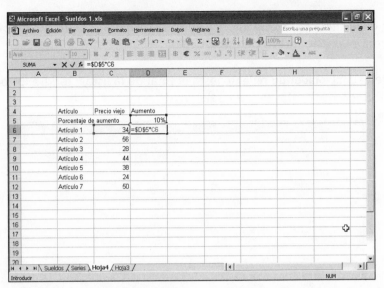

Figura 29. Después de escribir la fórmula pulse ENTER y aparecerá el resultado.

3 Tome el **Controlador de relleno** de la celda **D6** y arrástrelo hasta la celda **D12** para copiar la fórmula.

4 Al soltar el botón del mouse, podrá ver el valor de los aumentos de todos los artículos **(Figura 30)**.

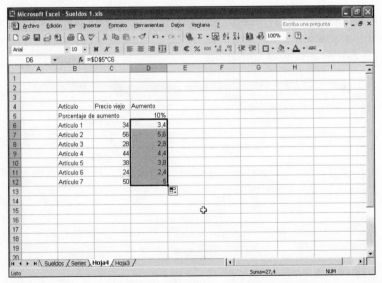

Figura 30. Excel ha tomado el valor fijo de la celda D5 y lo ha multiplicado por los valores que existían en la columna C en cada fila.

Excel XP

8

5 Escriba en la celda **E4, Precio nuevo** y en **E6** la fórmula **=C6+D6**. Luego pulse **ENTER**. Aparecerá el precio nuevo de ese artículo.

6 Arrastre el **Controlador de relleno** hasta el final de la lista y tendrá los precios finales de todos los artículos **(Figura 31)**.

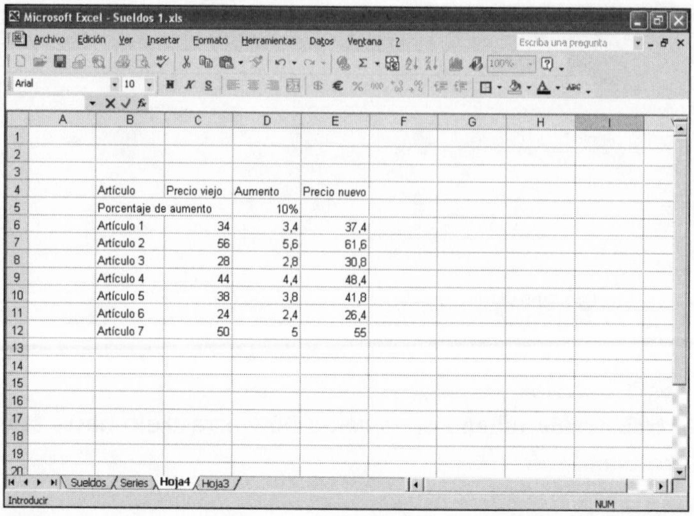

Figura 31. Haga clic en las celdas con los precios nuevos y vea qué valores ha ido tomando Excel para la fórmula. Notará que tomó incluso los valores resultantes del cálculo anterior.

7 Haga clic en la celda **E13** y luego en el botón **Autosuma (Figura 32)**. Excel escribirá la fórmula que suma las celdas desde **E6** hasta **E12** y colocará un recuadro mostrando las celdas que está sumando.

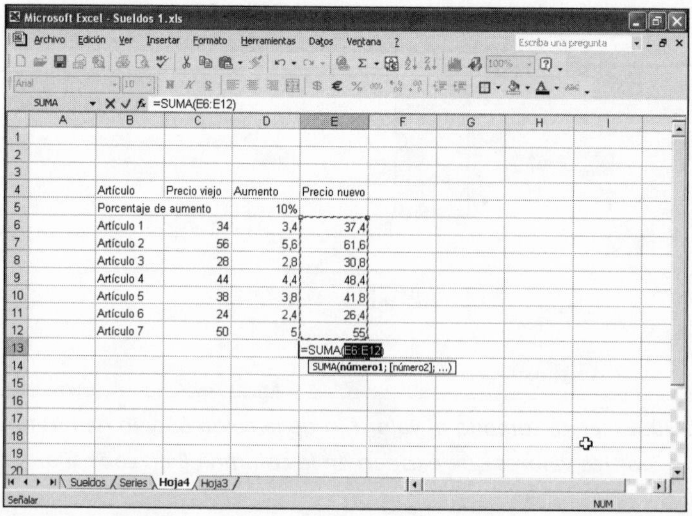

Figura 32. Cuando presione ENTER obtendrá la suma de los precios nuevos de todos los artículos.

Utilizando el mismo botón **Autosuma** actualice también el total de la **Tabla de sueldos**.

Si pulsa en la flecha descendente del botón **Autosuma**, verá que hay un menú para calcular el promedio, el valor mínimo y el valor máximo de las celdas seleccionadas, y también para contar la cantidad de celdas. Antes de Office XP, este botón sólo permitía realizar sumas.

Formatos

Comenzaremos por los formatos funcionales. Por ejemplo, los números pueden presentarse de distintas maneras dentro de las celdas. Veamos algunas opciones:

Formato de números y fechas	PASO A PASO

1 En la hoja **Sueldos** seleccione el rango **D7:D13**.

2 Haga clic en **Formato/Celdas...**/ficha **Número (Figura 33)**.

3 En **Categoría** seleccione **Contabilidad**.

4 En **Posiciones decimales**, marque **2**.

5 En **Símbolo**, elija el de la moneda habitual.

6 Pulse en **Aceptar** y vea cómo ha quedado la tabla **(Figura 34)**.

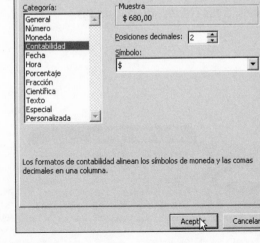

Figura 33. En esta ficha se puede definir el formato de los números, de las fechas, de las horas y de toda clase de datos numéricos.

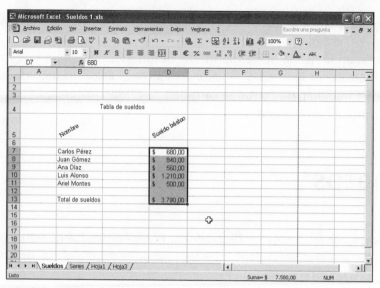

Figura 34. En la ficha **Número** hay opciones para mostrar los datos en otras formas distintas.

También es posible modificar el formato de las fuentes usadas, y aplicar distintos efectos a las celdas, para mejorar el aspecto de la tabla.

Para dar formato a las fuentes puede proceder de la misma manera que en Word, seleccionando las celdas o los textos antes y usando los botones de la barra de herramientas **Formato**. Para aplicar otro tipo de efectos tendrá que abrir el menú **Formato/Celdas...** y usar la ficha **Fuente**, más simple pero bastante similar a la de Word. El procedimiento para decorar la planilla también es semejante al de Word. Seleccione la celda o el rango y, en la ficha **Bordes (Figura 35 A)**, del mismo cuadro **Formato de celdas**, elija el **Estilo de línea** y el **Color**. Después pulse en alguno de los modelos preestablecidos o coloque los bordes individualmente, haciendo clic en las líneas de la **Vista previa** o en los botones que la rodean. En la misma forma y utilizando la ficha **Tramas (Figura 35 B)** puede dar un fondo de color, una trama, o ambos efectos juntos, a las celdas seleccionadas.

SOBRESCRIBIR Y BORRAR

Para escribir en una celda no es necesario borrar el contenido anterior. Basta con seleccionarla e ingresar los nuevos datos, que pasarán a reemplazar a los anteriores. Si sólo quiere borrar lo escrito, pulse la tecla SUPR.

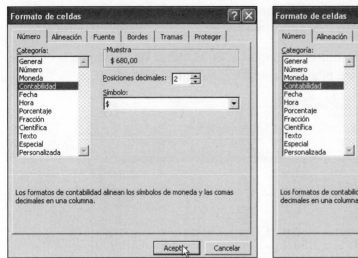

Figuras 35 A y B. Utilizando estas fichas puede decorar toda la tabla o diferenciar determinadas celdas o rangos, seleccionándolos y aplicándoles bordes, colores y tramas distintos.

Imprimir

El proceso de impresión en Excel tiene sus particularidades ya que, como la hoja de cálculo es muy grande, las tablas creadas pueden llegar a ocupar varias páginas al imprimirlas. Por eso es preciso delimitar el área de impresión previamente. En la **Figura 36** podemos observar una tabla de tamaño bastante importante. Veamos cómo imprimirla.

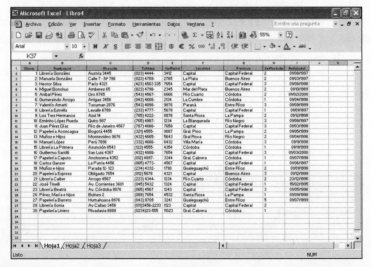

Figura 36. Hemos utilizado un *Zoom* al *60%* para poder ver toda la tabla.

Imprimir una tabla PASO A PASO

1 Para delimitar el área de impresión haga clic en el menú **Ver/Vista previa de salto de página**. Excel delimitará el área de impresión **(Figura 37)**.

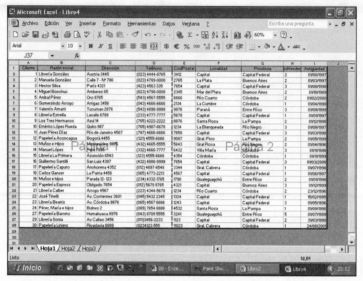

***Figura 37.** Excel ha colocado una línea punteada marcando las páginas que abarcará la tabla impresa.*

2 Seleccione el área que desea imprimir.

3 Haga clic en el menú **Archivo/Área de impresión/Establecer área de impresión**.

4 En la barra de herramientas **Estándar** pulse en el botón **Vista preliminar** para ver la disposición de las páginas **(Figura 38)**. Si los márgenes no están visibles, pulse en el botón de ese nombre para verlos.

LA BARRA DE FÓRMULAS

El **Cuadro de nombres** muestra el que identifica a la celda activa. En cuanto usted escriba un carácter en una celda, al lado del cuadro aparecerán los iconos para Introducir (Aceptar) o Cancelar los datos o fórmulas ingresados.

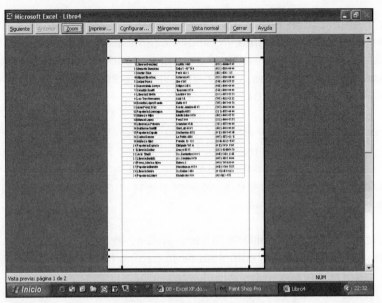

*Figura 38. En el sector inferior izquierdo de la ventana se puede ver cuántas páginas demandará la impresión. El botón **Siguiente** permite ver la próxima página.*

5 Es posible que cambiando la orientación del papel a **Horizontal** y estableciendo un porcentaje de escala menor, la tabla entre en una sola página.
Entonces pulse en el botón **Configurar...** para acceder al cuadro de diálogo **Configurar página (Figura 39)**.

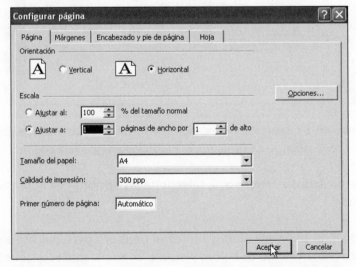

Figura 39. En este cuadro se puede ajustar manualmente el porcentaje para imprimir la tabla en una sola página o establecer que Excel lo calcule en forma automática.

6 Haga clic en el botón **Horizontal** para cambiar la orientación del papel y defina también el tamaño del mismo, la calidad de impresión y, si no desea numerar las páginas a partir del N° 1, escriba el que corresponde en el cuadro **Primer número de página**. El botón **Opciones...** lo llevará a la ficha **Propiedades** de la impresora para establecer las opciones de impresión.

7 Active el botón **Ajustar a:** y establezca que la impresión se realice en una sola página. En la ficha **Márgenes** puede definir el tamaño que tendrán y que la impresión quede centrada en el papel. Usando la ficha siguiente se pueden agregar encabezados y pies de página; hay algunos predeterminados para elegir o se pueden crear otros personalizados.

8 Haga clic en **Aceptar**. Al volver a la **Vista preliminar** verá que Excel ha ajustado el porcentaje y la tabla entra completa en la página **(Figura 40)**.

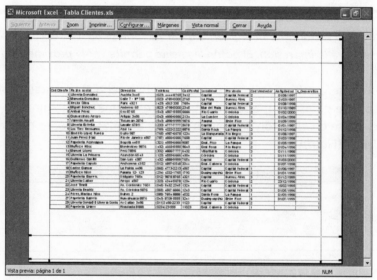

Figura 40. *Utilizando la orientación horizontal y reduciendo la escala de la tabla, se ha conseguido imprimirla en una sola página.*

9 Abra el menú **Archivo/Imprimir...**, seleccione las opciones de impresión y haga clic en **Aceptar**.

El cuadro de diálogo **Imprimir** es muy similar al de Word pero merece algunas aclaraciones. Si selecciona un rango de celdas y quiere imprimir sólo eso, debe activar el botón **Selección**.
Para imprimir varias hojas debe seleccionarlas –pulsando en las solapas respectivas mientras mantiene presionada la tecla **CTRL**– y hacer clic en **Hojas activas**.

En cambio, si presiona el botón **Todo el libro**, Excel imprimirá sólo las hojas que contengan datos.

Gráficos

La forma de tener una visión real de lo que significan los números de una tabla consiste en mostrarlos en un gráfico, donde de un simple vistazo, se pueda captar la esencia de la información.

Excel dispone de un **Asistente para gráficos** realmente muy eficiente. Veamos cómo trabaja.

Crear un gráfico usando el Asistente   PASO A PASO

1 Elimine la fila **6** y la columna **C** que están vacías y seleccione toda la tabla **Sueldos** menos el título y el total **(Figura 41)**.

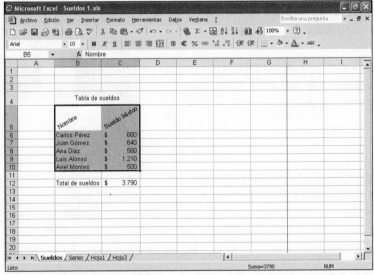

Figura 41. *Para simplificar el ejemplo no se ha seleccionado el título, y tampoco el total, para proporcionar mejor el gráfico.*

2 Haga clic, en la barra de herramientas **Estándar**, en el botón **Asistente para gráficos**. En el cuadro que se presenta opte, para este ejemplo, por el gráfico que muestra la **Figura 42** y pulse en **Siguiente**.

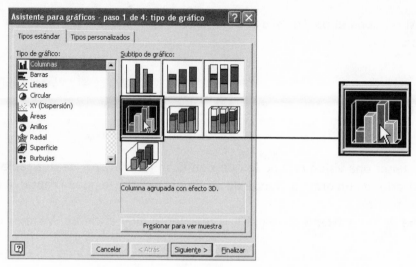

Figura 42. *Examine los distintos tipos de gráficos y elija el que mejor se adapte a su necesidad. El botón Presionar para ver muestra presenta el gráfico aplicando los datos de su planilla.*

3 Se presentará un nuevo cuadro **(Figura 43)** donde debe elegir entre las opciones **Filas** o **Columnas**. En este ejemplo opte por **Filas** y pulse **Siguiente**.

4 En la nueva ventana **(Figura 44)** escriba el título del gráfico, **Tabla de sueldos**, y pulse en **Siguiente**.

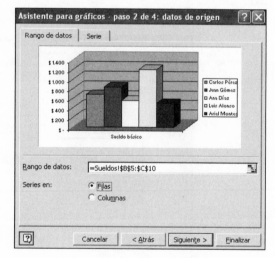

Figura 43. *Marcando cada botón se puede observar, en la ventana superior, la diferencia.*

RELACIÓN BARRA/CELDAS

La barra de **Fórmulas** muestra siempre el mismo contenido que la celda seleccionada, excepto cuando en ésta se presenta el resultado de un cálculo. En ese caso, muestra la fórmula con que se realizó la operación.

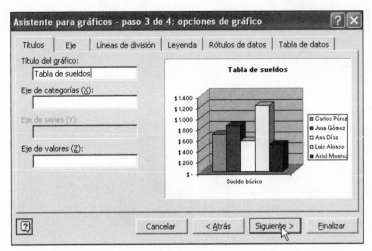

Figura 44. Las fichas de este cuadro permiten definir todos
los aspectos del gráfico. Haga clic derecho en las
opciones en duda y luego en *¿Qué es esto?* para informarse.

5 Ahora sólo debe definir si desea colocar el gráfico en una hoja nueva o en la existente **(Figura 45)**. Después haga clic en **Finalizar**.

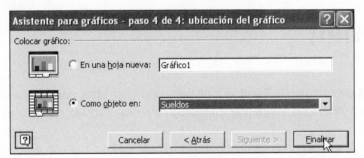

Figura 45. Si estima que el gráfico dificultará ver la tabla, elija *En una hoja nueva:*

6 El gráfico terminado aparecerá en su pantalla **(Figura 46)**.

NOMBRES Y FÓRMULAS

Los nombres de las celdas se pueden escribir indistintamente en mayúsculas o minúsculas. Recuerde, además, que es indispensable escribir el signo igual (=) antes de las fórmulas para que Excel sepa que debe realizar un cálculo.

ALINEACIÓN HORIZONTAL

Los textos dentro de las celdas también se pueden alinear horizontalmente usando los botones de la barra de herramientas Formato, igual que en Word.

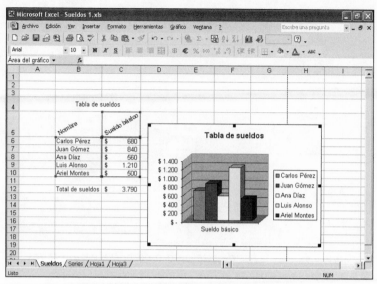

Figura 46. *Puede dar formato a cada elemento del gráfico haciendo clic derecho en él y utilizando los cuadros que se presentarán cuando elija las distintas opciones en los menús contextuales.*

Resumen

- En las hojas de cálculo de Excel se pueden crear plantillas para ingresar datos, principalmente numéricos, y realizar con ellos cálculos, extraer resultados y mostrarlos en gráficos.
- En un libro se guardan todas las hojas de cálculo que lo forman en un único archivo (identificadas por solapas en la parte inferior).
- A cada hoja de cálculo se le puede asignar un nombre y un color distintivo. Esto ayudará tanto a la presentación, como a la comprensión y organización de quien la utiliza.
- Las hojas de cálculo están formadas por una cuadrícula de filas y columnas, cuya intersección constituye las celdas.

IDEAS

INGRESAR UNA FÓRMULA

Para escribir una fórmula, coloque el signo = (igual), haga clic en la primera celda a introducir, pulse la tecla de la operación a realizar (suma, resta, etc.), pulse en la próxima celda a ingresar y continúe así hasta completarla.

DATOS ÚTILES

¿QUÉ DESEAMOS COPIAR?

Al copiar una fórmula, se mostrará una etiqueta inteligente, con opciones para elegir el formato de origen o de destino, el formato de los números, copiar sólo los valores o sólo los formatos y algunas posibilidades más.

- Varias celdas adyacentes agrupadas constituyen un rango, que se designa con el nombre de la primera y la última celda separadas por ":" (dos puntos). Es muy común realizar diferentes tipos de operaciones (formato, copiar, mover, etc.), que afecten específicamente a un rango.
- Para escribir en una celda haga clic en ella o, si quiere modificar lo escrito, haga doble clic. También puede ubicarse en ella y pulsar la tecla **F2**.
- Usando el **Controlador de relleno** de la parte inferior derecha de la celda, puede rellenar series, o copiar valores y fórmulas a las celdas adyacentes.
- Para conocer el contenido real de una celda fíjese en la barra de **Fórmulas**.
- Para escribir una fórmula no olvide comenzar por el signo "=" (igual). De lo contrario, el programa interpretará que lo que está escribiendo es una línea de texto.
- Si necesita incluir más filas o columnas dentro de su hoja de trabajo, puede agregarlas utilizando el menú **Insertar**.
- Recuerde que puede utilizar referencias relativas, para referirse a las celdas que ocupan una determinada posición con relación a la fórmula, y absolutas para las que son fijas.
- Para imprimir una tabla establezca previamente el Área de impresión.

Cuestionario

Preguntas

1. ¿Es posible agregar o eliminar hojas en un libro?
2. Para pasar de una hoja a otra, ¿que menú se debe usar?
3. Para escribir en una celda ya escrita, ¿hay que borrar antes lo anterior?
4. Para sumar los números de una columna, ¿hay que escribir en la fórmula los nombres de cada celda?
5. ¿Se pueden alinear verticalmente los textos en las celdas?
6. ¿Es posible definir el formato con el cual deseamos que Excel escriba los números en las celdas?

AUTOSUMA

La función **Autosuma** realiza la suma del contenido de todas las celdas que se encuentran hacia arriba, hasta la primera celda en blanco o con texto, y si en esa dirección no las hay, toma las que están hacia la izquierda.

Excel XP

8

7. ¿Se puede imprimir solamente un rango de celdas?
8. ¿Existe un Panel de tareas para crear gráficos?
9. ¿Qué programa se debe utilizar en Excel para crear un gráfico con los datos de una tabla?

Respuestas

1. Sí. Puede eliminar las que no use y agregar las que necesite.
2. Ninguno. Simplemente haga clic en la solapa de la hoja que necesita.
3. No. Haga clic en la celda y escriba directamente. Si, en cambio, va a modificar lo escrito, haga doble clic.
4. No. Seleccione la celda donde va el resultado y presione el botón **Autosuma**.
5. Sí. Se pueden alinear tanto horizontal como verticalmente. Hay que abrir el menú **Formato/Celdas.../**ficha **Alineación**.
6. Sí. Hay que definirlo pulsando en **Formato/Celdas.../**ficha **Número**.
7. Sí. Basta seleccionarlo y activar el botón **Selección** en el cuadro **Imprimir**.
8. No. Existe un Asistente que se inicia al pulsar en el botón **Asistente para gráficos** en la barra de herramientas **Estándar**.
9. No es necesario utilizar ningún otro programa, se debe usar el **Asistente para gráficos** activando su botón en la barra de herramientas.

EL TAMAÑO DEL PAPEL

Si vuelve a la vista Normal después de utilizar Configurar página o Vista preliminar, la hoja presentará unas líneas punteadas que indican dónde termina el tamaño del papel. Las celdas que queden fuera de esa línea se imprimirán en otra página.

El fascinante mundo de Internet

Las personas que aún no han tenido acceso a Internet tal vez piensen que para hacerlo es necesario poseer una preparación especial. No es así, ya que con los conocimientos adquiridos en este libro y las indicaciones que se darán en este capítulo, podrán comenzar a navegar y a utilizar sin problemas los servicios de la gran Red.

Los servicios de Internet

Todos conocemos la importancia que ha adquirido actualmente Internet como medio de comunicación e información, e intuimos los alcances que logrará el desarrollo de esta gran red en los próximos años, y hasta qué punto condicionará y modificará los cánones y estilos de vida del presente y las posibilidades de desarrollo laboral y personal en el futuro.

Por medio de Internet podemos acceder a una cantidad de servicios como los que enumeramos a continuación:

• Navegar por la World Wide Web (WWW), o sea, recorrer los millones de páginas web publicadas en todo el mundo y en todos los idiomas; donde se puede obtener información sobre los más variados temas, leer diarios y revistas, escuchar música, ver videos, bajar a nuestra PC programas de software, música y muchas posibilidades más. En la **Figura 1** podemos ver la página de entrada a un portal web.

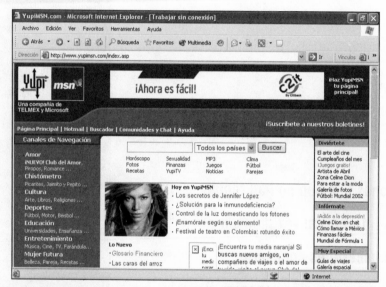

Figura 1. Una de las características de la World Wide Web es el colorido
y la diagramación que los diseñadores imprimen a las páginas.

• Comunicarse con otros usuarios, por medio de mensajes de correo electrónico, que llegan en forma prácticamente instantánea a destino y que, además, pueden llevar adjuntos archivos con documentos, fotografías, música y mensajes hablados, como si fueran paquetes en los que pueden incluirse muchos elementos. La **Figura 2** muestra la ventana de Outlook Express, uno de los programas de correo electrónico más usados.

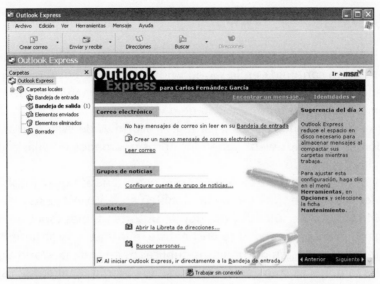

Figura 2. Ésta es la página principal de Outlook Express.

- Conversar en tiempo real con personas de todo el mundo, ya sea en forma grupal o privada, mediante los programas de charla (chat) existentes.
- Intercambiar información sobre temas específicos integrando grupos de noticias (newsgroups) donde los participantes debaten asuntos de tipo científico, técnico, deportivo y de muchas otras materias, aportando sus ideas y opiniones.
- Examinar y transferir a nuestra computadora archivos ubicados en computadoras remotas, mediante el protocolo FTP, que posibilita bajar y guardar en nuestra PC documentos, artículos, programas y otros archivos, que quedarán disponibles para nuestro propio uso.
- Realizar compras de todo tipo de productos, en cualquier lugar del mundo, pagándolos por medio de tarjeta de crédito. Tiempo atrás había muchos recelos en cuanto a la posibilidad de fraude en estas transacciones, pero los sistemas de seguridad se han perfeccionado mucho y cada día más gente usa este servicio.

SIMILARES HERRAMIENTAS

DATOS ÚTILES

La similitud entre los navegadores es tal, tanto en la presentación en pantalla como en sus funciones, que permite que quien conozca el manejo de uno de ellos pueda utilizar sin inconvenientes los otros.

Sitios y páginas web

Nos hemos referido antes a la palabra "páginas web". En realidad, la enorme cantidad de información contenida en la World Wide Web no se encuentra, generalmente, presentada en páginas web aisladas, sino que éstas forman parte de "sitios web" que agrupan, a veces, una gran cantidad de páginas.

Para aclarar el concepto podríamos decir que la World Wide Web es como una gran biblioteca donde los "sitios web" serían los libros guardados en ella, y las "páginas web" serían las páginas de esos libros.

Así como en las bibliotecas existen ficheros que permiten catalogar y ubicar los libros existentes y los temas que trata cada uno, también en la WWW existen "buscadores" que permiten localizar no sólo los sitios donde se tratan temas específicos, sino también las páginas donde esos temas se encuentran, e incluso buscar determinadas palabras y textos contenidos en documentos publicados en toda la World Wide Web.

En las páginas también existen "enlaces" (links) que permiten, al pulsarlos, pasar desde una página o un sitio a otro, e incluso a otro lugar dentro de la misma página para poder interrelacionar la información.

Cómo conectarse a Internet

La forma más común de conectarse a Internet es por medio de la línea telefónica y para hacerlo es necesario disponer en la computadora de un dispositivo, que puede ser interno o externo, denominado módem (Modulador/Demodulador).

Las PCs de los usuarios no pueden acceder directamente a Internet sino que deben hacerlo a través de un Proveedor de Servicios de Internet (Internet Service Provider - ISP) en el que deben tener una cuenta de acceso a Internet y con el cual se comunicarán por medio del módem.

Los ISP prestan su servicio a cambio del pago de un abono que es necesario contratar previamente. También existen ISP gratuitos que se financian con la publicidad que exhiben en la pantalla durante la navegación y mediante convenios con las compañías telefónicas.

En los medios de comunicación hay abundante información que permite a los usuarios conocer y elegir el ISP adecuado. Tanto unos como otros proveen la información, y algunos, también, el asesoramiento necesario para efectuar la conexión. La información consiste, básicamente, en el número de teléfono al que hay que llamar para conectarse, los nombres de los servidores de correo entrante y saliente para el correo electrónico y la aceptación del nombre de usuario y la contraseña para operar.

Éste es el tipo de conexión más usual para usuarios hogareños y pequeñas empresas, ya que existen otras formas de transmisión por banda ancha, mucho más veloces, como la conexión por cable, por línea dedicada, la tecnología ADSL y otras que se encuentran en constante desarrollo, que ofrecen, además, la conexión ininterrumpida durante las 24 horas, pero que son bastante más costosas. En este caso se utilizan otros tipos de dispositivos de conexión.

Disponiendo de la información necesaria, configurar la conexión a Internet no es difícil. Existe en Windows XP un Asistente, que encontraremos haciendo clic en el botón **Inicio/Todos los programas/Accesorios/Comunicaciones/Asistente para conexión nueva**, que nos guiará paso a paso. En la **Figura 3** vemos uno de los cuadros del Asistente.

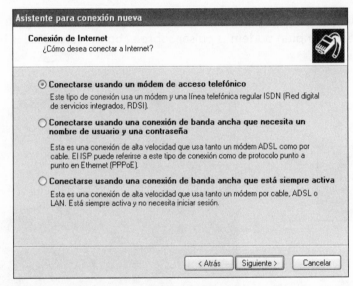

Figura 3. En este cuadro hay que elegir el tipo de conexión que se va a utilizar.

Al terminar tendremos configurada nuestra **Conexión de red**, que aparecerá en el menú **Inicio/Conectar a** y en el **Panel de control**, en la carpeta **Conexiones de red**, donde podremos, si es necesario, ver y modificar sus propiedades.

Los navegadores

Para recorrer y examinar las páginas que contiene la World Wide Web se utilizan programas llamados "navegadores" o "exploradores" (browsers). Los más conocidos universalmente son Microsoft Internet Explorer y Netscape Navigator. Para simplificar utilizaremos para los ejemplos de este capítulo el primero de ellos, que es de Microsoft Corp.

9 · El fascinante mundo de Internet

Abrir el navegador

Luego de encender la computadora, y teniendo configurada una conexión no continua a Internet mediante un ISP, abriremos el navegador (en nuestro caso, Internet Explorer) procediendo en la siguiente forma:

1 Haremos clic sobre el icono **Internet Explorer** en el **Escritorio (Figura 4)** o en la Barra de tareas. También podemos pulsar sobre el botón **Inicio/Todos los programas/ Internet Explorer**.

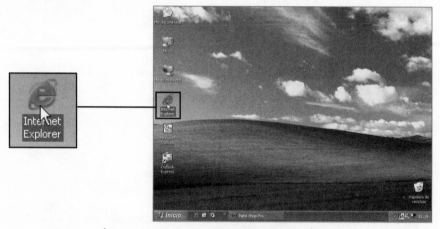

Figura 4. Éste es el icono de Internet Explorer en el Escritorio.

2 Luego de unos instantes aparecerá en pantalla la ventana de Internet Explorer y junto con ella –si no se ha cambiado la configuración original–, el cuadro de diálogo **Conectar con (Figura 5)** para iniciar la conexión a Internet.

3 Escribiremos en las casillas correspondientes el nombre de usuario y la contraseña convenida.

4 Si deseamos que el sistema recuerde estos datos para no tener que volver a escribirlos en el futuro, activaremos la casilla de verificación **Guardar contraseña**.

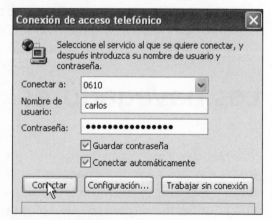

Figura 5. En este cuadro hay un botón para poder trabajar sin usar la conexión telefónica.

5 Activando la casilla **Conectar automáticamente**, evitaremos pasar por este cuadro de diálogo en el futuro, ya que la conexión se iniciará al abrir el navegador.

6 Al hacer clic en el botón **Conectar** comenzará el proceso de conexión, que podremos visualizar en el cuadro **Conectando con**. Finalmente se presentará en la ventana la Página de inicio **(Figura 6)**.

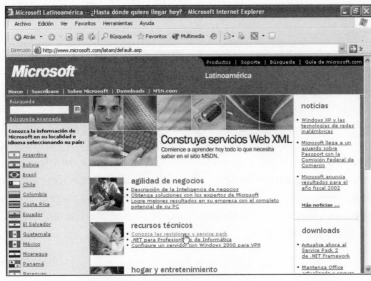

Figura 6. Al abrir el navegador por primera vez, se carga la página de Microsoft Corp.

La página de inicio

Esta página es la primera que se presenta al abrir el navegador. De forma predeterminada, la primera vez se cargará, en Internet Explorer, la página correspondiente al sitio web de Microsoft Corp.; luego podremos elegir otra página o incluso una página en blanco.

El fascinante mundo de Internet ⑨

LA PÁGINA DE INICIO

Si elegimos como página de inicio Usar página en blanco, no aparecerá automáticamente el cuadro de diálogo Conectar con, y para iniciar la conexión deberemos escribir la dirección de un sitio web y pulsar la tecla ENTER o el botón Ir.

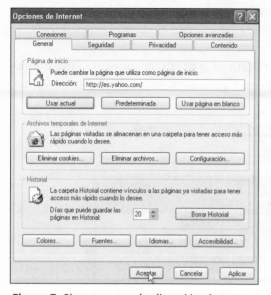

Figura 7. Si conocemos la dirección de una página que nos interese, podremos escribirla en el cuadro Dirección y quedará establecida como página de inicio para el futuro.

Cuando queramos cambiar la página de inicio haremos clic, en la ventana de Internet Explorer, en el menú **Herramientas/ Opciones de Internet...**/ficha **General** y –dentro del sector **Página de inicio**– en el botón correspondiente a la opción elegida **(Figura 7)**.

Para establecer como página de inicio la que estamos visualizando presionaremos en el botón **Usar actual**.

El botón **Predeterminada** establecerá como página de inicio nuevamente, si la habíamos cambiado, la de Microsoft Corp.

El botón **Usar página en blanco**, obviamente, no cargará ninguna página, dejando la ventana en blanco.

Durante la navegación podremos regresar nuevamente a la página de inicio en cualquier momento haciendo clic, en la barra de herramientas, en el botón **Inicio**.

La ventana de Internet Explorer

Habíamos visto anteriormente la ventana principal del programa Internet Explorer, con algunos ejemplos de páginas web. Veamos ahora en la **Guía visual 1** qué elementos forman esta ventana, de manera tal de comprender claramente la función de cada uno de ellos.

Por otra parte, su conocimiento nos permitirá manejar también otros navegadores, dado que los menús, botones y herramientas que se utilizan son muy similares en todos ellos.

DATOS ÚTILES

NO SE DETIENE

Cuando se minimiza una ventana de Internet Explorer, ésta se oculta y se convierte en un botón en la Barra de tareas pero esto no cierra el programa ni detiene la carga de la página en curso.

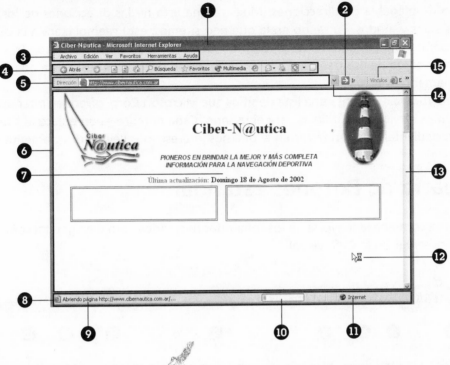

● **Barra de título**: Muestra el nombre de la página que estamos viendo.

● **Botón Ir**: Pone en marcha el proceso de carga de la página. Es igual que pulsar la tecla **ENTER**.

● **Barra de menús**: Contiene todos los menús necesarios para la navegación.

● **Barra de Botones estándar**: Agrupa los botones para ejecutar las funciones más utilizadas durante la navegación.

● **Barra Dirección**: Presenta una caja de texto donde se pueden escribir las direcciones web (también llamadas direcciones U.R.L.) de los sitios a visitar.

● **Área de visualización de las páginas**: Todo lo que podamos ver en Internet se mostrará en este sector de la ventana.

● **Página en proceso de carga**: La página se va cargando de a poco. Éstos son los primeros elementos cargados.

● **Barra de estado**: Muestra toda la información relacionada con las operaciones que se están ejecutando.

● **Sector de información**: Indica el estado de la operación en proceso.

● **Barra de progreso**: Muestra cómo se va completando la carga.

● **Zona de seguridad**: Este icono indica en qué zona de seguridad se encuentra el sitio que estamos visitando.

● **Puntero del mouse**: El reloj de arena unido a la flecha indica que se está realizando el proceso de carga de la página.

El fascinante mundo de Internet

9

⑬ **Barra de desplazamiento**: Cuando la página excede el tamaño de la ventana, esta barra de desplazamiento y la horizontal permiten verla por completo.

⑭ **Lista desplegable de direcciones**: Muestra una lista de las direcciones de los últimos sitios visitados. Pulsando en la que necesitemos, ésta reemplazará a la que se encuentra en la caja de texto, y pulsando luego la tecla **ENTER** o el botón **Ir**, se iniciará la carga de esa página. En la primera sesión de Internet esta lista aparecerá, obviamente, vacía.

⑮ **Barra Vínculos**: presenta una lista de sitios que Microsoft Corp. ofrece en Internet con distintos servicios de utilidad para el usuario. Cada nombre es un enlace al sitio correspondiente, y haciendo clic en el que nos interese, nos llevará directamente a él.

La barra de Botones estándar

Esta barra contiene la mayoría de los comandos necesarios para navegar, tal como podemos observar en la **Guía visual 2**.

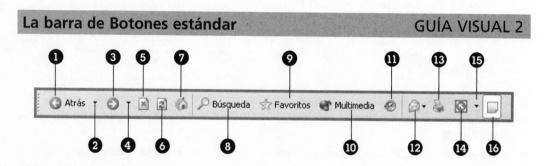

La barra de Botones estándar　　　　　　　　**GUÍA VISUAL 2**

❶ Retrocede a la última página visitada.

❷ Despliega el menú con las páginas visitadas. Haciendo clic en una de ellas, se vuelve directamente allí.

❸ Avanza desde la última página a la que se había retrocedido.

❹ Despliega el menú con las páginas a las que se había retrocedido y desde las que se puede avanzar de una sola vez.

❺ Detiene la carga de la página en curso.

❻ Actualiza el contenido de la página que estamos viendo.

❼ Vuelve a la **Página de inicio** predeterminada.

❽ Abre el panel **Búsqueda**.

❾ Abre el panel **Favoritos**.

❿ Abre el panel **Multimedia**.

⓫ Abre el panel **Historial**.

⓬ Despliega un menú para acceso al correo electrónico.

⓭ Envía la página que estamos visualizando a la impresora.

⑭ Abre la ventana para editar la página en Microsoft FrontPage.

⑮ Despliega un menú para editar la página en FrontPage o en el Bloc de notas.

⑯ Muestra la barra de herramientas **Discusión**.

El menú Ver

El menú **Ver** es uno de los más útiles. Desplegándolo, se accede a varias opciones muy interesantes.

Barras de herramientas

Haciendo clic en el menú **Ver/Barras de herramientas (Figura 8)** éstas pueden mostrarse u ocultarse.

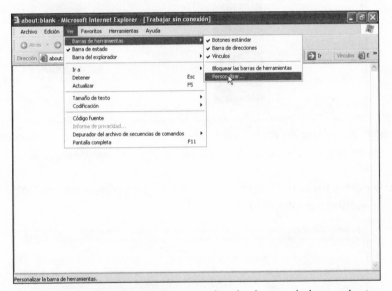

Figura 8. *Este submenú permite mostrar u ocultar las barras de herramientas y la* **Barra de estado**, *y da paso a un cuadro que permite personalizar la barra de botones* **Estándar**.

IGUAL QUE TODAS

DATOS ÚTILES

La ventana de Internet Explorer se comporta igual que las ventanas de todas las demás aplicaciones. Se la puede mover, cambiarle la forma y el tamaño, maximizarla o restaurarla, minimizarla y cerrarla.

Barra del explorador

Pulsando en el menú **Ver/Barra del explorador** es posible mostrar los paneles de **Búsqueda, Favoritos, Multimedia, Historial, Carpetas** y **Sugerencia del día**. Veamos cómo es cada uno:

• **Búsqueda**: Permite iniciar búsquedas de páginas que contengan determinadas palabras, carpetas y archivos en el disco duro, personas y otros elementos **(Figura 9)**.

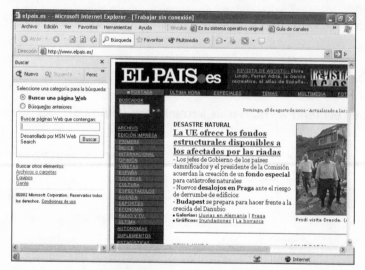

Figura 9. La **Barra del explorador** se presenta como un panel a la izquierda de la pantalla. En la figura está mostrando el panel **Búsqueda**.

• **Favoritos**: Muestra los sitios, páginas y archivos agregados a esta carpeta, para tener un acceso inmediato a ellos **(Figura 10)**.

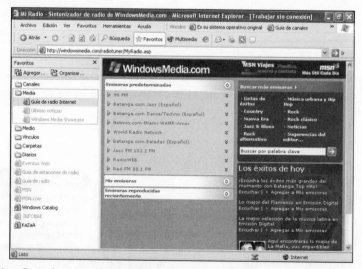

Figura 10. Los Favoritos pueden ser organizados en carpetas para facilitar su búsqueda.

- **Multimedia**: Da acceso a los videos, música y archivos multimedia guardados en la PC y a los existentes en la Web, además de a la **Guía de radio** para escuchar emisoras en Internet **(Figura 11)**.

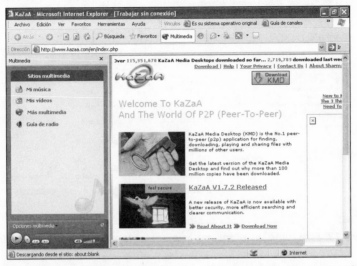

Figura 11. En la parte inferior del panel pueden verse los comandos del Reproductor de Windows Media.

- **Historial**: Hace posible volver a ver los sitios y páginas visitados en los últimos días o semanas **(Figura 12)**.

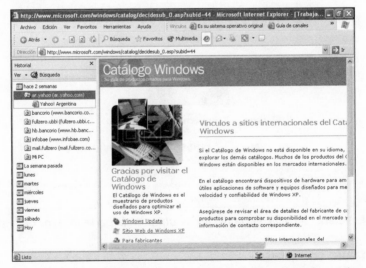

Figura 12. Abriendo cada carpeta, se encuentran los sitios visitados en las semanas o en las fechas indicadas. Algunos pueden volver a abrirse y otros, no.

El fascinante mundo de Internet

9

• **Carpetas**: Muestra y permite abrir todas las carpetas y archivos del disco duro **(Figura 13)**.

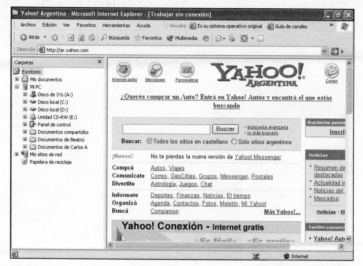

Figura 13. *Este panel es el mismo que presenta el* **Explorador de Windows.**

• **Sugerencia del día**: Agrega un panel en la parte inferior de la ventana con prácticas sugerencias sobre un mejor manejo de Internet Explorer **(Figura 14)**.

Figura 14. *El panel de* **Sugerencia del día** *se ubica en la parte inferior de la pantalla.*

Vista a pantalla completa

Haciendo clic en el menú **Ver/Pantalla completa (Figura 15)** o pulsando la tecla **F11**, la página ocupará toda la pantalla, y mostrará sólo una versión a tamaño reducido de la **Barra de Botones estándar**. Si fuera necesario, mostrará las **barras de desplazamiento**.

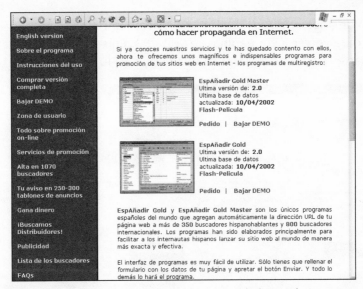

Figura 15. *La vista **Pantalla completa** sólo muestra la barra de **Botones estándar** y los botones de control en la parte superior.*

La Barra de estado

En Internet Explorer la **Barra de estado** es de consulta constante por las informaciones que en ella aparecen (ver **Guía visual 1**).

Al comenzar a cargar una página, en el sector de información, se muestra una leyenda que indica: "Abriendo página..." y a continuación la dirección web de la misma. Luego va indicando los pasos sucesivos, y cuando la carga ha concluido aparece en ese lugar la palabra "Listo".

Si recorremos una página web con el puntero, irán apareciendo también en el sector de información las direcciones de los "links" o enlaces que contiene.

En Internet existen sitios que es peligroso abrir o de los cuales no es aconsejable descargar contenidos, ya que pueden producir daños en nuestro equipo.

En Internet Explorer se pueden establecer distintos niveles de protección y en la **Barra de estado** aparece, en la Zona de seguridad, un icono que indica qué nivel estamos utilizando.

BARRAS OCULTAS

En la vista **Pantalla completa**, la Barra de tareas y la Barra del explorador, se ocultarán en los bordes de la pantalla. Para que reaparezcan bastará llevar el puntero hacia el borde correspondiente.

El fascinante mundo de Internet

9

Con el objeto de ahorrar pulsos telefónicos, existe también la posibilidad de trabajar sin conexión para volver a ver páginas ya visitadas. En este caso aparece un pequeño icono en la parte central de la **Barra de estado** que así lo indica **(Figura 16)**.

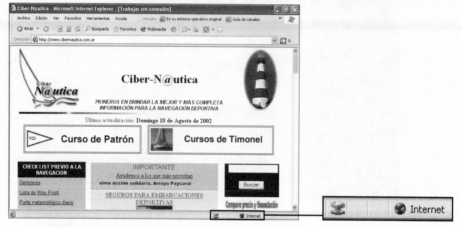

Figura 16. En la *Barra de estado* pueden verse los iconos que indican la navegación sin conexión y, más a la derecha, la zona de seguridad.

Navegar por Internet

Una vez conectada la computadora a Internet y teniendo cargada la página de inicio. estamos en condiciones de comenzar a navegar y recorrer otras páginas de la gran Red. Disponemos de tres posibilidades para iniciar la navegación:
• Navegar utilizando los enlaces de la página presente en la pantalla.
• Cargar una página web determinada, si conocemos su dirección.
• Navegar sin conocer dónde se encuentra la información. En este caso nos ayudarán los "buscadores" por palabras y los "directorios" temáticos.

ACTUALIZAR Y DETENER

Si la carga se ha detenido más de lo aceptable, pulse el botón Actualizar para activarla. Si considera que esa página ya no le será útil, puede interrumpirla, sin esperar a que la carga se complete totalmente, pulsando el botón Detener.

Navegar utilizando enlaces

En cada página web que tengamos a la vista, incluida la de inicio, si vamos desplazando el puntero sobre su superficie, encontraremos palabras o textos en color azul –generalmente subrayados–, dibujos, botones o imágenes, donde el puntero adoptará la forma de una mano con el dedo índice extendido **(Figura 17)**.

*Figura 17. En cada página pueden existir muchos enlaces. Aquí se ha pulsado sobre **Deportes**.*

Estos textos o imágenes constituyen enlaces hacia otras páginas, o lugares de la misma página, adonde nos desplazaremos de inmediato al hacer clic con el botón izquierdo del mouse sobre ellos.

En nuestro ejemplo se pulsó sobre el enlace **Deportes** en la página de inicio y se cargó esa nueva página **(Figura 18)**. De esta forma se puede continuar navegando por la Web hasta encontrar o ampliar la información que necesitamos.

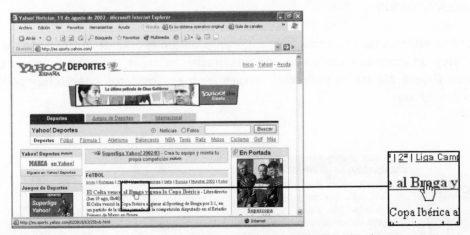

Figura 18. Al pulsar en un enlace, pasamos a una nueva página donde encontraremos, seguramente, nuevos enlaces para seguir ampliando la información.

El proceso de carga de páginas

El tiempo de carga de una página varía en función del tamaño de los archivos, de la velocidad del módem, del proveedor del servicio de conexión y del tráfico que haya en ese momento en Internet.

En caso de que nuestro navegador no encuentre la página web, ya sea por un problema técnico o por una equivocación en la dirección, nos presentará un mensaje de error **(Figura 19)**.

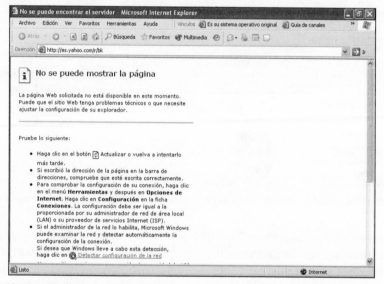

Figura 19. Estos mensajes de error son bastante frecuentes y muchas veces se deben a exceso de tráfico en la Web.

La desconexión

Mientras estamos conectados a Internet, aparecerá en el área de notificación, al lado del reloj, un icono con dos computadoras. Haciendo doble clic en él se presenta un cuadro **(Figura 20)** donde podremos conocer, entre otros datos, cuánto tiempo llevamos conectados.

Al cerrar el navegador, Windows presentará un cuadro **(Figura 21)** preguntando si deseamos finalizar la conexión.

Figura 20. *Desde este cuadro se puede interrumpir la conexión en cualquier momento.*

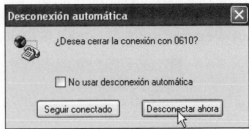

Figura 21. *Si deseamos seguir conectados para realizar alguna otra actividad, elegiremos esa opción y en caso contrario, pulsaremos en* **Desconectar ahora.**

Para evitar que por olvido la computadora quede conectada inútilmente consumiendo pulsos telefónicos, en Windows XP existe la posibilidad de interrumpir la conexión en forma automática al transcurrir un determinado tiempo durante el cual no se detecte actividad entre la PC y la Red.

Para establecer el tiempo de inactividad hay que hacer clic en el botón **Inicio/Conectar a** y en el submenú que aparece, en el nombre de la conexión. En el cuadro que se presenta hay que hacer clic en **Propiedades**/ficha **Opciones (Figura 22)** y en la lista **Tiempo de inactividad antes de colgar**, elegir el valor correspondiente.

Figura 22. *En este cuadro se puede establecer también la cantidad de llamadas que el sistema debe repetir si falla la conexión o si da ocupado.*

Abrir una página en otra ventana

En muchas oportunidades podemos necesitar abrir una nueva página, pero no deseamos salir de la que estamos viendo. Los navegadores permiten tener más de una

9

El fascinante mundo de Internet

ventana abierta simultáneamente, por lo que es posible tener cargada en cada una de ellas una página distinta.

En ese caso haremos clic derecho sobre el enlace cuya página deseamos cargar, y luego, en el menú contextual **(Figura 23)**, sobre **Abrir en una ventana nueva**. Aparecerá la nueva ventana donde se cargará la página buscada.

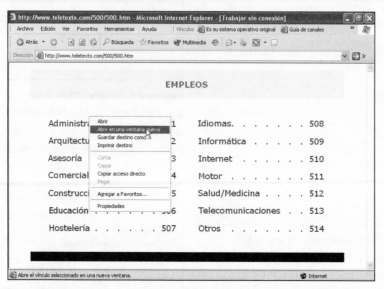

Figura 23. Hay menús contextuales de enlaces, como los de imágenes,
que permiten guardarlas en disco, establecerlas como fondo del Escritorio, etc.

Navegar escribiendo la dirección

Si conocemos la dirección de Internet –también llamada dirección **URL** (Universal Resource Locator o **Localizador Universal de Recursos**)– de la página a visitar, podemos ir directamente a ella, procediendo como se detalla a continuación:

Visitar una página web conociendo la dirección   PASO A PASO

1 Haga clic en la caja de texto de la **Barra de direcciones** para colocar allí el punto de inserción.

2 Escriba prolijamente la dirección URL para evitar errores **(Figura 24)**.

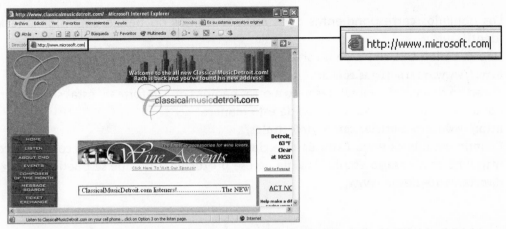

Figura 24. *Si la dirección de la página que busca figura en algún documento, tal vez no necesite escribirla. Seguramente funcionará como un enlace para conectarse a ella.*

3 Pulse en el botón **Ir** en la misma barra o en la tecla **ENTER** para que se inicie la carga.

Las direcciones en Internet

Las direcciones URL deben ser escritas con precisión, consignando literalmente tal como son, todas las letras, números, puntos, barras y símbolos que las componen, ya que de lo contrario Internet Explorer devolverá un mensaje de error.

Las direcciones de los sitios comienzan con un nombre de protocolo, generalmente la sigla http:// (un protocolo es un conjunto de reglas que permiten a los equipos intercambiar información entre ellos), y siguen luego, con www, que indica que el sitio está en la World Wide Web. Luego viene el nombre de la institución, empresa, etc., a la que pertenece el sitio, y a continuación, se agrega una característica que permite conocer a qué tipo de institución pertenecen. Son tres letras precedidas por un punto, por ejemplo:

> **.com** indica una actividad comercial
> **.gov** una organización de gobierno
> **.edu** una institución educativa
> **.net** una red
> **.mil** un organismo militar
> **.org** una organización

También puede conocerse el país al que pertenecen, observando las dos letras que continúan, luego del tipo de institución, separadas de las anteriores por un punto. Así, por ejemplo, las extensiones:

> **.ar** designan a Argentina
> **.es** designan a España
> **.fr** designan a Francia
> **.de** designan a Alemania, etc.

El fascinante mundo de Internet

9

Los dominios correspondientes a los Estados Unidos no tienen extensión que los identifique.

Una dirección URL típica de un sitio web sería como se muestra a continuación:

http://www.internoticias.com.ar

Si dentro de ese sitio vamos pasando a otras páginas que lo forman, éstas se irán agregando a la dirección, por ejemplo de esta manera:

http://www.internoticias.com.ar/ie6/titulos/

Cuando escribimos en la **Barra de direcciones** una URL de Internet que comience con http:// no es necesario escribir la sigla de ese protocolo, sino que se puede comenzar directamente desde www.

Navegar sin conocer dónde se encuentra la información

Hallar información sobre un tema determinado sin conocer la dirección del sitio o sitios donde se encuentra sería prácticamente imposible, debido a los millones de páginas que contiene la WWW. Por eso existen los "buscadores", sitios de Internet especializados en ubicar la información requerida.

Los buscadores

Básicamente, se distinguen dos formas de buscar:

• Siguiendo un orden temático, comenzando por un tema general y optando luego por nuevos subtemas para ir refinando la búsqueda hasta llegar al punto deseado. El directorio que acapara las preferencias para efectuar este tipo de búsquedas es, sin dudas, Yahoo! (**www.yahoo.com**).

• Introduciendo la palabra o palabras que definen el tema de la búsqueda y esperando que el buscador nos informe cuántas referencias ha encontrado. En este caso es necesario destacar a Altavista (**www.altavista.com**). Otro buscador de uso ineludible es Google (**www.google.com**), que permite, además, realizar búsquedas por temas **(Figura 25)**.

NO VOLVER AL MISMO ENLACE

DATOS ÚTILES

Cada enlace que pulsemos cambiará de color y cuando volvamos a recorrer esa página, sabremos en cuáles hemos estado sin necesidad de tener que recordarlo nosotros mismos. De esa forma evitaremos regresar a los que no nos interesan.

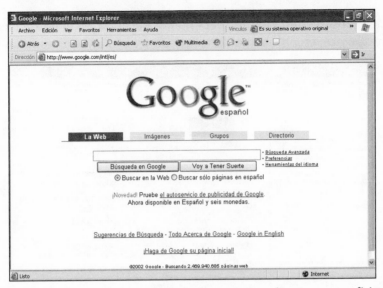

Figura 25. Google es un buscador sencillo, práctico, directo y muy eficiente.

Existen muchos otros buscadores, y gran parte de ellos presentan versiones en idioma español, por lo que cada usuario tiene sus preferencias personales.

Ambos sistemas requieren de una cierta práctica para su manejo, ya que es preciso elegir los temas y subtemas de forma apropiada o ingresar palabras clave adecuadas, elegir o descartar enlaces, volver atrás y tomar caminos alternativos y conocer algunos "trucos" que sólo se perfeccionan con la experimentación.

Buscar por temas

Iniciaremos nuestra experiencia de búsquedas en Internet haciendo, como ejemplo, una búsqueda por temas. Buscaremos las salas de esculturas del Museo del Louvre para realizar una visita virtual.

Utilizaremos el portal de Yahoo! en idioma español. Su dirección, que escribiremos en la **Barra de direcciones**, es: **http://es.yahoo.com** Luego pulsaremos en el botón **Ir** o en la tecla **ENTER**.

AHORRE TRABAJO

Escribiendo sólo el nombre del sitio y pulsando luego CTRL+ENTER, Windows completará la dirección URL agregando http:// antes y .com después del nombre.

BOTONES ATRÁS Y ADELANTE

Para volver a ver las páginas ya visitadas, no es necesario escribir otra vez sus direcciones, bastará con utilizar los botones Atrás y Adelante (vea la **Guía visual 2**) para recorrerlas.

Si no conociéramos su dirección URL, deberíamos hacer clic en el botón **Búsqueda** y, en el panel que aparece, escribir las palabras: yahoo españa o yahoo español **(Figura 26)**.

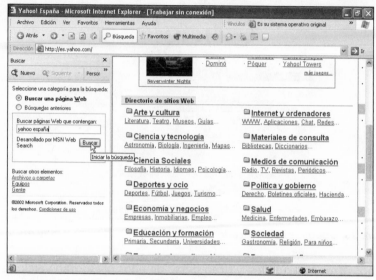

Figura 26. *En este panel podemos buscar, incluso, los buscadores.*

Después de unos breves instantes aparecerá en la pantalla el resultado de la búsqueda **(Figura 27)**.

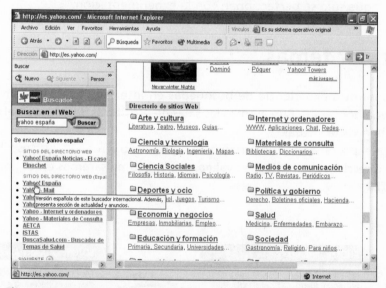

Figura 27. *Para abrir el buscador sólo nos falta hacer clic en el enlace.*

En la página principal de Yahoo! España **(Figura 28)** tendremos que bajar un poco hasta el sector de los índices temáticos, donde haremos clic en **Museos (Figura 29)**.

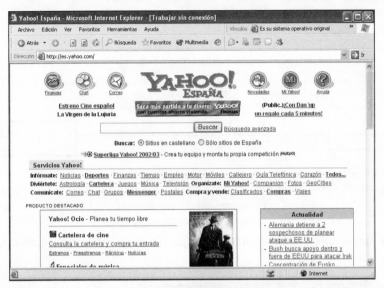

Figura 28. *La página principal de Yahoo está llena de enlaces directos a los temas de mayor interés.*

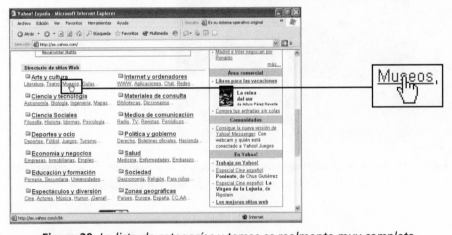

Figura 29. *La lista de categorías y temas es realmente muy completa.*

Aquí comienza la verdadera búsqueda, porque luego de esta página aparecerá otra nueva lista de opciones, en donde optaremos por continuar la búsqueda **Por país**. A continuación pasaremos a una nueva página donde elegiremos **Francia**. En la página siguiente aparecerá, por fin, el enlace al **Museo del Louvre (Figura 30)**.

El fascinante mundo de Internet

9

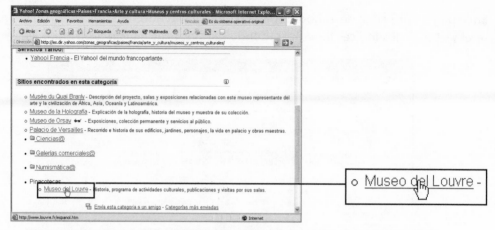

Figura 30. *A continuación del nombre de cada museo hay una descripción del contenido de las páginas.*

Después de hacer clic en él, aparecerá la página principal del Museo del Louvre. **(Figura 31).**

Figura 31. *También la página principal del Museo tiene una cantidad de enlaces para las distintas actividades que pueden realizarse.*

UTILICE LA LISTA

Cada sitio que visite agregará su dirección a la lista desplegable que se muestra pulsando el botón descendente de la Barra de Dirección. Al abrir luego esa lista, puede pulsar en la que desee visitar nuevamente y ya no necesitará escribirla otra vez.

LOS BUSCADORES

Son auténticos robots que disponen de gigantescas bases de datos y son capaces de revisar, a increíble velocidad, cantidades impresionantes de documentos, para encontrar los que tienen información que coincida con los criterios de la búsqueda.

Haciendo clic en el enlace **Visita virtual**, accederemos a la página **(Figura 32)** donde podemos elegir qué salas deseamos visitar.

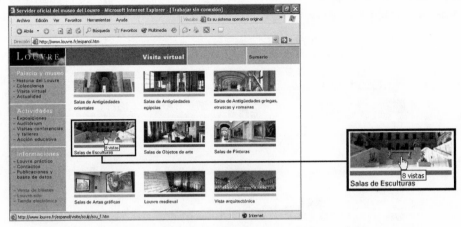

Figura 32. En esta página comprobamos que el Museo del Louvre es, realmente, muy importante.

Buscar por palabras

Una de las maneras más directas de buscar información es utilizando palabras que definan el tema que queremos. Pare efectuar esta operación, utilizaremos el portal Altavista, uno de los más famosos y más consultados, especialmente en las búsquedas por palabras, para las que resulta realmente muy eficiente. Junto con Yahoo!, Altavista se constituyó desde los inicios de la Web en uno de los sitios preferidos por los usuarios de todo el mundo.

Buscaremos, esta vez, información sobre la famosa escultura la Venus de Milo y trataremos de ver alguna fotografía de ella.

La dirección del portal Altavista en español es: **http://es-es.altavista.com**. Quienes quieran acceder al portal en su versión original (en inglés) deberán ingresar la dirección **www.altavista.com**. Recordemos que también podemos buscarlo mediante el botón **Búsqueda**, tal como hemos visto en la búsqueda por temas.

OPERADORES

En los buscadores, muchas veces se ingresa más de una palabra, relacionándolas por medio de símbolos, los habituales de escritura, que usados de esta forma se denominan Operadores. Así se restringen o acotan los marcos de la búsqueda.

Búsqueda por palabras PASO A PASO

1 Ingresaremos la dirección del buscador y pulsaremos **ENTER**. Se presentará la página principal de éste **(Figura 33)**.

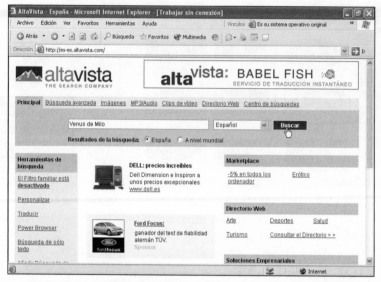

***Figura 33**. Altavista posee un traductor que se puede utilizar cuando se visualizan páginas en otros idiomas.*

2 Escribiremos en el cuadro las palabras que definen el motivo de nuestra búsqueda. En este caso, Venus de Milo.

3 Desplegaremos la lista de idiomas y seleccionaremos **Español** para, que la búsqueda se realice únicamente en las páginas en esa lengua.

4 Aceptaremos que el resultado de la búsqueda muestre sólo sitios de **España** dejando activado ese botón de opción.

5 Luego pulsaremos en el botón **Buscar** o en la tecla **ENTER** para que comience la búsqueda.

6 Aparecerá a continuación una nueva página mostrando los resultados. En ella encontraremos referencias válidas a la Venus de Milo y otras que poco tienen que ver. Esto se debe a que hemos encarado mal (a propósito) la búsqueda para mostrar lo que no debe hacerse. Más adelante veremos algunas directivas de cómo debe realizarse el procedimiento para obtener mejores resultados. De todas formas, existen varias referencias interesantes, una de ellas es la que encabeza la lista **(Figura 34)**.

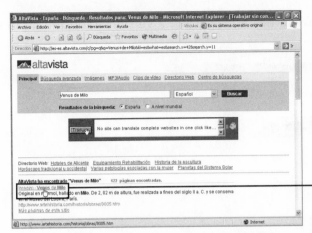

Figura 34. Altavista nos informa que se han encontrado 122 páginas relacionadas con el tema.

7 Pulsando en ese enlace llegamos a la página que contiene la información **(Figura 35)**. Podríamos, luego, volver atrás y seguir pulsando en otros enlaces de la lista inicial para recopilar aún más información.

Figura 35. En esta página hay enlaces que permiten seguir ampliando el tema.

Algunas veces encontraremos rápidamente lo que buscamos y otras, tendremos que cambiar, incluso, las palabras utilizadas para iniciar la búsqueda, por otras que sean más apropiadas. En ocasiones, navegando hacia atrás y hacia adelante iremos descartando y aceptando enlaces, sitios y páginas hasta llegar al objeto que deseamos encontrar.

Si aceptáramos la búsqueda en otro idioma, aparecerían referencias a muchas páginas donde, después de la descripción, aparecería la palabra **Translate (Figura 36)**.

Haciendo clic en esa palabra, Altavista nos entregará una versión traducida de la misma.

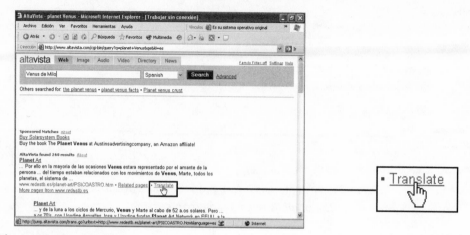

Figura 36. *Altavista ha encontrado en algunas páginas la palabra Venus aislada y la ha tomado como referencia válida, al no estar bien determinado el criterio de búsqueda.*

La mayor parte de los buscadores tienen páginas de ayuda **(Figura 37)** a las que se llega haciendo clic en algún enlace. Es muy útil consultarlas para obtener mejores resultados en las búsquedas.

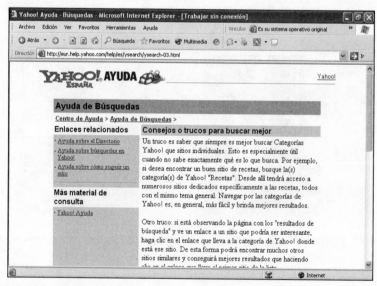

Figura 37. *En la Ayuda hay otros enlaces relacionados y más material de consulta.*

Hay algunas directivas generales que es preciso tener en cuenta al ingresar las palabras a buscar. Por ejemplo:

- Es preferible poner el texto a buscar completo entre comillas, y no las palabras suel-tas ("Venus de Milo" y no Venus de Milo).
- A las palabras que deben aparecer obligatoriamente en los documentos que resul-ten de la búsqueda, colóqueles el signo "+" (más) adelante, sin espacio de separa-ción (+Quijote +libro).
- A las palabras que no deben aparecer en los resultados de la búsqueda colóqueles el signo "-" (menos) adelante, sin espacio de separación (animales -salvajes).

Favoritos

Cuando una página web nos interesa y queremos tener acceso a ella en el futuro en forma inmediata, podemos agregarla a la lista **Favoritos**, lo que crea un enlace direc-to. De esta forma se pueden volver a ver esas páginas actualizadas, conectándose a Internet, o las mismas ya vistas sin estar conectados.

Para agregar una página a **Favoritos** proceda de la siguiente manera:

Agregar una página a Favoritos PASO A PASO

1 Haga clic, ya sea que esté conectado a la Red o trabajando sin conexión, en el menú **Favoritos/Agregar a Favo-ritos...** Se presentará un cuadro **(Fi-gura 38)** donde puede aceptar el nombre propuesto o asignar uno nuevo.

2 Si desea que la página esté disponi-ble sin conexión, marque la casilla correspondiente.

3 Pulse en **Aceptar**. En el panel **Favori-tos** comenzará a aparecer el nombre de la página agregada.

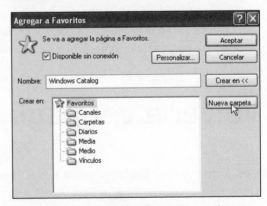

Figura 38. Para agregar la página a alguna subcarpeta de Favoritos, haga clic en el botón Crear en y podrá seleccionar una de las carpetas existentes, o crear una nueva.

Para abrir la página hay que hacer clic en el menú **Favoritos** y luego en el nombre de la misma o, si está agregada a una carpeta, abrir ésta previamente.

El fascinante mundo de Internet 9

Organizar Favoritos

En la lista **Favoritos**, es posible cambiar los nombres, moverlos a otra carpeta y eliminarlos. También se pueden crear nuevas carpetas y moverlos a ellas.

Para organizar los **Favoritos** haga clic en el menú **Favoritos/Organizar Favoritos...** Se presentará el cuadro que se ve en la **Figura 39**, donde seleccionando el nombre del elemento y pulsando en los botones que corresponda, se pueden efectuar las acciones indicadas en cada uno.

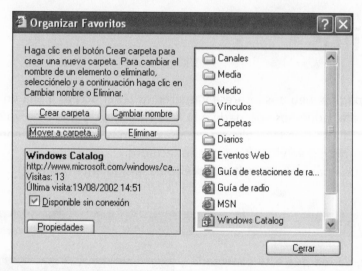

Figura 39. En este cuadro también es posible arrastrar los nombres de los **Favoritos** *hasta las carpetas, esperar a que se abran y soltarlos dentro de ellas.*

Volver a ver páginas ya visitadas

Mediante Internet Explorer, podemos volver a ver las páginas visitadas sin estar conectados telefónicamente a la Red. A esto se lo llama "trabajar sin conexión" y permite ahorrar pulsos telefónicos.

Trabajar sin conexión

Para trabajar sin conexión debemos hacer clic en el menú **Archivo** y marcar esa opción. Por el contrario, cuando deseemos conectarnos deberemos desmarcarla. Cuando trabajemos sin estar conectados aparecerá un icono en la **Barra de estado** (ver **Figura 16**) y también lo mencionará en la **Barra de título**.

Podemos trabajar sin conexión de varias formas:

- Utilizando los **Favoritos**.
- Utilizando el **Historial**.
- Guardando la página completa en el disco duro, o solamente las imágenes, o los textos.

Ver Favoritos sin conexión

Cuando esté marcada la opción **Trabajar sin conexión** en el menú **Archivo**, bastará hacer clic en **Favoritos** y luego en la página que deseemos ver, para que ésta se presente en pantalla. En este caso no podremos abrir los enlaces que no hayamos utilizado en la visita original, y al señalarlos con el puntero, se presentará un símbolo de "prohibido".

Ver los Favoritos actualizados

Si al agregar la página a Favoritos hemos marcado la casilla **Disponible sin conexión**, se activará el botón **Personalizar** (ver **Figura 38**). Pulsando dicho botón, se presentará un Asistente mediante el cual podremos definir si deseamos que la página se actualice –sincronice– con los cambios producidos en la original y en qué forma deseamos que se haga esta sincronización, antes de volver a verla.

Cuando tengamos necesidad de ver las páginas actualizadas, haremos clic en **Herramientas/Sincronizar** y posteriormente elegiremos, en el cuadro que se presenta **(Figura 40)**, cuáles son las páginas que deseamos que se sincronicen. Luego nos conectaremos a Internet y, una vez finalizada la sincronización, podremos verlas, sin conexión, ya actualizadas.

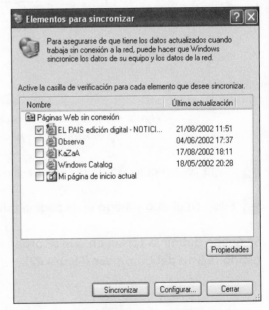

Figura 40. *Se sincronizarán solamente las páginas cuyas casillas marquemos.*

Utilizar el botón Historial

La carpeta **Historial** guarda en memoria los sitios visitados no sólo el último día sino también en días y semanas anteriores, y muestra una lista de ellos en la **Barra del**

Explorador para poder acceder a ellos. Las páginas se guardan durante una cantidad de días, después de los cuales se van borrando las más antiguas y se las reemplaza por las más nuevas.

Para ver esas páginas proceda de la siguiente forma:

Ver páginas del Historial   PASO A PASO

1 Pulse en el botón **Historial**, de la barra de **Botones estándar**. Se desplegará en el borde izquierdo de la ventana el panel **Historial (Figura 41)**.

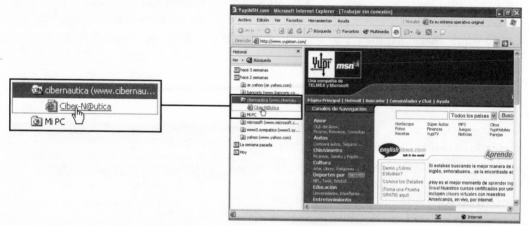

Figura 41. Haciendo clic en cada carpeta, ésta se expande mostrando las páginas que contiene.

2 Haga clic en el icono de la semana o día en que haya visitado la página.

3 Pulse en el sitio y luego en la página que desea ver, y ésta se cargará en la ventana.

Se puede definir la forma en que se ordenarán los iconos de la barra **Historial** desplegando la lista del botón **Ver (Figura 42)**.

LOS PORTALES

DEFINICIONES

Algunos buscadores han ido agregando diversas prestaciones, como correo electrónico gratuito, chat, noticias, juegos y muchos otros servicios, trascendiendo el concepto de buscadores y constituyendo verdaderos "portales" de acceso a Internet.

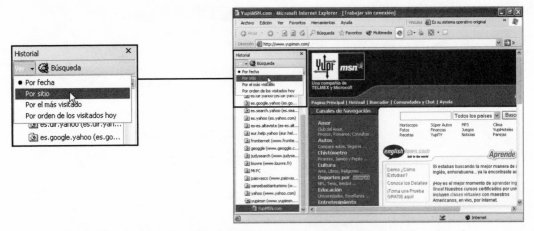

Figura 42. El botón Ver ofrece distintas formas de ordenar los sitios visitados.

También es posible buscar dentro del **Historial** sitios o páginas visitadas haciendo clic en el botón **Búsqueda (Figura 43)** e ingresando, en el cuadro **Buscar**, la/s palabra/s que definen esas páginas.

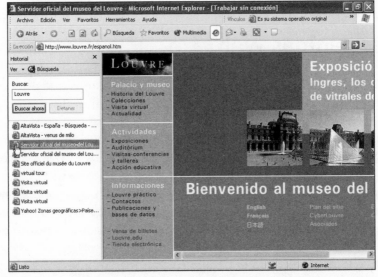

Figura 43. Al ingresar la palabra Louvre, aparecen todas las visitas realizadas a ese sitio.

Para cambiar el número de días durante los cuales el **Historial** guardará las páginas visitadas, en la ventana de Internet Explorer abra el menú **Herramientas/Opciones de Internet.../**ficha **General (Figura 44)** y modifique la cantidad en **Días que puede guardar las páginas en Historial**. Cuantos más días asigne, mayor espacio ocuparán en el disco duro.

El fascinante mundo de Internet 9

*Figura 44. Para recuperar espacio en el disco duro se puede pulsar en el botón **Borrar Historial**, pero se perderá el total de las páginas guardadas.*

Guardar páginas web

Si sólo deseamos volver a ver la página, pero no necesitamos que esté actualizada, podemos guardarla, como cualquier otro documento, en el disco duro de la computadora.

Disponemos de varias maneras para hacerlo, según la utilización que vayamos a darle:

• **Página Web completa**: Guarda en una carpeta separada los archivos necesarios para mostrar la página tal como es, incluidos los textos, gráficos, etc. Con esta opción se puede volver a ver la página completa sin conexión y sin agregarla a **Favoritos**.

• **Archivo Web, archivo único**: Guarda la página en un único archivo que permite volver a verla completa sin conexión y sin agregarla a **Favoritos**, e incluso enviarla por correo electrónico.

• **Página Web, sólo HTML**: Guarda la página con sus marcos y textos, pero sin las imágenes, sonidos ni otros archivos.

• **Archivo de texto**: Guarda solamente los textos de la página. Puede ser útil si no necesitamos ver las imágenes y otros elementos que ésta contiene, para ahorrar tiempo de descarga y espacio en el disco duro.

En la **Figura 45** se puede ver una misma página guardada como **Página Web completa** y como **Archivo único**; en la **Figura 46**, guardada como **Sólo HTML** y en la **Figura 47**, como **Archivo de texto**.

Figura 45. *Guardando una página como **Página completa** y como **Archivo único**, al abrirlas se ven exactamente igual. La diferencia está en la forma de almacenar los archivos.*

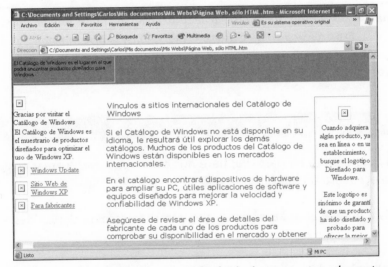

Figura 46. *En **Sólo HTML**, al no guardar las imágenes y otros elementos, todo se hace más rápido y el archivo resulta más chico.*

El fascinante mundo de Internet

9

ACCESO RÁPIDO

Haciendo un clic derecho sobre cualquier lugar libre de la página web que está viendo y luego en la opción **Crear acceso directo**, se instalará en el Escritorio un icono que –al hacer clic en él– conectará automáticamente con esa página.

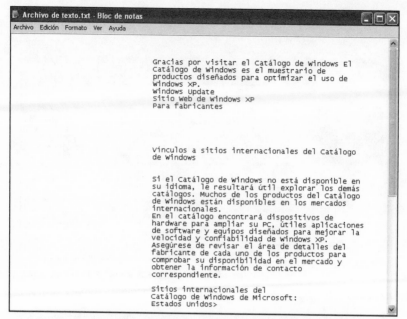

Figura 47. *Al guardar como* **Archivo de texto** *la página no se abre en Internet Explorer sino en un editor de textos, como el* **Bloc de notas.**

Veamos ahora cómo guardar una página web:

Guardar una página web   PASO A PASO

1 Teniendo la página en pantalla, haremos clic en **Archivo/Guardar como...** Se presentará el cuadro **Guardar página Web**.

2 En la lista desplegable **Guardar en:** elegiremos la carpeta donde deseamos guardarla.

3 En **Nombre de archivo:** aparece un nombre sugerido; podemos dejarlo o escribir otro en su lugar.

4 Desplegaremos la lista **Guardar como tipo:** para elegir en qué formato la guardaremos. Aquí tomaremos en cuenta lo visto más arriba.

5 Luego pulsaremos en **Guardar**.

Guardar una imagen

También es posible guardar cualquier imagen de la página en el disco duro, sin tener que guardar la página completa. Veamos cómo hacerlo:

1 Haremos clic –con el botón derecho del mouse– sobre la imagen.

2 En el menú contextual que aparece **(Figura 48)** haremos clic en **Guardar imagen como...**

Figura 48. Para acceder al menú contextual podemos hacer clic en cualquier lugar de la imagen.

3 Se presentará el cuadro **Guardar imagen**, donde elegiremos la carpeta y daremos un nombre al archivo. Si nos parece conveniente, elegiremos otro tipo de archivo.

4 Haremos clic en **Guardar**.

En el mismo menú contextual de la imagen existen otras opciones interesantes:
- **Establecer como fondo**: Coloca la imagen ocupando el fondo del Escritorio.
- **Copiar:** Copia la imagen para pegarla en un documento.
- **Abrir vínculo** o **Abrir vínculo en una ventana nueva**: Si la imagen constituye además un enlace, equivale a hacer clic con el mouse sobre ella.

El fascinante mundo de Internet 9

Abrir páginas, imágenes o textos

Para ver, tanto páginas completas como imágenes o textos guardados en el disco duro, la forma más sencilla es abrir el **Explorador de Windows** (no **Internet Explorer**), buscar la carpeta donde se encuentran los archivos correspondientes y hacer doble clic sobre ellos. En la **Barra de título** y en la **Barra Dirección** de Internet Explorer ya no se mostrará la dirección URL de la página, sino la del archivo en el disco duro.

Buscar texto dentro de una página web

Internet Explorer permite buscar un texto determinado dentro de una página web. Hay que proceder en la siguiente forma:

Buscar texto en una página web	PASO A PASO

1 Pulse en el menú **Edición/Buscar en esta página...** Se presentará el cuadro **Buscar**.

2 Escriba la palabra que desea localizar.

3 Marque la casilla **Palabra completa** si no desea que se busquen también palabras que contengan como parte de ellas a la que busca, por ejemplo: acción y coacción.

4 Defina si desea que se respete exactamente el uso de mayúsculas y minúsculas, por ejemplo: (el) Papa o (la) papa.

5 Indique si desea buscar la palabra hacia arriba o hacia abajo en la página.

6 Pulse en **Buscar siguiente**.

7 En la página web aparecerá resaltada la palabra que buscaba. Para ver si existen otras apariciones de la misma palabra, haga clic nuevamente en **Buscar siguiente**. En caso contrario, pulse en **Cancelar**.

ENVIAR IMÁGENES

Para enviar una imagen por correo electrónico utilice el menú contextual de la misma y seleccione la opción correspondiente. Después opte por mantener el tamaño original o reducirlo para facilitar la transmisión y haga clic en Aceptar.

Resumen

- Para conectarse a Internet necesita tener un abono en un proveedor de servicios de Internet (ISP, del inglés *Internet Service Provider*). En muchos países existen los llamados proveedores gratuitos, que si bien no cobran por ofrecer el acceso, acuerdan con las compañías telefónicas para cobrar un porcentaje de las comunicaciones del usuario.
- Para configurar su conexión a Internet debe solicitar previamente la información necesaria a su ISP.
- Para navegar por Internet existen programas adecuados, denominados navegadores o exploradores. En la actualidad el más utilizado es Microsoft Internet Explorer. Anteriormente, y durante los primeros años de expansión de la Web, el navegador líder era Netscape.
- La página de inicio es la primera que se carga al abrir el navegador. Habitualmente se elije un portal, buscador o directorio para página de inicio. También es posible dejar esa página en blanco, y entonces cada vez que se ingresa en la Web, se escribe la dirección del sitio al cual queremos acceder.
- La página principal (Home page) de un sitio web es la primera que aparece al abrirlo y presenta el contenido general de éste.
- Recuerde que un sitio web puede tener muchas páginas relacionadas mediante enlaces (también llamados links).
- Las direcciones URL deben ser escritas con mucho cuidado. Cualquier pequeña diferencia nos devolverá un mensaje de error. Eventualmente, si el nombre que ingresamos de manera incorrecta existe, estaremos accediendo a un sitio diferente del que queríamos visitar.
- Para buscar temas muy concretos utilice palabras clave en los buscadores. Por su parte, para localizar información sobre temas más generales y amplios, es preferible utilizar los directorios temáticos.
- Circunscriba al máximo la búsqueda utilizando frases cortas entre comillas y signos más y menos antes de las palabras. Los buscadores actuales tienen una gran base de datos de páginas, y una búsqueda muy genérica nos puede devolver una cantidad muy grande de sitios, pero lo más probable es que muchos de ellos tengan poca relación con la información que estamos procurando.
- Actualice el contenido de las páginas y después examínelas "sin conexión" para ahorrar pulsos telefónicos.

9

El fascinante mundo de Internet

Cuestionario

Preguntas

1. ¿Puedo conectar mi computadora directamente a Internet?
2. ¿Es posible cambiar muchas veces la página de inicio?
3. Al minimizar una página, ¿ésta deja de cargarse?
4. ¿Existe alguna forma de interrumpir la carga de una página?
5. ¿Se puede escuchar radio en Internet?
6. Quisiera ver otra página sin cerrar la que estoy viendo, ¿puedo hacerlo?
7. El panel **Búsqueda**, en la **Barra del explorador**, ¿permite buscar páginas web?
8. ¿Sólo se pueden guardar las páginas completas en el disco duro?

Respuestas

1. No. Debe hacerlo por medio de un proveedor de servicios de Internet.
2. Sí. Se puede cambiar todas las veces que se desee.
3. No. Continúa cargándose igual.
4. Sí. Hay que pulsar en el botón **Detener**.
5. Sí. Utilice el panel **Multimedia** en la **Barra del explorador**.
6. Sí. Haga clic derecho en el enlace de la que desea ver y luego, en **Abrir en una ventana nueva**.
7. Sí. De hecho, es una de sus principales funciones.
8. No. También se pueden guardar las imágenes o los textos por separado.

VÍNCULOS AL INSTANTE

Si desea crear muy rápidamente un vínculo a una página web que está visualizando, simplemente tómela con el puntero por su icono en la Barra de direcciones, arrástrelo hasta la Barra de vínculos y suéltelo en ella.

Correo electrónico y otros servicios

Uno de los servicios más importantes de Internet es el correo electrónico, que ha revolucionado la comunicación, tanto en el ámbito personal como en el laboral. La posibilidad de enviar mensajes, casi sin costo, en segundos, a cualquier lugar del mundo, y con documentos, fotografías, música y toda clase de archivos agregados, ha popularizado este medio de comunicación hasta límites increíbles.

El correo electrónico

Cada día más personas utilizan el correo electrónico y, actualmente, son muy pocos los que no posee una dirección para usar este servicio y comunicarse con su familia, sus amigos o por motivos de trabajo.

Y es que el correo electrónico tiene muchas ventajas:

- La posibilidad de enviar todo tipo de cartas y mensajes, sin necesidad de moverse de su casa o lugar de trabajo, con sólo sentarse frente a la computadora.
- La opción de agregar a esos envíos todo tipo de archivos.
- La seguridad de que el envío llegará en instantes, aunque sea al rincón más lejano del planeta, ya que este servicio funciona en forma ininterrumpida, durante las 24 horas, todos los días del año.
- La economía, porque sólo será necesario pagar el costo de la llamada telefónica a tarifa local y, eventualmente, el abono a un proveedor de servicio de Internet.
- La posibilidad de recibir y enviar correspondencia aun estando lejos del lugar de residencia o en viaje, utilizando los servicios de hoteles, cibercafés y locales especialmente apropiados para este fin en todo el mundo.

Funcionamiento

Veamos cómo funciona el correo electrónico. El mensaje que enviamos viaja desde nuestra computadora, por intermedio del servidor (una especie de computadora "central" muy potente) de nuestro proveedor de correo; hasta el servidor del proveedor de nuestro destinatario, donde queda retenido en una especie de casilla de correo virtual, hasta que éste se conecta para bajarlo a su PC.

A su vez, los e-mails que nos envían hacen el camino inverso hasta nuestra casilla de correo virtual. Si nuestra conexión con Internet es continua, recibiremos de inmediato un aviso de que tenemos correo nuevo; si no lo es, tendremos que conectarnos, con la frecuencia que creamos adecuada, para bajarlos desde el servidor a nuestra computadora.

Las direcciones

Tal como en el correo postal, cada usuario de correo electrónico dispone de una dirección que le pertenece sólo a él, y que es la que permite al sistema dirigir los mensajes para que lleguen al destino correcto.

Cada dirección comienza con el nombre de usuario, que es exclusivo para cada persona (generalmente, una combinación de sus iniciales, nombres y apellidos); continúa con el símbolo @ (arroba); luego viene el nombre del servidor, o dominio y, separadas de él por un punto, las tres letras que indican el tipo de organización (.com, .edu, etc.).

El símbolo @ caracteriza a todas las direcciones de correo electrónico, de manera que cuando lo vea escrito en algún nombre, ya sabe de qué se trata. Además, en las direcciones se escriben todos los caracteres seguidos, sin mayúsculas, sin acentos y sin espacios. Una dirección típica podría ser, por ejemplo: joseperez@nombredelservidor.com.

Qué se necesita para usar el servicio

Para utilizar el correo electrónico debemos disponer de la conexión a Internet y del software específico. Hay distintos programas que permiten manejar de manera muy eficaz el correo. Windows XP incorpora uno excelente, Outlook Express, que permite, además, participar en grupos de noticias. Estos grupos se utilizan para el intercambio de información y comentarios entre sus integrantes sobre temas particulares.

Cómo ingresar en Outlook Express

Para ingresar en el programa haremos clic en el botón **Inicio/Todos los programas/Outlook Express** o utilizaremos alguno de los iconos que puede haber en el **Escritorio** o en la **Barra de inicio rápido**. También, en Internet Explorer hay un botón, **Correo**, que abre la aplicación.

Se presentará, entonces, la ventana principal del programa **(Figura 1)**. La primera vez verá un mensaje de bienvenida del equipo de Microsoft. Léalo, es interesante.

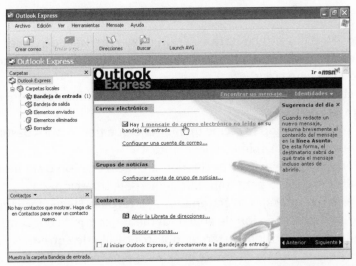

Figura 1. *Después de leer el mensaje marque la casilla **Al iniciar Outlook Express, ir directamente a la bandeja de entrada**, para no volver a verlo cada vez que abra el programa.*

La ventana de Outlook Express

La ventana de Outlook Express con la que vamos a trabajar es la que podemos ver en la **Guía visual 1**.

La ventana de Outlook Express GUÍA VISUAL 1

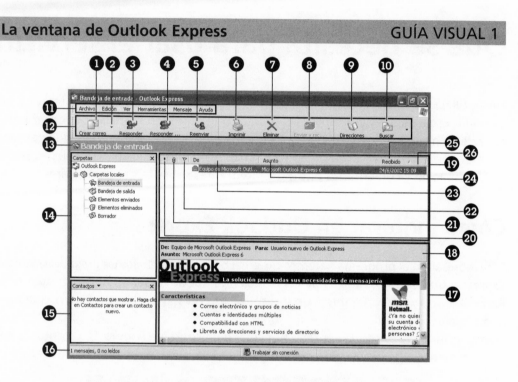

❶ Crear correo: Abre la ventana para crear un nuevo mensaje de correo.

❷ Elementos de decoración: Despliega un menú para agregar ornamentos al mensaje de correo que se va a crear.

❸ Responder al remitente: Prepara un mensaje nuevo con los datos del remitente listo para contestarle.

❹ Responder a todos: Cuando se recibe un mensaje que tiene varios destinatarios, permite responderles a todos simultáneamente.

❺ Reenviar: Permite reenviar a otros un mensaje recibido, con o sin modificaciones.

❻ Imprimir: Abre el cuadro para imprimir el mensaje seleccionado.

❼ Eliminar: Envía los mensajes seleccionados a la carpeta **Elementos eliminados**.

❽ Enviar y recibir: Inicia la acción de enviar los mensajes que se encuentran en la **Bandeja de salida** y recibir los que están en nuestra casilla de correo.

❾ Direcciones: Abre la **Libreta de direcciones** para agregar, modificar o eliminar contactos.

⑩ **Buscar**: Abre los cuadros de diálogo para buscar mensajes por remitente, por destinatario, etc.; o mensajes que contengan un determinado texto; o buscar personas.

⑪ **Barra de menús**: Contiene los menús con los comandos necesarios para trabajar con el programa.

⑫ **Barra de herramientas**: Contiene los botones que hemos visto más arriba, para realizar las operaciones más usuales.

⑬ **Indicador de carpeta activa**: Indica la carpeta cuyo contenido estamos viendo.

⑭ **Panel de carpetas**: Muestra las carpetas donde se irán clasificando los elementos de correo.

⑮ **Panel de contactos**: Muestra todos los contactos registrados. Haciendo doble clic en un nombre, prepara la ventana para enviarle un mensaje.

⑯ **Barra de estado**: Muestra información sobre la acción de las opciones de los menús e indica la cantidad de mensajes existentes y la de no leídos.

⑰ **Panel de vista previa**: Muestra el contenido del mensaje seleccionado en el **Panel de mensajes** superior.

⑱ **Encabezado de vista previa**: Indica el remitente, el destinatario y el asunto del mensaje que se está viendo en el **Panel de vista previa**.

⑲ **Panel de mensajes**: Muestra la lista de los mensajes contenidos en la carpeta seleccionada.

⑳ **Indicador de prioridad**: Indica, a quien recibe el mensaje, el grado de prioridad para su lectura.

㉑ **Indicador de archivo adjunto**: Indica que el mensaje tiene un archivo adjunto

㉒ **Indicador de marcas**: Permite insertar una marca en los mensajes que tienen una importancia especial.

㉓ **De**: Indica de quién proviene el mensaje.

㉔ **Asunto**: Quien envía el mensaje coloca esta especie de título anticipando su contenido.

㉕ **Recibido**: Indica la fecha y hora en que fue recibido el mensaje.

㉖ **Mensaje**: Muestra cómo se ve un mensaje en el **Panel de mensajes**.

Las carpetas que el programa incluye de forma predeterminada en el panel de carpetas son:

- **Bandeja de entrada**: donde se ubican los mensajes recibidos. Un número entre paréntesis indica los mensajes que aún no han sido leídos.

- **Bandeja de salida**: en ella se ubican los mensajes que están listos para ser enviados.

- **Elementos enviados**: aquí se mantiene una copia de los mensajes ya enviados para poder volver a consultarlos o incluso a reenviarlos si fuera necesario.

- **Elementos eliminados**: cuando se elimina un mensaje, éste quedará ubicado en esta carpeta, desde donde se lo puede recuperar moviéndolo a otra, o se lo puede eliminar definitivamente.

- **Borrador**: aquí se guardan los mensajes que están en proceso de elaboración.

Correo electrónico y otros servicios **10**

En el **Panel de carpetas** es posible crear otras nuevas y copiar o mover elementos, para facilitar la clasificación de los mensajes, en forma similar a como se realiza en el Explorador de Windows. De esta forma es posible, por ejemplo, crear dentro de la **Bandeja de entrada** una carpeta para los mensajes de trabajo y otra para los que son personales. Lo mismo se podría hacer en la carpeta **Elementos enviados** y reorganizar todo según la necesidad de cada uno.

Configurar la cuenta de correo

Partiremos de la idea de que tenemos ya configurado el acceso telefónico a Internet, que hemos creado y utilizado en el capítulo anterior.
Antes de comenzar a operar con Outlook Express será necesario crear una cuenta de correo, para lo cual contamos con un Asistente que nos guiará paso a paso. Necesitaremos conocer, previamente, los nombres de los servidores de correo entrante y saliente.
Con estos datos procederemos en la siguiente forma:

Configurar una cuenta de correo   PASO A PASO

1 Haremos clic en el botón **Inicio/Todos los programas/Outlook Express** o utilizaremos alguno de los iconos que puede haber en el **Escritorio**, o en la **Barra de inicio rápido** al lado del botón **Inicio** para abrir el programa.

2 Haremos clic en **Herramientas/Cuentas...**/ficha **Correo**/botón **Agregar/Correo...** y se presentará la primera ventana del Asistente **(Figura 2)**. Aquí hay que escribir el nombre que deseamos que vean quienes recibirán nuestros mails. Luego pulsaremos en **Siguiente**.

USTED ELIGE

Si pulsa en **Herramientas/Enviar y recibir**, se presentará un submenú donde puede elegir si desea Enviar todo, Recibir todo o ambas cosas y, si tiene más de una cuenta de correo, de cuál de ellas quiere enviar y recibir los mensajes.

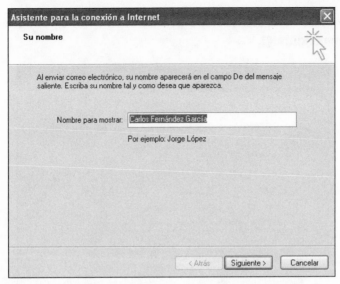

Figura 2. En general, aparece ya escrito nuestro nombre, que el Asistente toma directamente del sistema.

3 En el nuevo cuadro sólo se requiere que escribamos la dirección de correo electrónico aceptada por nuestro proveedor. Luego pulsaremos en **Siguiente**.

4 Se presenta el cuadro de la **Figura 3**, donde escribiremos los nombres de los servidores entrante y saliente en las respectivas cajas de texto y pulsaremos en **Siguiente**.

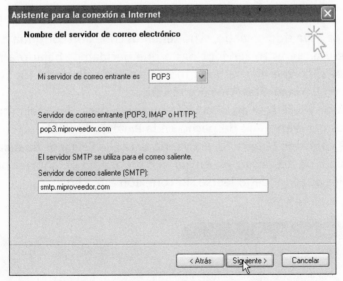

Figura 3. Estos datos son proporcionados por nuestro proveedor.

Correo electrónico y otros servicios

10

5 En el nuevo paso el Asistente nos pide que escribamos el nombre de la cuenta y la contraseña **(Figura 4)**.

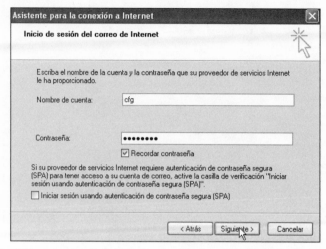

*Figura 4. En este cuadro podemos activar la casilla **Recordar contraseña**.*

6 En el último paso pulsaremos en **Finalizar** y la cuenta quedará creada.

Manejo del correo

El correo que nos haya sido enviado, si no tenemos conexión continua a Internet, quedará almacenado en nuestro servidor hasta que decidamos bajarlo a nuestra PC. Se puede descargar el correo en cualquier momento con sólo hacer clic en el botón **Enviar y recibir** o en **Herramientas/Enviar y recibir**.

Al pulsar en **Enviar y recibir** se aprovecha la conexión para enviar al mismo tiempo todos los mensajes pendientes de despacho en la **Bandeja de salida**.

En el cuadro de conexión **(Figura 5)**, activando la casilla **Colgar al finalizar**, la misma se cortará al terminar de descargar y/o enviar el correo, a fin de ahorrar pulsos telefónicos. Los mensajes pueden luego leerse sin conexión a la Red.

EVITE EXCEDERSE

Debemos evitar que se acumulen muchos mensajes, especialmente si traen archivos grandes adjuntos, ya que, seguramente, nuestra cuenta de correo tiene una capacidad limitada que, de excederse, dará lugar a la pérdida de mails.

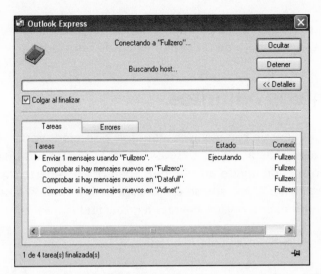

Figura 5. *En este caso estamos enviando un mensaje y revisando tres cuentas de correo al mismo tiempo.*

Al terminar de descargar el correo, aparecerá, en el **Panel de carpetas**, un número entre paréntesis al lado de la **Bandeja de entrada**, indicando la cantidad de mensajes sin leer **(Figura 6)**.

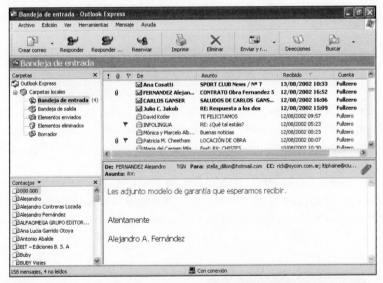

Figura 6. *En la ventana de la figura se han recibido cuatro mensajes: dos tienen archivos adjuntos, y otros dos tienen marca.*

Para leer los mensajes bastará con hacer clic sobre ellos en la lista de mensajes. El contenido se mostrará en el **Panel de vista previa**. Para verlos en una ventana distinta habrá que hacer doble clic en la misma lista.

10

Correo electrónico y otros servicios

Si algunos de los mensajes recibidos traen archivos adjuntos, se verá, junto a ellos en el **Panel de mensajes**, el dibujo de un pequeño clic de papelería.

Abrir archivos adjuntos

Al hacer clic en un mensaje con archivos adjuntos, podremos ver el texto del mail en el **Panel de vista previa**. Para ver los archivos adjuntos tendremos que pulsar sobre el botón, también con el dibujo de un clip, que aparece en la parte superior, a la derecha del panel **(Figura 7)**. Al hacerlo se presentará un menú mostrando la lista de archivos adjuntos y además la opción **Guardar datos adjuntos...**

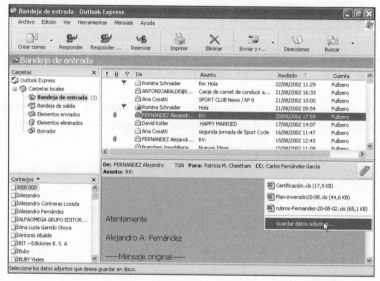

Figura 7. Un mensaje puede traer varios archivos adjuntos. En la lista, además de los nombres, se indica también la extensión de tres letras y el tamaño que tienen.

Si hacemos clic sobre el nombre de alguno de los archivos adjuntos para abrirlo, el programa presentará un mensaje de advertencia sobre la posible presencia de virus **(Figura 8)** y preguntará si deseamos abrir el archivo o si preferimos guardarlo en un disco.

ICONOS DE MENSAJES

Al bajar el correo, en el **Panel de mensajes** se agregan los recién recibidos, que aparecerán en negrita y mostrarán un icono con la figura de un sobre cerrado. Cuando los abramos para leerlo el icono se transformará en un sobre abierto.

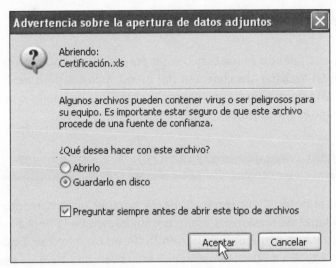

Figura 8. *En todos los casos será preferible guardar el archivo en una carpeta hasta que podamos escanearlo con un antivirus confiable.*

Si optamos por abrirlo, al pulsar en **Aceptar**, el archivo se abrirá junto con la aplicación asociada. Si optamos por guardarlo se presentará el cuadro para elegir en qué carpeta lo almacenaremos.

Volviendo ahora al **Panel de vista previa**, si hacemos clic, en el menú, en **Guardar datos adjuntos...** se presentará un cuadro **(Figura 9)** donde estarán ya incluidos los archivos a guardar y se nos propondrá una carpeta para hacerlo. Si deseamos elegir otra, haremos clic en **Examinar**, para buscarla; en caso contrario, pulsaremos en **Guardar**.

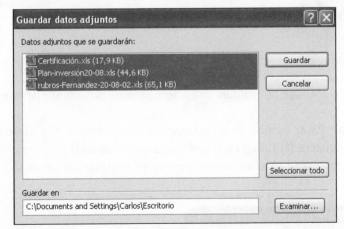

Figura 9. *Este cuadro permite guardar los archivos adjuntos, pero no los abre.*

10

Correo electrónico y otros servicios

Escribir y enviar mensajes

Para escribir los mensajes no es necesario estar conectado. Se pueden preparar teniendo activa la opción **Trabajar sin conexión** del menú **Archivo**, para no consumir pulsos telefónicos. De esta forma podemos preparar todos los mensajes que necesitamos y despacharlos después todos juntos.

Crear un mensaje de correo electrónico   PASO A PASO

1 Haga clic en el botón **Crear correo**. Si desea agregar un ornamento o un fondo al mensaje, en lugar de presionar en este botón, hágalo en la flecha que se encuentra al lado. Se abrirá un menú donde, haciendo clic en cada opción, podrá elegir el motivo que le guste. En ambas formas aparecerá la ventana **Mensaje nuevo (Figura 10)**.

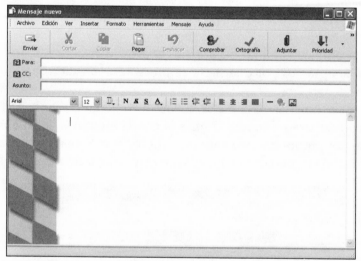

Figura 10. En el mensaje de la figura se ha agregado un ornamento de nombre Ajedrez.

2 En el campo **Para:** escriba la dirección del destinatario, por ejemplo: **joseperez-@suproveedor.com (Figura 11)**. Si son varios, escriba todas las direcciones separándolas con una coma (,) o un punto y coma (;) seguido de un espacio.

PUEDE VERIFICAR EL ENVÍO

Una vez despachados los mensajes desde la Bandeja de salida, ésta quedará totalmente vacía y una copia de los mails se instalará en la carpeta **Elementos enviados**, donde podrá verificar su envío y volver a verlos en el futuro.

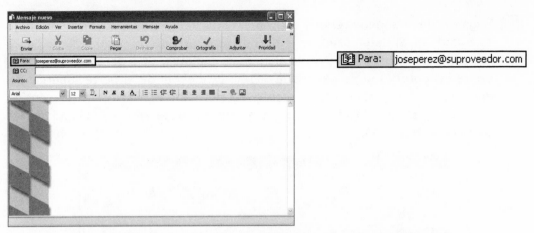

Figura 11. *Escriba las direcciones cuidadosamente para no equivocarse,*
ya que el menor error hará que el mensaje no llegue a destino.

3 Si desea enviar una copia del mismo mensaje a otros destinatarios, escriba también sus direcciones de correo en el campo **CC:** (Con Copia).

4 Si además desea enviar otra copia del mismo mensaje a otros destinatarios, pero de forma tal que los anteriores no sepan que se la ha enviado a éstos, escriba sus direcciones en el campo **CCO:** (Con Copia Oculta) **(Figura 12)**. De esta forma, en el mensaje no figurarán los destinatarios que reciben la copia oculta.

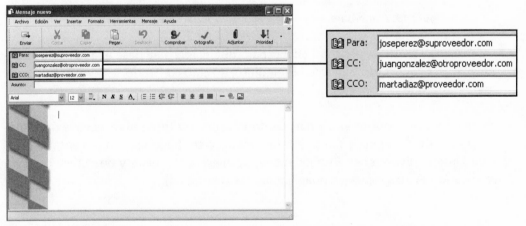

Figura 12. *Si el campo **CCO** no estuviera visible, habría que hacer clic en* ***Ver/Todos los encabezados*** *para agregarlo a la ventana.*

5 En el campo **Asunto:** escriba algunas palabras que resuman el contenido del mensaje, para que el receptor sepa de antemano de qué se trata y estime con qué prioridad debe leerlo. Si bien este campo es opcional, se acostumbra completarlo.

Correo electrónico y otros servicios

10

6 Haga clic en el panel inferior y escriba el texto del mensaje, cuya extensión no está limitada. Si desea cambiar el tipo de letra predeterminado, aplicar negritas, cursivas o subrayados y darle al mensaje cualquier otro detalle de formato, utilice los botones de la barra que separa este panel de la parte superior del mensaje. Si esta barra no está presente, abra el menú **Formato** y active la opción **Texto enriquecido (HTML)**. Cuando esté terminado, se verá aproximadamente como en la **Figura 13**.

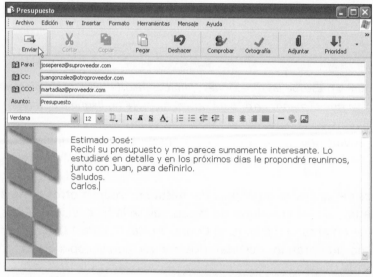

Figura 13. El mensaje está preparado, sólo falta hacer clic en Enviar.

7 Al terminar, presione el botón **Enviar** para que el mensaje pase a la **Bandeja de salida**. Si está conectado, saldrá de inmediato; en caso contrario, esperará en la bandeja hasta que se conecte.

Puede ocurrir que al pulsar en **Enviar**, Outlook Express intente abrir la conexión telefónica para hacerlo de inmediato. Si desea evitar esto, haga clic, en la ventana principal de Outlook Express, en **Herramientas/Opciones/**ficha **Enviar** y desactive la casilla de verificación **Enviar mensajes inmediatamente (Figura 14)**.

MENSAJES EN BORRADOR

Si cierra un mensaje nuevo antes de terminarlo y pulsar en Enviar, aparecerá un cuadro preguntándole si desea guardarlo. Si acepta, el mensaje pasará a la carpeta Borrador, donde quedará indefinidamente hasta que desee terminarlo y enviarlo.

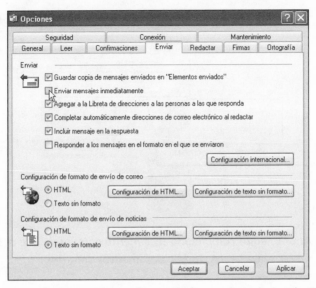

Figura 14. En este cuadro se puede configurar la forma de trabajar de Outlook Express.

Adjuntar archivos a los mensajes

Una de las razones por las cuales el correo electrónico se ha impuesto de forma tan terminante es la posibilidad de enviar archivos de todo tipo adjuntos a los mensajes, como documentos de texto, hojas de cálculo, gráficos, fotografías, música, etc.

Adjuntar archivos a un mensaje de correo   PASO A PASO

1 Pulse sobre el botón **Adjuntar,** que tiene un dibujo de clip, o en el menú **Insertar/Archivo adjunto...** Se presentará la ventana **Insertar datos adjuntos**.

2 Busque y seleccione los archivos a enviar.

3 Haga clic en **Adjuntar**. Se agregará entonces a la ventana un nuevo campo conteniendo los iconos de los archivos que se adjuntan **(Figura 15)**.

OTRA FORMA DE ADJUNTAR

También es posible adjuntar un archivo a un mensaje arrastrando su icono, desde otra ventana donde esté visible, hasta el panel donde se escribe el texto del mensaje.

RESPONDER A TODOS

Si el mensaje, además de ser enviado a nosotros, fue enviado también a otros destinatarios, podemos responder simultáneamente a todos haciendo clic, en la barra de herramientas, en el botón Responder a todos.

Correo electrónico y otros servicios   10

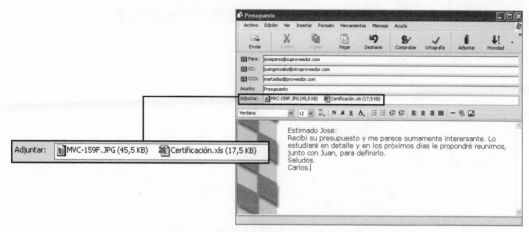

Figura 15. Ahora hemos completado totalmente el mensaje que deseábamos enviar agregándole dos archivos adjuntos.

Asignar niveles de prioridad a los mensajes

Si deseamos indicar, a quien va a recibir el mensaje, el grado de importancia que tiene éste y la prioridad para su lectura, haremos clic en el botón **Prioridad** y seleccionaremos **Alta** o **Baja**, según corresponda. En el mensaje se agregará un nuevo campo indicándolo **(Figura 16)**.

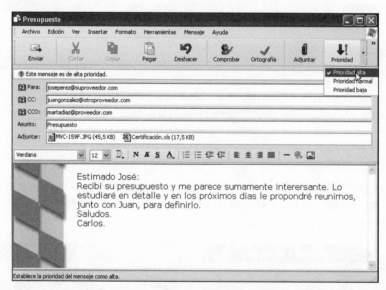

*Figura 16. La prioridad asignada se mostrará, al igual que los archivos adjuntos, como un icono en la **Bandeja de entrada** del receptor del mensaje.*

Responder mensajes

En Outlook Express existe la posibilidad de contestar un mensaje recibido sin necesidad de comenzar uno nuevo.

Seleccionando el mensaje que queremos contestar en la **Bandeja de entrada** y haciendo clic en el botón **Responder al remitente**, aparecerá una ventana similar a la de **Mensaje nuevo**, con el texto del mail que estamos contestando ya incluido.

También tendrá, en el campo **Para:**, la dirección de quien nos lo envió y en **Asunto:**, el mismo texto, pero precedido por las letras **Re:**, indicándole a quien respondemos que se trata de la respuesta a su mensaje.

Si no deseamos reenviar los mensajes originales junto a nuestra contestación haremos clic –en la ventana de Outlook Express– en el menú **Herramientas/Opciones**/ficha **Enviar** y desactivaremos la casilla **Incluir mensaje en la respuesta (Figura 17)**.

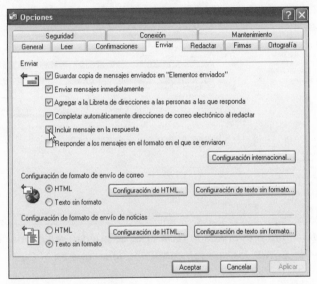

Figura 17. En este cuadro hay opciones muy interesantes cuyo texto es bastante explícito. Si tiene dudas sobre una opción, haga clic derecho sobre ella y luego en ¿Qué es esto?

Reenviar mensajes

Es posible que recibamos algún mensaje que deseemos compartir con otras personas a quienes pensamos que puede interesarles. En ese caso no es necesario que lo volvamos a escribir ni que lo copiemos, bastará con que lo seleccionemos en la lista de mensajes y pulsemos en el botón **Reenviar**.

Aparecerá una ventana similar a la de mensaje nuevo, con ese mail ya incluido, y en el campo **Asunto:** el texto precedido por las letras **Rv:** indicando que se trata de un

Correo electrónico y otros servicios

10

reenvío. Se le pueden efectuar modificaciones si se desea, y luego sólo será necesario escribir la dirección de los nuevos destinatarios y enviarlo.

Eliminar mensajes

Para eliminar uno o varios mensajes hay que seleccionarlos en el **Panel de mensajes** y pulsar luego en el botón **Eliminar,** de la **Barra de herramientas,** o en la tecla **SUPR (Figura 18).** Haciendo clic derecho sobre el mensaje, también hay, en el menú contextual, una opción para eliminarlo.

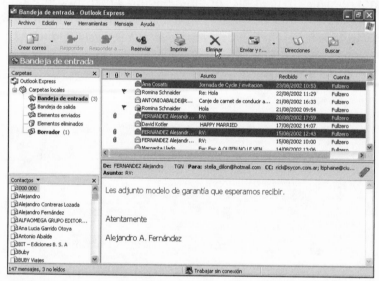

Figura 18. *Manteniendo presionada la tecla **CTRL**, se pueden seleccionar varios mensajes separados, y pulsando **MAYUS**, los que son contiguos, igual que en el Explorador de Windows.*

En realidad, cuando eliminamos un mensaje lo que hacemos es enviarlo a la carpeta **Elementos eliminados**, o sea, no lo eliminamos definitivamente. Si deseamos recuperarlo podemos abrir esa carpeta y moverlo hasta otra ubicación en el **Panel de carpetas.**

La Libreta de direcciones

Escribir las direcciones de los destinatarios no es nada cómodo y, además, es muy propicio para cometer errores. Existe una forma mucho más fácil de hacerlo, y es utilizando la **Libreta de direcciones** de Windows XP.

Para poder usarla debemos ingresar en ella las direcciones electrónicas y los demás datos de las personas con quienes tenemos contacto.

Crear la Libreta de direcciones

Podemos crear la Libreta de direcciones introduciendo manualmente los datos de las personas que conocemos (nuestros contactos) y también agregando las direcciones de los mails que recibimos.

Agregar un contacto manualmente

Para introducir los datos manualmente proceda en la siguiente forma:

Agregar un contacto a la Libreta de direcciones　　　PASO A PASO

1　Haga clic en el botón **Inicio/Todos los programas/Accesorios/Libreta de direcciones**. También puede hacer clic, en la ventana de Outlook Express, en **Herramientas/Libreta de direcciones...** o en el botón **Direcciones,** de la barra de herramientas. Se presentará la ventana que se ve en la **Figura 19**.

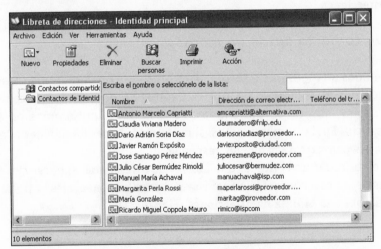

Figura 19. Todos nuestros contactos personales y de trabajo deberían estar en la Libreta de direcciones.

2　Haga clic en el botón **Nuevo/Nuevo contacto...** y se presentará la ventana que se ve en la **Figura 20**, donde debe ingresar los nombres, los apellidos, la dirección de correo electrónico y, en lo posible, todos los demás datos referidos a esa persona.

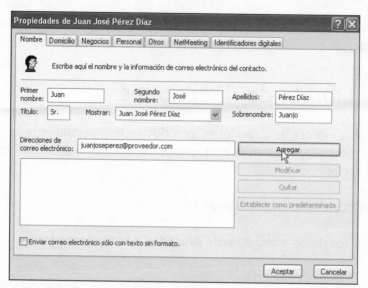

Figura 20. *En este cuadro hay fichas para ingresar todo tipo de información relacionada con el contacto, tanto sea personal como de trabajo.*

3 Haga clic en **Aceptar**.

Ya está ingresado el nuevo contacto que, en lo sucesivo, comenzará a aparecer en la **Libreta de direcciones**.

Agregar un contacto desde un mensaje

Cuando recibimos un mensaje de correo electrónico y le enviamos una respuesta al remitente, podemos establecer que Outlook Express agregue automáticamente su dirección a nuestra Libreta de direcciones. Para hacerlo, pulsaremos en **Herramientas/Opciones**/ficha **Enviar** y marcaremos, si no lo está, la casilla **Agregar a la Libreta de direcciones a las personas a las que les responda**.

Otra forma de agregar un contacto a la **Libreta de direcciones** es hacer clic derecho sobre un mensaje de ese contacto, en la lista del **Panel de mensajes**, y pulsar luego en **Agregar remitente a la Libreta de direcciones (Figura 21)**.

REENVIAR EL MENSAJE

Cuando contestamos un mensaje, es aconsejable agregar el texto orginal, para que, si el destinatario recibe muchos mails o es una persona sumamente ocupada, sepa acerca de qué le estamos hablando.

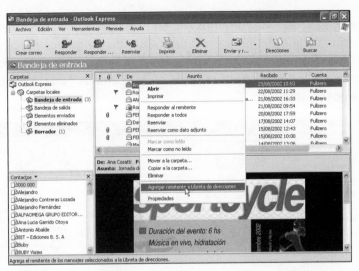

Figura 21. *Si el remitente ya figura en la **Libreta de direcciones**,
Outlook Express presentará un mensaje comunicándolo.*

Insertar las direcciones en los mensajes

Cuando tengamos que escribir la dirección y el destinatario, haremos clic en el cuadro **Para:**. Se presentará un cuadro de diálogo **(Figura 22)**, donde, del lado izquierdo se encuentran los contactos de nuestra **Libreta de direcciones** y del lado derecho, los campos de destinatarios.

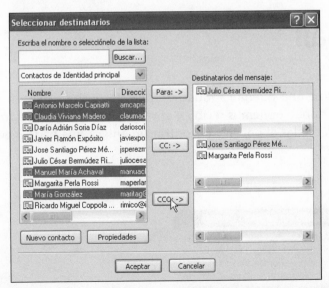

Figura 22. *Manteniendo presionada la tecla **CTRL**, podemos ir seleccionando todos los
destinatarios para un campo y luego pulsar en el botón correspondiente para ingresarlos.*

Correo electrónico y otros servicios **10**

En la ventana de la izquierda haremos clic en el nombre del destinatario y en la de la derecha en qué campo deseamos incluirlo. Cuando tengamos todos los destinatarios en sus respectivos campos, haremos clic en **Aceptar**. En nuestra ventana **Nuevo mensaje** aparecerán todos los destinatarios en los campos **Para:**, **CC:** y **CCO:** tal como los seleccionamos **(Figura 23)**.

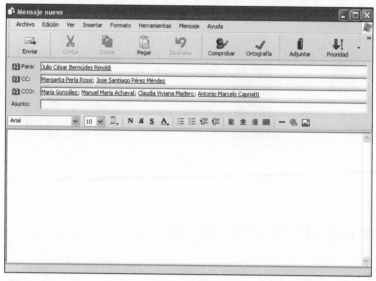

Figura 23. En la ventana Nuevo mensaje aparecen, ya insertados, los destinatarios elegidos, cada uno en el campo que le habíamos asignado.

Webmail

Existen en la Web una buena cantidad de portales y sitios que ofrecen servicio de e-mail gratuito donde podemos recibir y enviar nuestro correo electrónico. Solamente es necesario acceder al portal y encontrar un enlace que haga mención a **E-mail** o **Correo (Figura 24)**.

CUANDO PUEDA, HAGA LIMPIEZA

Vacíe frecuentemente la carpeta **Elementos eliminados**, o al menos borre los mensajes innecesarios, ya que pueden llegar a ocupar una cantidad considerable de memoria. Puede hacerlo utilizando alguna de las opciones existentes en el menú **Edición**.

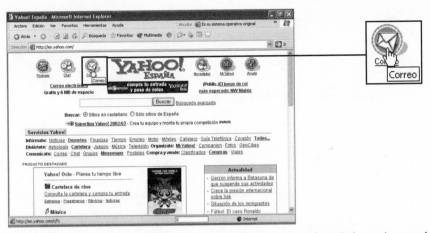

Figura 24. Yahoo! ofrece uno de los servicios de correo electrónico más populares.

Al pulsar en el enlace, se pasa a una nueva pantalla **(Figura 25)** donde, si uno ya está registrado en el servicio y posee una casilla de mail, puede ingresar directamente en ella; en caso contrario, tendrá que pulsar en el enlace que ofrece para registrarse.

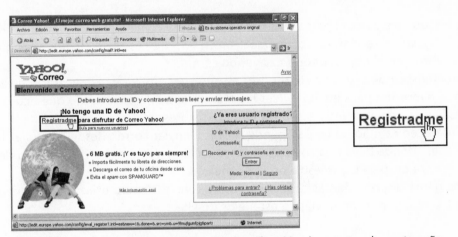

Figura 25. Al registrarse, se obtiene la identificación de cuenta y la contraseña.

Luego de aceptar las condiciones del servicio, se pasa a la siguiente pantalla **(Figura 26)** donde se ingresan los datos personales y luego se pulsa en el botón **Enviar**.

10

Correo electrónico y otros servicios

CLASIFICAR LOS MENSAJES

Outlook Express presenta cinco carpetas para clasificar los mensajes, pero se pueden crear otras, por ejemplo para separar los de trabajo de los personales, pulsando en Archivo/Nuevo/Carpeta, eligiendo en qué carpeta crearlas y asignándoles un nombre.

HAY PARA ELEGIR

Actualmente existen algunos proveedores de acceso a Internet gratuitos, que facilitan el servicio por medio del protocolo POP, que es el que caracteriza a la conexión que hacemos a través de nuestra computadora y de Outlook Express.

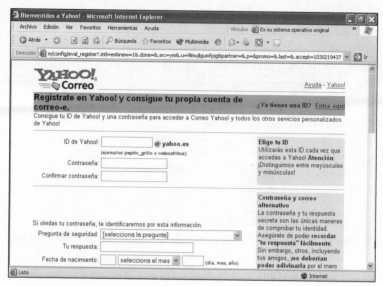

Figura 26. *Una parte de los casilleros a llenar se refiere a nuestras preferencias personales en cuanto a deportes, música y otros intereses.*

Completado este paso, el portal nos dará el alta para comenzar a utilizar la casilla de correo. Nuestra dirección de correo electrónico en este caso será similar a las que ya hemos visto, por ejemplo: joseperez@yahoo.com.

La característica de este tipo de servicio es que para utilizarlo es necesario estar conectado a Internet para escribir y leer los mensajes, a diferencia de lo que ocurre con las casillas de e-mail cuando se utiliza Outlook Express.

La ventaja, en cambio, es que se puede recibir y enviar correo desde cualquier lugar del planeta donde haya una computadora conectada a Internet, sin necesidad de utilizar nuestra propia PC y nuestra propia conexión.

Mucha gente dispone de dos casillas de correo, una POP para utilizar con su computadora, y otra para cuando viaja o está lejos de ella.

Grupos de noticias (Newsgroups)

Los grupos de noticias o foros de debate hacen posible el intercambio de información entre sus participantes sobre temas determinados, donde cada uno de ellos formula preguntas sobre el asunto que le interesa, invitando a que las personas que conozcan sobre ese tema le respondan.

Se producen así verdaderas "conversaciones", en las que a una pregunta se suceden, a veces, muchas contestaciones, no todas coincidentes, lo que origina debates muy esclarecedores.

Existen infinidad de grupos y cada uno de ellos se ocupa de una especialidad, por ejemplo, medicina, ciencias, técnica, materias humanísticas, computación, deportes, etc. (incluso, dentro de cada una de estas materias hay grupos especializados).

Los grupos de noticias utilizan servidores especiales, llamados servidores NNTP, y para ingresar en ellos es necesario que nuestro Proveedor de Servicios de Internet (ISP) nos suministre la información correspondiente.

Para configurar la conexión, que se hace de una forma muy similar a la del correo electrónico, disponemos en Outlook Express de un Asistente, al cual llegaremos haciendo clic en **Herramientas/Cuentas.../**ficha **Correo/Agregar/Noticias**...

Luego de pasar por todos los pasos del Asistente, nuestra cuenta de noticias aparecerá incluida en la ficha **Noticias** del cuadro **Cuentas de Internet (Figura 27)**.

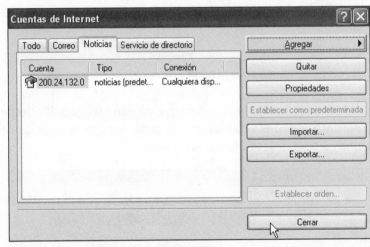

Figura 27. Haciendo clic en Propiedades, se presentará un cuadro donde podemos poner un nombre más descriptivo a la cuenta.

En el **Panel de carpetas** de la ventana de Outlook Express, aparecerá ahora el icono de la cuenta de noticias recién creada. Haciendo clic sobre él, se presentará el panel de sincronización con un mensaje invitándonos a ver una lista de grupos de noticias disponibles **(Figura 28)**.

ENVIAR ARCHIVOS

La forma más directa de enviar un archivo por correo electrónico es hacer clic, con el botón derecho, sobre su icono en el Explorador de Windows o en Mi PC, seleccionar Enviar a: en el menú contextual y pulsar luego en Destinatario de correo.

Correo electrónico y otros servicios

10

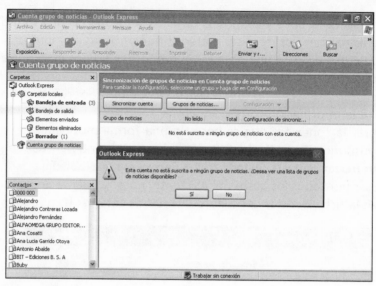

Figura 28. La cuenta es nueva y todavía no está suscripta a ningún grupo de noticias.

Después de pulsar en **Sí** se presentará una nueva ventana **(Figura 29)** desde la que tendremos que conectarnos con el servidor para bajar la lista de grupos de noticias entre los que elegiremos a cuáles deseamos suscribirnos.

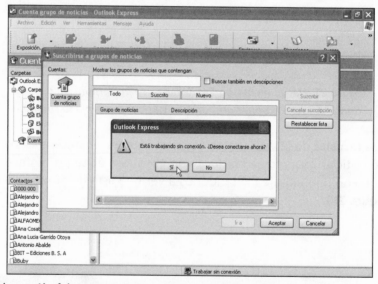

Figura 29. Ahora sólo falta conectarnos a Internet para bajar las listas de grupos de noticias y suscribirnos a los que nos interesan.

Una vez suscriptos, en el icono de la cuenta del grupo de noticias, aparecerá la clásica casilla con el signo más + en su interior, indicando que se la puede expandir para conectarnos con el grupo de noticias que nos interese.

También es posible acceder a grupos de noticias directamente en la Web. El portal Google (www.google.com), por ejemplo, tiene en su página principal un enlace para ingresar a los grupos de noticias **(Figura 30)**.

Figura 30. *Google es un buscador sumamente completo y directo;*
con un solo clic entraremos en los grupos de noticias.

Haciendo clic en el enlace **Grupos** pasaremos a otra ventana donde aparecen las categorías en que están clasificados los grupos **(Figura 31)**. Siguiendo los sucesivos enlaces encontraremos el que nos interesa.

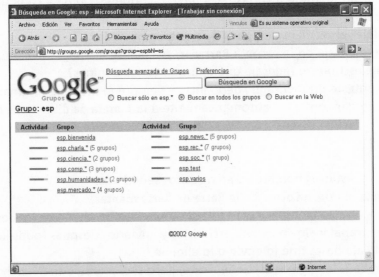

Figura 31. *Al lado de cada categoría podemos ver los grupos existentes.*

Correo electrónico y otros servicios **10**

Resumen

- Los mensajes de correo electrónico llegan en segundos a cualquier lugar del planeta.
- Es posible agregar a esos envíos todo tipo de archivos: de texto, imágenes, música, etc.
- Para utilizar el servicio de correo electrónico es preciso configurar una cuenta de correo.
- También podemos obtener una cuenta de correo Webmail, para consultar desde cualquier computadora que esté conectada a Internet.
- Para enviar los mensajes de correo preparados y recibir los que hay en el servidor hay que hacer clic en el botón **Enviar y recibir**.
- Para leer un mensaje, hay que seleccionarlo en la lista y verlo en el panel de Vista previa.
- Antes de abrir un archivo adjunto es muy recomendable escanearlo con un antivirus.

Cuestionario

Preguntas

1. ¿Es posible tener varias cuentas de correo electrónico?
2. Desde Internet Explorer, ¿se puede abrir Outlook Express?
3. Para enviar un mensaje a varias personas, ¿hay que escribirle a cada una de ellas por separado?
4. Para escribir varios mensajes, ¿hay que estar conectado?
5. Si dejo un mensaje en la carpeta **Borrador**, ¿se pierde al apagar la computadora?
6. ¿Es posible escribir un mensaje que abarque varias páginas?
7. Cuando conteste un mensaje, ¿debo incluir siempre el mensaje original?
8. ¿Puedo agregar contactos automáticamente a la **Libreta de direcciones**?

Respuestas

1. Sí. Pero con distintos nombres o en distintos servidores.
2. Sí. Se utiliza el botón **Correo** en la **Barra de herramientas**.
3. No. Se crea un solo mensaje y se le colocan todas las direcciones de los destinatarios.
4. No. Puede trabajar sin conexión, escribirlos y enviarlos después todos juntos.
5. No. Queda allí hasta que lo envíe o lo elimine.
6. Sí. La cantidad de páginas no tiene límite, pero si el mensaje tiene archivos adjuntos y es muy grande, puede exceder la capacidad de la casilla de correo.
7. No. Eso es a elección de cada usuario. Normalmente, al responder aparece el mensaje original, pero podremos borrar todo su contenido o parte de él.
8. Sí. Puede agregar a los remitentes de los mensajes que reciba.

Servicios
al lector

En este apartado encontrará los
atajos de teclado de las principales
aplicaciones analizadas a lo
largo del libro. Esto le permitirá
utilizar los programas de manera
más ágil y efectiva.

Atajos de teclado

WINDOWS XP

Generales

Acción	Teclas/Combinación
Activar la **Barra de menús** en los programas	F10 o Alt
Ejecutar el comando correspondiente de un menú	Alt + más la letra subrayada en el menú
Cerrar la ventana actual en programas con capacidad de abrir varios archivos	Ctrl + F4
Cerrar la ventana actual o salir de un programa	Ctrl + C
Cortar el elemento seleccionado	Ctrl + X
Pegar el elemento seleccionado	Ctrl + V
Eliminar el elemento seleccionado	Supr

Acción	Teclas/Combinación
Eliminar un elemento seleccionado sin que pase por la Papelera de reciclaje	⇧ + Supr
Mostrar **Ayuda** acerca del elemento del cuadro de diálogo seleccionado	F1
Mostrar el menú de sistema de la ventana actual	Alt +
Mostrar el menú contextual del elemento seleccionado	⇧ + F10
Mostrar el menú **Inicio**	Ctrl + Esc
Mostrar el menú del icono de control	Alt + —

En cajas de diálogo

Acción	Teclas/Combinación
Cancelar la tarea actual	Esc
Hacer clic en un botón si el control actual es un botón, o bien marcar o desmarcar un casillero de verificación	
Ejecutar el comando correspondiente	Alt + la letra subrayada
Hacer clic en el botón seleccionado	Enter ←

Acción	Teclas/Combinación
Retroceder a través de las opciones	⇧ + X
Retroceder a través de las fichas	Ctrl + ⇧ + ⇥
Avanzar a través de las opciones	⇥
Avanzar a través de las fichas	Ctrl + ⇥

Para Escritorio, Mi PC y el Explorador

Acción	Teclas/Combinación
Omitir la reproducción automática al insertar un CD	⇧ al insertar el CD
Copiar un archivo	Ctrl mientras arrastra el archivo
Crear un acceso directo	Ctrl + ⇧
Eliminar un elemento seleccionado sin llevarlo a la Papelera de reciclaje	⇧ + Supr
Mostrar **Buscar archivos y carpetas**	F3

Acción	Teclas/Combinación
Mostrar el menú contextual de un elemento seleccionado	⇧ + F10
Actualizar el contenido de la ventana activa	F5
Cambiar el nombre del elemento seleccionado	F2
Seleccionar todos los elementos	Ctrl + E
Ver las propiedades de un elemento seleccionado	Alt + Enter ←

Sólo para Mi PC y el Explorador

Acción	Teclas/Combinación
Cerrar la carpeta seleccionada y todas las carpetas en las que se encuentra	⇧ mientras hace clic en el botón **Cerrar** en **Mi PC**
Retroceder a una vista anterior	Alt + ←

Acción	Teclas/Combinación
Avanzar a una vista posterior	Alt + →
Ver la carpeta de un nivel superior	←

Sólo para el Explorador

Acción	Teclas/Combinación
Contraer la selección actual si está expandida o bien seleccionar la carpeta de un nivel superior	←
Contraer la carpeta seleccionada	− del teclado numérico
Expandir la selección actual si está contraída o bien seleccionar la primera subcarpeta	→

Acción	Teclas/Combinación
Expandir todas las carpetas bajo la selección actual	* + 1 del teclado numérico
Expandir la carpeta seleccionada	+ del teclado numérico
Cambiar entre los paneles izquierdo y derecho	F6

Servicios al lector

Con la tecla Windows

Acción	Teclas/Combinación
Recorrer cíclicamente los botones de la **Barra de tareas**	🪟 + ⇄
Mostrar **Buscar archivos y carpetas**	🪟 + F
Mostrar **Buscar equipos**	🪟 + 🪟 + F1
Mostrar **Ayuda y soporte técnico**	🪟 + F1
Mostrar la caja de diálogo **Ejecutar**	🪟 + R

Acción	Teclas/Combinación
Mostrar el menú **Inicio**	🪟
Mostrar la caja de diálogo **Propiedades del sistema**	🪟 + Pausa
Abrir **Mi PC**	🪟 + E
Minimizar o restaurar todas las ventanas	🪟 + D
Deshacer minimizar todas las ventanas	⇧ + 🪟 + M

WORD XP

Trabajo con documentos

Acción	Teclas/Combinación
Abrir un documento	Ctrl + A
Cerrar un documento	Ctrl + R
Guardar un documento	Ctrl + G
Salir de Word	Alt + F4
Imprimir un documento	Ctrl + P
Pasar al siguiente documento abierto de Word	Ctrl + F6
Maximizar la ventana del documento	Ctrl + F10
Cortar	Ctrl + X
Copiar texto o gráficos	Ctrl + C

Acción	Teclas/Combinación
Pegar el contenido del Portapapeles	Ctrl + V
Ir al final de una línea	Fin
Ir al principio de una línea	Inicio
Ir al principio de la página activa	Ctrl + Alt + Re Pág
Ir al final de la página activa	Ctrl + Alt + Av Pág
Ir al principio de la página anterior	Ctrl + Re Pág
Ir al principio de la página siguiente	Ctrl + Av Pág
Ir al final de un documento	Ctrl + Fin
Ir al principio de un documento	Ctrl + Inicio

Inserciones

Acción	Teclas/Combinación
Insertar salto de línea	⇧ + Enter ←
Insertar salto de página	Ctrl + Enter ←
Insertar un campo **FECHA**	Alt + ⇧ + F

Acción	Teclas/Combinación
Insertar un campo **PÁGINA**	Alt + ⇧ + P
Insertar un campo vacío	Ctrl + F9

Aplicar estilos y formatos

Acción	Teclas/Combinación
Aplicar un estilo	Ctrl + ⇧ + E
Aplicar el estilo Normal	Ctrl + ⇧ + A
Aplicar el estilo Título 1	Ctrl + ⇧ + ! 1 ¡
Aplicar el estilo Título 2	Ctrl + ⇧ + " 2 @
Aplicar el estilo Título 3	Ctrl + ⇧ + · 3 #
Interlineado Simple	Ctrl + ! 1 ¡
Interlineado 1,5	Ctrl + % 5
Interlineado Doble	Ctrl + " 2 @
Centrar el texto	Ctrl + T
Justificar a ambos lados	Ctrl + J
Justificar a la izquierda	Ctrl + Q
Justificar a la derecha	Ctrl + D

Acción	Teclas/Combinación
Aplicar sangría a la izquierda	Ctrl + H
Aplicar sangría francesa	Ctrl + F
Mostrar el cuadro de diálogo **Formato fuente**	Ctrl + M
Cambiar entre mayúsculas, minúsculas y estilo Título	Ctrl + F3
Negrita	Ctrl + N
Subrayado	Ctrl + S
Cursiva	Ctrl + K
Doble subrayado	Ctrl + ⇧ + D
Subrayar sólo palabras	Ctrl + ⇧ + P
Eliminar cualquier formato de caracteres aplicado	Ctrl +

Servicios al lector

Formas de ver el documento

Acción	Teclas/Combinación	Acción	Teclas/Combinación
Pasar a la vista **Diseño de página**	Alt + Ctrl + D	Pasar a **Vista preliminar**	Alt + Ctrl + I
Pasar a la vista **Esquema**	Alt + Ctrl + E		

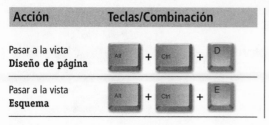

Inclasificables y muy utilizados

Acción	Teclas/Combinación	Acción	Teclas/Combinación
Buscar	Ctrl + K	Deshacer una acción	Ctrl + K
Reemplazar	Ctrl + K	Rehacer o repetir una acción	Ctrl + K

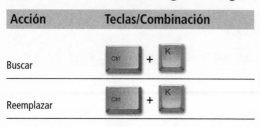

EXCEL XP

Navegar por la planilla

Acción	Teclas/Combinación	Acción	Teclas/Combinación
Ir a la primera columna de la planilla	Inicio	Correr una pantalla hacia la derecha (aprox. 8 columnas)	Alt + Av Pág
Ir a la celda **A1**	Ctrl + Inicio	Correr una pantalla hacia la izquierda (aprox. 8 columnas)	Alt + Re Pág
Subir una pantalla (aprox. 20 filas)	Av Pág		
Bajar una pantalla (aprox. 20 filas)	Re Pág		

Formatos

Acción	Teclas/Combinación
Llamar al menú **Formato/Celdas**	Ctrl + ! 1 ¡
Aplicar formato de negrita	Ctrl + N
Aplicar formato de cursiva	Ctrl + K
Aplicar formato de subrayado	Ctrl + S
Aplicar formato de porcentaje	Ctrl + % 5

Acción	Teclas/Combinación
Aplicar formato monetario	Ctrl + $ 4
Aplicar formato de fecha	Ctrl + • 3 #
Aplicar formato de tachado	Ctrl + % 5
Dibujar un borde alrededor del rango seleccionado	Ctrl + & 6 ¬
Eliminar bordes del rango seleccionado	Ctrl + -

Copiar, modificar e insertar datos

Acción	Teclas/Combinación
Copiar el dato de arriba	Ctrl + <
Copiar el dato de la izquierda	Ctrl + >
Copiar	Ctrl + C
Cortar	Ctrl + X
Pegar	Ctrl + V
Rellenar hacia abajo	Ctrl + J
Rellenar hacia la derecha	Ctrl + D
Deshacer última operación	Ctrl + Z

Acción	Teclas/Combinación
Repetir última operación	Ctrl + Y
Insertar hora	Ctrl + '
Insertar fecha	Ctrl + '
Autosuma	Ctrl + =
Llamar al Asistente de funciones	F3
Ingresar en el modo de edición	F5
Convertir una referencia en absoluta	F4

Servicios al lector

Seleccionar rangos

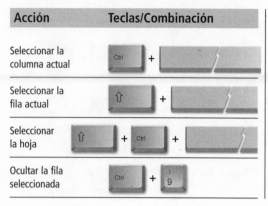

Acción	Teclas/Combinación
Seleccionar la columna actual	Ctrl + [espacio]
Seleccionar la fila actual	⇧ + [espacio]
Seleccionar la hoja	⇧ + Ctrl + [espacio]
Ocultar la fila seleccionada	Ctrl +) 9

Acción	Teclas/Combinación
Ocultar la columna seleccionada	Ctrl + = 0
Mostrar filas seleccionadas	Ctrl + (8
Mostrar columnas seleccionadas	Ctrl +) 9

Opciones de archivo

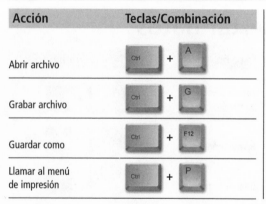

Acción	Teclas/Combinación
Abrir archivo	Ctrl + A
Grabar archivo	Ctrl + G
Guardar como	Ctrl + F12
Llamar al menú de impresión	Ctrl + P

Acción	Teclas/Combinación
Crear una nueva planilla	Ctrl + U
Cerrar archivo	Ctrl + F4
Cerrar programa	Alt + F4

Especiales

Acción	Teclas/Combinación
Revisar ortografía	F7
Llamar al menú **Macros**	Alt + F8

Acción	Teclas/Combinación
Llamar al Editor de Visual Basic	Alt + F11

Índice temático

Servicios al lector

Servicios al lector

Servicios al lector

USERS